브랜드 경험의 본질

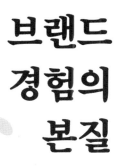

브랜드
경험의
본질

이탈리아의
프리미엄 브랜드는
어떻게 탄생하는가

리카르도 일리 지음
명선혜 옮김

The Art of
Excellent Products

유엑스리뷰

차례

2장. 일관성을 말하다

3장. 아름다움을 말하다

4장. 진정성을 말하다

8장. 정련을 말하다

9장. 관계를 말하다

10장. 인내를 말하다

11장. 놀라움을 말하다

들어가기

나는 트리에스테Trieste[I]에서 평생을 살았다. 이곳은 이탈리아에 속해 있는 지역으로 베니스나 카프리, 로마처럼 사람들에게 잘 알려진 유명한 도시는 아니다. 트리에스테는 이탈리아 국경의 가장 동쪽 끝에 자리하고 있으며 차로 조금만 가면 크로아티아가 있고, 서쪽으로는 슬로베니아가 가까이 위치해 있다. 이곳의 문화, 음식, 그리고 지역 특유의 사투리는 둘러싸고 있는 이웃 국가들과 항해 민족의 정체성을 지닌 역사를 바탕으로 형성되었다.

우리 트리에스테 사람들은 스스로를 선원이라고 생각한다. 우리에게 바다는 육지만큼이나 도시의 일부처럼 느껴진다. 우리는 여름이면 항해를 하거나 수영과 낚시를 하며 계절을 즐긴다. 겨울의 보라Bora 바람[II]은 차가운 공기를 몰고 산에서 내려와 도시 뒤편에 위치한 카르스트 고원을 가로질러 항구를 뒤흔들며 하얀 파도를 성나게 한다. 또 유럽에서 가장 큰 해안 광장인 중앙 광장은 아드리아해에 접해 있어 아름다움을 뽐내고 있다. 이러한 위치만 봐도 우리의 운명이 물과 얼마나 밀접한 관계를 가지고 있는지 알 수 있을 것이다. (때로는 말 그대

[I] 이탈리아 동쪽 끝단과 슬로베니아 국경 사이에 있는 항구도시.
[II] 아드리아해의 북쪽 또는 북동쪽에서 불어오는 차고 건조한 바람, 산 위에서 이리저리 휘몰아치며 불어오는 바람을 뜻한다.

로 겨울 폭풍우가 광장을 휘감기도 한다.)

　트리에스테는 이탈리아에 속해 있지만 완전한 이탈리아라고 말하기는 어렵다. 역사 속에서 로마, 게르만 롬바르드족, 그리고 프랑크족의 지배를 받아왔으며 나폴레옹은 이곳을 세 번이나 점령했다. 트리에스테는 14세기에 신성 로마 제국에 의해 자유 도시로 선언되었고, 이탈리아 군대에 의해 해방된 1918년 11월 4일까지는 오스트리아의 보호 아래 있었다. 그리고 제2차 세계 대전 이후 '국가 없는 도시'(몬테 카를로와 같은 신세)로 되돌아갔다. 철의 장막Iron Curtain은 우리 도심에서 불과 6마일 떨어진 곳에 있었다. 이후 1954년이 되어서야 이탈리아 영토로 편입될 수 있었고, 우리는 우리를 이탈리아인으로 여길 수 있음에 매우 기뻤다. (우리 지역인 프리울리 베네치아 줄리아Friuli Venezia Giulia는 다양한 문화와 3개의 다른 언어가 사용되는 곳이며 자체 입법과 행정적인 권한이 있는 이탈리아의 5개 자치구 중 하나이다.) 대부분의 트리에스테 사람들은 우리가 문화적인 뿌리를 가지고 있지 않다고 생각한다. 하지만 이 덕분에 우리는 더 모험적이고 대담한 기질을 가지게 되었다. 우리의 전통과 지식이 후세에도 이어질 수 있도록 종교적이고, 문화적인 노력을 계속하고 있다. 우리의 다채로웠던 과거가 잘 보존되어 전해질 수 있도록 늘 신경 쓴다. 지금 우리가 살고 있는 도시 운명은 역사적인 변화무쌍함과 이 땅에 끝없는 행렬을 이루고 들어와 자신들의 이름을 새긴 이민자들

덕분에 여러 변화를 겪고 있다.

트리에스테는 아름다움이란 단어가 잘 어울리는 곳이다. 나는 다른 곳에서는 살 수 없을 것 같다. 우리는 우아한 신고전주의 건축물과 합스부르크 왕가를 떠올리게 하는 수많은 조각상 덕분에 '바다 위의 비엔나'로 불린다. 정오가 되면 카페거리는 에스프레소 컵에 담긴 트리에스테 고유의 에스프레소와 카푸치노를 즐기려는 사람들로 북적거린다. 카페 문화는 오스트리아인들이 들여온 것이다(카페 내부를 장식하는 도리아식 기둥과 정교한 석고 피겨린을 감상하는 문화적 취향도 함께). 이뿐만 아니라 트리에스테를 비추는 태양 빛에도 무엇인가 특별한 것이 있는 것 같다. 아마도 대기 오염을 정화하는 보라 바람 덕분일 수도 있고, 원형 경기장처럼 도시 뒤편에 자리 잡은 고원에서 빛이 반사되기 때문일 수도 있을 것이다. 어느 쪽이든 트리에스테에는 빛이 잘 들어와 사진작가나 예술가들에게 많은 사랑을 받았다. 아일랜드의 소설가이자 시인인 제임스 조이스James Joyce가 이곳에서 율리시스의 일부를 집필했다고 전해지기도 한다.

나의 할아버지는 트리에스테가 커피와 카페 문화로 이미 자리 잡았기에 이곳에서 사업을 시작하셨다. 할아버지는 이곳의 항구가 세계적인 접근성을 갖고 있음을 제대로 간파하셨다. 하지만 무엇보다도 할아버지는 이곳에서 펼쳐지는 삶의 경험을 좋아하셨고, 나 역시 마찬가지였다. 대부분의 트리에스테 사람들이 그러하듯 나 역시 겨울이면 주말 스키를 타기 위해 눈이 덮인 산으로 차를 몰고 떠나곤 한다. 그리고 여름이면 어김없이 항해를 즐긴다. 극장이나 오페라 극장에서 여러 사람들과 마주치기도 하고, 광장에 늘어선 레스토랑에 앉아 아드리아해와 산에서 채취한 신선한 음식을 먹으며 함께 즐거운 시간을 보내기도 한다. 요리에서도 우리의 다채로운 역사가 느껴진다. 오스트리아산 오믈렛, 그리스산 양고기, 헝가리산 굴라시, 슬로베니아 전통 스튜 요타jota 등 다양한 먹거리가 우리 곁에 있으니 말이다.

나는 종종 우리가 다른 곳에서도 오늘날의 일리illy를 만들 수 있었을까 생각해 보지만 아마 지금 같은 모습을 이루지는 못했을 것이라고 생각한다. 우리가 더 큰 산업의 중심지로 본거지를 옮기지 않고도 이곳에서 여전히 효과적으로 사업을 운영할 수 있는 또 다른 이유가 있다. 트리에스테는 큰 규모의 대학에 국가 보조금 혜택을 제공하고 있으며 덕분에 고학력 인구를 많이 보유하고 있다. 다른 제2, 제3의 도시들과 달리 우리의 젊은이들은 밀라노, 로마, 런던, 도쿄, 뉴욕으로 떠나 불확실한 미래를 위해 위험을 감수할 필요가 없다. 더 큰 기회가 손짓해 올 때도 그들은 이곳에 머무른다. 그 이유가 무엇일까? 이곳에서 경험한 만족스러운 삶을 포기하고 위험을 감수할 필요가 없기 때문이다. 트리에스테는 예술, 과학, 비즈니스, 아름다운 자연환경을 자랑하는 동시에 훌륭한 교육과 건강관리로 시민들을 돌보고 있는 문명화된 곳이다.

모던 비즈니스와 웰빙라이프를 구성하는 필수요건 사이에서 균형을 지키는 것이 우리 사업의 성공 비결이다. 바다는 우리를 글로벌 비즈니스와 연결해 준다. 또 우리 문화는 아름다움, 예술, 자연, 그리고 과학을 우선시한다. 이러한 우선순위는 품질에 대한 열정을 갖게 하며, 항상 뛰어나고자 하는 욕망, 그리고 우리의 세상이 퇴보하지 않도록 개선해 나가겠다는 결심을 더욱 굳건히 하도록 돕는다. 우리는 이와 같은 근본적인 신념을 인칸토Incanto라고 부른다. 인칸토는 우리가 하는 모든 것의 기초가 되어준다. 일리는 하나의 사업이다. 우리는 계속해서 일리가 성장하고, 이윤을 창출하며, 성공하기를 바란다. 그러는 동시에 우리는 트리에스테 공동체 안에 깊이 녹아들어 있다. 그렇기에 우리의 선택과 행동은 트리에스테의 공동체뿐 아니라 더 나아가 전 세계의 공급자, 판매 책임자, 자회사를 품는 더 큰 네트워크를 향하고 있다.

우리가 하는 일은 우리만을 위한 것이 아니다. 제품, 경영진, 또는 직원들(많은 직원이 우리처럼 몇 세대를 걸쳐 함께 일하고 있는 가족 구성원이다)을 막론하고 비즈니스의 모든 측면이 지속 가능한 미래를 위해 존재해야 한다. 그리고 이러한 미래는 다음 세대, 그다음 세대를 위해 존속될 수 있도록 품질에 초점을 맞추는 것이어야 한다.

뿌리 깊은 나무

　고대 로마인들 역시 품질에 집착했다. 그들은 정교한 방법으로 프레스코화를 그리고 세밀한 손길로 집 바닥에 모자이크를 장식하곤 했다. 좋은 포도주를 만들어 마셨고, 올리브를 짜서 기름을 만들었다. 또 강한 콘크리트를 만들어낸 덕분에 고대 로마의 건축물들은 오늘날까지 그 모습을 보존하고 있다(안타깝게도 그들의 콘크리트 혼합 기술은 잊혀 버렸지만). 오토바이를 타고 사무실로 향할 때면 나는 로마 극장Roman theater 옆을 지나간다. 서기 1세기에 지어진 이 극장의 정면과 벽면은 오랜 풍화 속에서 기존의 모습을 잃어가고 있지만, 우리는 지금도 종종 이곳의 무대와 원형 극장에 모여 콘서트와 공연을 즐긴다. 우리의 아주 먼 조상들이 그랬던 것처럼 따뜻한 여름 하늘 아래 돌 벤치에 앉아 음악이나 연극을 공연하고 감상한다. 우리 선조들이 오늘날 이곳에서 열리는 록 콘서트를 상상이나 했을까 싶다. 하지만 어떤 식으로든 그들은 먼 후손들이 여전히 이곳을 극장으로 사용하며 즐기고 있을 것이라고 상상은 했을 것이다. 이처럼 우리가 하는 일의 일부는 결코 지금 우리 자신만을 위한 것이 아니다. 몇십 년, 몇백 년, 혹은 천년 후의 이름 모를 후손들을 위한 것이라는 신념이 바로 이탈리아식 비즈니스를 아우르는 핵심이다.

　또 이러한 신념의 일부는 이탈리아에서 재배되고 생산되는 제품 특성에 그 뿌리를 두고 있다. 이탈리아에는 600년 이상 그들의 포도밭을 가꾸고 관리해 온 사람들이 있다. 새 포도 나무는 5년 후에야 포도 열매를 맺기 시작한다. 이탈리아의 유명한 와인인 브루넬로 디 몬탈치노Brunello di Montalcino 라벨을 붙이려면 여기서 5년을 더 기다려야 한다는 말이다. 우리 땅 마스트로얀니Mastrojanni에서는 올리브 나무를 심고 올리브 기름을 짜는데, 올리브 나무 중 몇 그루는 수령이 천년이나 된 것도 있다. 그 품질은 말할 것도 없이 여전히 우수하다. 그래서 인가 이탈리아인들은 세대에 세대를 지나도 일관되고 뛰어난 품질을 보장할 수 있는 환경을 만드는 것에 익숙하다. 물론 이러한 노력이 순전히 우리 세대만을 위한 노력이 아님을 잘 이해하고 있다.

일리의 사업을 확장하고 새로운 투자와 인수를 고려할 때면 나는 그것이 내 삶을 향상시킬 것인가에 초점을 두기보다는 누군가가 그로부터 이익을 얻을 것이라는 믿음에 더 초점을 맞춘다. 그 '누군가'가 나의 후손일 수 있고, 우리 직원들과 그 가족의 후손일 수도 있으며, 더 나아가서는 우리에게 원자재를 팔아서 가족을 부양하는 지구 반대편에 있는 농부의 후손일 수도 있다.

품질의 세 단계

이탈리아인이 가지고 있는 품질에 대한 애정을 이해하고

이를 비즈니스의 주요 철학으로 삼는 순간 회사는 끊임없이 고객을 놀라게 하고 기쁘게 하는 제품을 생산하게 된다. 분별력 있는 소비자와 연결되기 위해서는 무엇인가 더 매력적이고 예상치 못한 것을 제공해야 하기 때문이다. 우리는 품질의 수준을 다음의 세 단계로 나누었다.

첫째, 필요한 만큼의 품질만을 제공하는 제품을 만드는 회사가 있다. 약간 까끌까끌하지만 몸을 따뜻하게 해주는 스웨터, 맛은 별로지만 배고픔은 채워주는 음식, 편안하지는 않지만 가고 싶은 곳으로 데려다주는 자동차 정도가 되겠다.

둘째, 기대한 정도의 품질을 제공하는 회사가 있다. 따뜻하고 부드러운 감촉의 스웨터, 맛있고 영양가 좋은 음식, 편안하면서도 믿을 수 있는 자동차를 떠올려 보라.

그리고 셋째, 훨씬 향상된 품질의 제품을 제공하는 회사가 있다. 따뜻하고 편안하며 착용감마저 좋은 스웨터, 맛도 있고 영양가도 높은 놀라움을 선사하는 음식, 효율적이고 쾌적하며 예상치 못한 기능까지 갖춘 자동차가 여기에 속할 것이다.

훨씬 향상된 품질을 만들고 놀라움을 선사하는 것은 우리가 하는 모든 비즈니스의 초석이 된다. 이는 심각한 경제난 속에서도 이탈리아 비즈니스가 세계적인 성공 가도를 달릴 수 있는 동력으로 작용했다. 프라다나 페라가모 같은 패션 브랜드를 생각해 보라. 새로운 시즌에 대한 기대감은 열광을 불러일으킬 정도이다. 이번에는 또 어떻게 문화적인 순간을 해석하여 지성을 놀라게 하고 보는 눈을 즐겁게 할까 하는 기대감을 갖게 한다.

이것이 바로 훨씬 향상된 품질의 본질이다. 프라다의 옷은 뛰어난 재질과 흠잡을 데 없는 제조 기술로 만들어진다. 하지만 그 이유만으로 패션 마니아들이 프라다의 옷을 구매하려는 것은 아니다. 괜찮은 품질의 캐시미어 스웨터는 다른 유명 브랜드에서도 충분히 구입할 수 있다. 그렇다면 프라다의 원피스, 코트와 정장이 그토록 인기 있는 비결은 무엇일까. 신비롭고 조금 더 특별한 느낌, 신중하게 완성된 디자인이 주는 놀라움과 기쁨, 최상급 품질의 원재료, 그리고 본질상 동급의 경쟁사가 내놓은 제품보다 우수한 제품을 구입하고 있다는 고객의 확신이 있기 때문이다.

이러한 기쁨과 놀라움은 우리가 하는 모든 일에 있어 필수적인 요소로 작용한다. 일리의 에스프레소 잔이 마치 잔을 받들어 올려주는 듯한 받침대(소서saucer)에 올려져 있어 흡사 예술 작품처럼 느껴지는 것도 다 이유가 있어서 그렇게 디자인된 것이다. 우리는 실제 예술 작품을 의뢰하고 같은 예술 작품이 새겨진 잔을 만들었는데, 그 역시 의도한 것이었다. 우리의 고객들은 우리가 만든 커피의 품질이 훌륭하다는 것을 알고 있다. 하지만 계속해서 고객에게 놀라움을 선사하고 향상된 품질을 제공하려면 고객이 기대하지 못했던 방식으로 그들의 구매를 새롭게 해야 한다.

인칸토를 구성하는 네 개의 기둥

그렇다면 어떻게 향상된 품질을 제공할 수 있을까? 지난 몇 년간 나는 이탈리아 비즈니스의 기본 철학이 무엇인지를 규명해 보았다. 나는 이 철학을 '인칸토'라고 부른다. 이는 아름다움을 알아보는 우리의 눈과 단순하고 우아한 품질을 향한 욕망을 기본으로 한 이탈리아인 특유의 것이다.

이 책에서 우리는 다음과 같이 인칸토를 구성하는 네 개 기둥을 구체화하는 전형적인 이탈리아 비즈니스에 대해 살펴보고자 한다.

- 품질의 우수성, 즉 완벽함을 소비자에게 인정받음.
- 대중 시장의 공급망과는 비교할 수 없는 독특한 공급망.
- 사용 가능한 최고의 재료 사용.
- 사회적, 환경적, 경제적 지속 가능성 문제에 대해 깊고 광범위한 관심.

이 모든 요소는 후세까지 이어져 일관된 품질의 제품을 생산할 수 있는 기반을 만들며 관련 공동체의 웰빙에 대한 기여도 역시 필수적이다. 인칸토 렌즈를 통해 당신의 사업을 바라본다면 당신만의 이니셔티브Initiative를 확보하기 위해 새로운 가능성과 새로운 길을 반드시 찾게 될 것이다.

결국 새로운 비즈니스가 수십 년 동안 수익을 내지 못한다면 장기적인 관점으로 바라볼 수밖에 없다. 인칸토는 우리에게 이것을 할 수 있는 틀을 마련해 준다. 와이너리의 경우 분기별 보고서는 큰 의미가 없다. 5년이란 시간은 이 비즈니스가 어떻게 수행되고 있는지를 평가하기에는 너무 짧은 시간이기 때문이다. 대신 비즈니스의 다른 요소들을 살펴봐야 한다.

여기서 말하는 다른 요소들이 비즈니스 보고서의 숫자 열을 읽는 것보다 더 파악하기가 어려울지 모르지만 그 중요성만큼은 동일하다. 비즈니스의 건전성 평가는 가용한 수치를 기반으로 하기도 하지만 덜 유형적인 형태의 자산이 검토되기도 한다. 나는 우리가 만든 제품이 여전히 매력적이고 고객들에게 놀라움을 선사하고 있는지 확인하기 위해 고객들과 자주 대화를 나눈다. 내가 가장 좋은 커피와 카카오 콩을 구할 수 있을까? 어떻게 하면 재배자들과 행복하고 우호적인 관계를 지속할 수 있을까?

나는 다양한 가이드를 살펴보며 우리가 얻은 점수를 확인하고 고객들의 피드백을 읽는다. 우리가 SNS에서 회자될 만한 제품을 만들고 있는 것인지, 우리 물건에 긍정적인 태그가 붙고 있는지 등을 검토하는 것이다. 나는 우리 직원들에게 다음과 같이 묻곤 한다. 나이가 지긋한 근로자들이 자신의 자녀에게도 일리에서 일하는 것을 추천할 수 있는지 말이다. 마지막으로 나는 우리 회사가 환경에 미치는 영향에 대해서도 알아보곤 한다. 농작물이 재배되는 땅의 건강을 유지하기 위해 우리가 할 수 있는 모든 일을 하고 있는가? 우리 공장 주변의 거주민들에게 우리는 자산인가 골칫덩어리인가?

인칸토 비즈니스에 있어 매우 중요한 네 가지 요소는 바로 우수한 제품, 독특한 공급망, 최고의 원자재, 그리고 지속 가능성에 대한 헌신이다. 이러한 핵심 원칙을 고수한다면 경쟁사보다 더 느린 속도로 일할 수는 있지만 보다 탄력적인 비즈니스를 구축할 수 있다. 몇 년이 걸려도 상관없다. 성장에는 항상성이 필요하다는 사실을 머지않아 알게 될 것이기 때문이다. 바로 눈에 보이는 즉각적인 수익을 추구하기보다는 가족과 더 나아가 지역사회에 뿌리를 둔 비즈니스 기반을 구축하는 것이 중요하다. 조금 더 자세하게 말하자면 다음과 같다.

- 절대 품질에 대해 논할 때는 소비자가 인식하는 가치에 중점을 둔다.
- 대량생산과 호환되지 않는 공급망을 개발할 때 우리는 실제로 진귀함에 대해 논의한다. 정의하자면 대량생산은 일반적인 조건이다. 반면, 진귀함은 제한된 양이 정해져 있는 특별한 조건이다.
- 접근하기 어려운 원료를 사용하면 원료 공수 자체가 쉽지 않기 때문에 제품 모방이 어려워진다.
- 마지막으로, 지속 가능성에 대한 관심이 있어야 이를 활용할 수 있는 조직organization이 형성된다.

아메리카 인칸토

나는 인칸토 철학이 미국에서 전통적으로 받아들여지는 비즈니스 모델과는 거리가 멀다는 사실을 잘 알고 있다. 종종 뉴욕, 샌프란시스코, 또는 마이애미의 친구들과 이야기를 나눌 때면 그들이 주주 가치, 배당금 등의 수익 실현에 강한 압박을 받고 있음을 느낀다. 이들은 더욱 저렴한 원자재를 찾고, 고용 비용을 낮추며, 혜택을 줄이고, 제품 가격을 철저히 낮추기도 한다. 그리고 어떻게 하면 환경 보호 문제를 우회적으로 피해 갈 수 있을까 궁리하는 데 머리를 맞댄다. 가장 최악의 경우 사모펀드 투자자들은 레거시 기업(아마도 일리와 같은 기업들)을 인수하여 여러 자산으로 분할한 뒤 적당한 사업주를 찾아 매각하기도 한다. 이렇게 되면 지급 능력을 갖춘 레거시 기업이 가족 대대로 소유해 온 공장을 오히려 임대하여 사용해야 하고 여기서 얻은 이익을 새로운 사업주에게 전달해야 하는 처지로 전락하게 된다. 처음에는 가족 소유로 시작했던 미국의 대형 회사들이 이런 단기적인 사고방식으로 인해 얼마나 많이 파산했는지 생각하면 그저 놀라울 뿐이다.

이 기회를 빌려 나는 이와는 좀 다른 방법을 제안하고자 한다. 다행히도 우리는 이러한 종류의 급진적인 변화가 가능한 역사적인 기로에 놓여 있다고 믿는다. 다른 국가들과 마찬가지로 이탈리아도 2020년 전 세계를 휩쓴 코로나바이러스의 여파로 큰 타격을 입었다. 우리는 진행하고 있는 사업들의 모든 측면을 다시 살펴볼 수밖에 없었다. 일리가 계속 나아갈 수 있고, 더 오랫동안 지속될 수 있게, 더 바람직한 방향으로 이끌어 나아가기 위해서는 우리가 해야 할 일을 재고할 수밖에 없었다.

우리의 주요 원자재 두 가지는 카카오 콩과 커피 원두이다. 두 작물을 재배하기에 적합한 온대 지역이 적도에서 훨씬 더 먼 곳으로 이동하게 된다면 우리 공급자들에게 무슨 일이 일어날까? 직원들은 우리 비즈니스가 성장할 수 있도록 하는 동력이다. 그들은 우리의 비즈니스 활동에 대체할 수 없는 전문 지식을 가지고 있다. 그렇다면 어떻게 그들을 안전하게 보호하고 그들이 자신의 일처럼 회사의 성공에 기여하도록 할 수 있을까? 가장 중요한 것은 고객이 기대하는 높은 수준의 일관된 품질을 지속해서 제공하고, 경제적으로 힘든 환경 속에 놓이더라도 모두가 어려움을 겪고 있는 이 때에 고객을 잃지 않도록 노력하는 것이다. 어떻게 하면 그럴 수 있을까?

이 질문에 대한 우리의 대답은 인칸토이다. 어려운 시기에 여러 기업에서 구석구석 비용을 절감할 수 있는 방안을 모색하고 있을 때도 우리는 고품질의 제품을 유지하는 것이 그 어느 때보다 중요한 일이라고 생각했다. 마찬가지로 공급망의 건전성과 지속성에 투자하는 것도 매우 중요한 일이다. 제품 생산에 필요한 재료를 재배하거나 생산하고 있는 먼 가족과 같은 협력자들을 생각해 보자. 그들이 코로나 시국에도 여전히 살아남아 있으며 계속 번창하고 있는가? 그들은 변화하는 기후에 적응할 수 있는 자원을 가지고 있으며 당신은 최선을 다해 그들을 돕고 있는가?

나는 이 책을 통해 세 가지 관점에서 인칸토에 대한 이야기를 풀어볼까 한다. 첫 번째는 실용성이다. 품질을 우선하고, 지속 가능성을 고집하며, 항상 더 나은 제품을 생산하면서 수익을 낼 수 있는 사업을 어떻게 만들 것인가? 두 번째 관점은 지성intellectual이다. 인칸토의 요소는 무엇이며, 각각이 제품의 품질은 물론 그것을 즐기는 사람들과 그것을 생산하는 사람들의 삶의 질에 어떤 영향을 미치는가? 마지막으로, 철학적인 질문을 하고자 한다. 어떻게 하면 인칸토가 전 세계 사람들의 건강, 행복, 그리고 장기적인 전망을 향상시킬 수 있는가?

'부'의 또 다른 모습

우리의 비즈니스는 그야말로 글로벌하다. 지난 10년에서 20년 동안 고객 기반이 폭발적으로 성장했다. 우리 할아버지는 주로 이탈리아인들을 대상으로, 아버지는 유럽인들과 미국인들을 대상으로 한 마케팅에 주력했다. 이제 우리는 중국, 브라질, 러시아, 태국, 인도, 한국 등에 사는 새로운 고객들을 갖게 되었다. 이 새롭고 부유한 고객들(중국에만 550만 명의 백만장자가 있다고 한다)은 태어나서 처음으로 자신들의 삶에 있어 진정한 선택을 했다. 이들은 원하는 것을 사고, 원하는 곳으로 자유롭게 여행하며, 최고의 품질을 즐기고 이용할 수 있는 재원을 갖고 있다. 부는 상대적이기 때문에 숫자로 정의하기보다는 선택하고 우선순위를 정하는 능력으로 나타내는 것이 더 정확하다고 본다. 이것은 전형적으로 순서가 있는 인간의 필요 욕구에 따른다. 사람은 따뜻한 환경에서 먹을 것과 주변의 안전이 보장되고, 사랑받으며, 성취감을 느낄 때 비로소 삶을 더 가치 있게 해줄 경험에 온전히 집중할 수 있게 된다. 간단히 말해 우리와 같은 회사들, 어쩌면 당신의 회사에도, 삶의 즐거움을 더하는 제품을 만들 수 있는 기회가 있다.

하지만 여기에는 모순이 따른다. 회사로서 우리는 실용적이고 철학적인 이유로 항상 지속 가능한 발전을 추구해 왔다. 하지만 사람들은 일단 부자가 되고 나면 본능적으로 더 많은 것을 사고자 하는 경향이 생긴다. 예를 들면 여러 대의 차, 여러 개의 옷장을 소유하려고 하는 것이다. 이미 멸종위기에 놓인 취약한 야생동물의 고갈을 초래하는 희귀한 물질을 원하기도 할 것이다. 또 자신이 먹을 수 있는 것보다 더 많은 음식을 사기도 한다. 우리의 목표는 이런 고객들이 더욱 잘 살 수 있게 설득하는 것이다. 사람은 한 번에 한 대의 차만 운전할 수 있으며 일정량의 음식만 먹을 수 있다. 그러니 고객의 관점에서 만족할 수 있는 최상품의 물건을 추구해야 한다.

앞으로 펼쳐질 책의 내용은 이탈리아의 여러 회사들이 고객에게 어떤 방법으로 인칸토에 대한 경험을 제공할 수 있었는지 그 구체적인 이야기를 풀어가고자 한다. 어떤 회사는 무조건 많은 양보다는 희귀하지만 지속해서 수확되는 재료를 사용함으로써 인칸토의 경험을 제공한다. 또 다른 어떤 회사는 제품을 비싼 가격으로 판매하고 있지만 경쟁사들은 더 이상 사용하지 않는 수백 년 된 기술력을 사용하여 인정받는 길을 선택했다. 일리의 경우 우리는 '단서'나 '징후'를 의미하는 단어인 인디지오indizio를 믿는다. 우리는 높은 가격만으로는 품질의 우수성을 대변할 수 없음을 증명하기 위해 이 개념을 사용하고 있다. 그리하여 우리의 동료 전문가들과 새로운 고객들(그리고 참여하고 싶은 다른 모든 사람)을 위해 국제 초콜릿 연구소Istituto Internazionale Chocolier를 설립하였다. 이곳에서 진행되는 강의는 전문적인 수준이지만 초콜릿에 대한 열정과 애정이 있는 사람이라면 누구나 참여할 수 있고 즐길 수 있도록 설계되었다. 이와 비슷하게 커피에 대한 열정을 가진 사람이라면 어떻게 최고의 제품이 만들어지는지 모든 세부 내용을 배울 수 있도록 일리 커피 대학illy University of Coffee을 운영하고 있다.

우리 '대학'은 고객을 교육하고 그들의 지식을 향상시키며 특별한 와인이나 커피, 또는 초콜릿 한 조각이 주는 일상의 즐거움을 보다 사려 깊고 세련된 방식으로 즐길 수 있는 기회를 제공한다. 더욱 중요한 것은 일단 고객이 재배, 수확, 발효

(커피와 카카오 콩은 가공되기 전 발효 되어야 한다), 정제, 그리고 초콜릿을 만드는 데 얼마나 많은 노동력이 필요한지 알게 되기 때문에 비싼 초콜릿 가격을 이해하고 고개를 끄덕일 것이다. 이 과정을 직접 경험한 사람들은 더 이상 돈을 더 내는 것을 망설이지 않게 된다. 초콜릿 제조 과정에 들어간 모든 손길에 감사함을 느끼기 때문이다.

부가 꼭 돈에 대한 것만은 아니듯 품질 역시 반드시 비용에 대한 것은 아니다. 품질은 고객에게 더 나은 무언가의 메시지를 전달한다. 나는 인생에서 가장 단순한 경험들이 오히려 최고의 경험일 수 있다고 생각한다. 이는 사람을 기쁨으로 가득 차게 하므로 충분히 박수받을 만한 가치가 있다. 나른한 오후 시간에 몇 유로만으로 즐길 수 있는 완벽한 에스프레소 한 잔이 최고급 레스토랑에서 먹는 가장 비싼 식사만큼이나 즐겁고 놀라운 경험을 선사할 수 있다.

가족

앞서 언급했듯이 인칸토에는 또 다른 측면이 있는데 그것은 바로 우리 철학의 핵심이 되는 사항이기도 하다. 일리는 물론 이 책에 언급된 다양한 비즈니스들은 가족 소유이며 (대부분의 경우) 가족 경영으로 관리되고 있는 기업이다. 일리를 포함한 많은 기업이 몇 세대를 걸쳐 이어져 오고 있다. 몇몇은 수백 년 동안 한 가문이 대대로 경영권을 가지고 있기도 하다. 물론 이러한 특징은 복잡할 수도 있다. 가족들이 함께 일하게 되면 아침 식탁에서의 사소한 다툼과 일상의 드라마가 사업에까지 영향을 끼칠 수 있기 때문이다. 따라서 우리는 직원들이 가까운 친척을 감독하는 일이 없도록, 그리고 이상적으로는 가까운 친척이 같은 부서 안에서 함께 일하지 않도록 세심한 주의를 기울이고 있다. 중요한 점은 같은 가족들이 모두 사업 운영에 관여하는 것은 아니라는 것이다. 정말 중요한 것은 사업을 소유 또는 운영하거나 관리하는 사람으로서 내 혈족뿐만이 아니라 일리에서 일하고 있는 모든 사람이 다 가족이라는 사고방식을 갖는 것이다. 이것을 어떻게 정의해야 할까?

첫 번째 요소는 충성심, 가치, 그리고 문화의 혼합이다. 일리는 여전히 직원들에게 충성하고 있으며 직원들 역시 일리에게 충성한다. 그리고 나는 나를 위해 일하는 사람들에게 헌신한다. 물류와 비즈니스 정신을 모두 이해하고 노련하며 경험이 풍부한 직원이 없었다면 성공할 수 없음을 잘 알고 있다. 그러므로 그에 대한 보답 차원에서 우리도 직원들을 잘 대하려고 노력한다. 일리에서 일하는 모든 직원이 자신의 아이들에게도 일리에서 일할 것을 어렵지 않게 권하고 있다. 그들은 일리 가족의 일원이라는 자부심을 가지고 있다. 어떤 의미에서 그들의 가족과 우리의 가족은 단합되어 있는 셈이다.

두 번째는 연속성이다. 나는 가족 소유가 아닌 기업이 받게 되는 압력, 예를 들어 하룻밤 사이에 기록적인 이익을 창출하거나 주주 배당을 늘리기 위해 비용을 삭감할 수도 있다는 사실에서 자유롭다. 나의 우선순위는 언제나 회사의 장수longevity와 우리가 하는 일과 방법에 대한 근본적인 힘이다. 새로 심은 포도원이 하루아침에 나를 더 부자로 만들어주거나 어떤 식으로든 내 삶을 향상시켜주지는 않을 것이다. 오히려 시간이 지날수록 더 많은 에너지와 돈을 투입해야 하는 중요한 투자처가 될 가능성이 크다. 하지만 굳이 사업을 적자에서 흑자로 전환하는 순간을 목표로 하지 않더라도 이러한 장기적인 투자는 일리의 미래에 안정성과 견고한 힘을 보탤 것이 분명하다. 이는 사적이든 공적이든, 크든 작든 간에 모든 회사가 갖는 핵심 사명이어야 한다.

가족 경영 사업의 또 다른 이점은 MBA 프로그램으로 배울 수 있는 것에서 벗어나 기존의 비즈니스 프로토콜로는 계획할 수 없는 문제들을 피할 수 있다는 것이다. 비즈니스 스쿨의 관점에서 바라본다면 규칙은 확정적이고 논리적이다. 물론 성공적인 비즈니스는 고객의 소리에 귀를 기울이며 최신 기술에도 거침없이 투자한다. 그러나 때때로 논리적인 규칙에만 집중하게 되면 블랙 스완 이벤트Black Swan event[I]에 대한 준비를 갖추지 못할 수도 있다. 모든 일에 완벽하게 대비하고 있다고 확신하는 순간 예상치 못한 일에 취약해지는 것이다.

[I]　　심각한 결과를 초래할 수 있는 예측 불가능한 사건.

몇 년 전 두 대의 비행기가 아마존 상공에서 충돌했다. 하나는 상업용 비행기였고, 하나는 민간용 비행기였다. 한 대가 잘못된 고도에서 비행하다가 다른 한 대와 거의 정면으로 충돌하게 되었다. 이 사고의 부분적인 원인은 현대 항해 시스템의 특성 때문이기도 했다. 충돌 당시 두 항공기 모두 비행경로에서 불과 몇 피트 이내에서 비행하고 있었다. 정밀한 인공지능이 아닌 실수하기 쉬운 인간에게 의존하고 있는 오래되고 불완전한 항법 시스템을 사용하고 있었다면 차라리 이 사고를 피할 수 있었을지도 모른다. 인간은 기계가 설정한 대로 정확하게 항로를 따라 비행기를 운항할 수 없기 때문이다. 이처럼 가족 경영 사업은 본질적으로 더 '인간적'인 모습에 가깝다. 인간은 선호도, 개인적인 철학, 그리고 뿌리 깊은 본능에 따라서 결정에 영향을 받는다. 이러한 특성은 분명 문제를 일으킬 수도 있다. 하지만 나는 이것이 우리가 더 유연해지고, 잘 적응할 수 있으며, 예상치 못한 일을 개방적으로 받아들일 수 있게 한다고 믿는다.

마지막으로 가족 소유의 사업은 그 자체가 즐거움이다. 함께 일하다 보면 동지애와 협동심이 생겨난다. 모두가 함께 하나의 비즈니스에 참여하고 있기 때문이다. 나는 심리적으로 두려운 환경에서는 아름다움이 창조될 수 없다고 감히 말하고 싶다. 사업상의 도전에 용감해야 하고 억제할 수 없는 기쁨으로 접근해야 한다. 마찬가지로 당신 역시 삶을 즐겁게 살아야 한다. 가족과 함께 일한다면 이러한 심오하고 결의에 찬 기쁨을 충분히 느낄 수 있다. 다만 이 책을 읽고 있는 독자들이 가족 사업을 하고 있지 않다면 여러분의 회사에 이러한 열정, 기쁨, 그리고 공유된 비전을 도입하기 위해 무엇을 할 수 있는지 생각해 보길 바란다.

인칸토 비즈니스의 기쁨

이러한 요소들이 필수적인 것처럼 보이는 나라에서 우리 사업이 기반을 두고 있다는 것은 행운이다. 우리는 뛰어난 제품과 사려 깊은 디자인의 진가를 알아보는 고객들에게 둘러싸여 있다. (이와 관련해서 특이한 경험도 했는데 그중 하나가 고객이 차마 다 마신 일리 커피 캔을 버리지 못하고 빈 캔을 계속 쌓아 둔 것이었다. 아이러니하게도 결국 그 고객은 더 이상 커피 캔을 보관할 장소가 없어 이후에는 커피를 사지 못하게 되었다.) 있도록 하는 고객들은 믿을 수 있는 즐거운 경험을 하기 위해 더 높은 가격도 기꺼이 지불할 것이다. 물론 지금 이 책을 읽고 있는 여러 독자 중에는 이러한 개념이 자신의 사업에는 적용될 수 없으며 그들의 고객은 결코 더 높은 가격이나 더 긴 기다림을 받아들이지 않을 것이라고 생각할 것이다. 그러나 나는 그렇게 생각하지 않는다. 일리에서 겪었던 경험뿐만 아니라 도모리 초콜릿, 마스트로얀니 와인, 그리고 아그리몬타나 잼 등 우리 브랜드가 겪은 경험을 통해 나는 단순한 진리를 하나 깨우쳤다. 바로 고객에게 품질을 약속하고 그 약속을 지키고 있는 회사들은 때때로 그렇게 하는 것이 어려워지는 순간이 오더라도 그들의 고객을 끝까지 유지할 수 있었다는 사실이다. 어떻게 이런 것이 가능할 수 있었을까? 그 고객들은 우리가 매년 같은 제품을 안정적으로 배달할 수 있다고 믿기 때문이다. 다른 브랜드들은 이익 향상과 주주 만족이라는 명목으로 서서히 제품의 품질을 떨어뜨리지만, 우리는 어떤 일이 있어도 품질에 대한 고객과의 약속을 지켜야 한다는 독특한 입장을 내세우고 있다.

이 책을 통해 우리는 완벽함, 일관성, 아름다움, 진정성, 가족, 단순함, 경작, 정련, 관계, 인내, 그리고 놀라움이라는 인칸토의 11가지 핵심 요소를 살펴볼 것이다. 또한 독자들이 이 탈리아의 인칸토 철학을 배울 수 있는 방법도 함께 소개하고자 한다. 하루아침에 당신이 일하고 있는 회사에 이탈리아식 가족 경영 사업을 소급 적용하기는 불가능할 것이다. 그러나 단기적인 이익보다 품질을 우선으로 생각하고, 눈앞의 이익을 위한 환경 파괴보다 지속 가능성을 선택한다면 이탈리아식 사고방식을 도입하는 것이 불가능할 것도 없다. 일리는 그동안 많은 폭풍을 견뎌냈다. 미래가 보장되지 않는 몇 년을 보내기도 했다. 믿을 수 없을 정도로 어려운 선택을 내려야 할 때도 있었다. 예를 들면 우리의 커피 생산 라인을 하나로 줄여야만 했던 선택 같은 것 말이다. 하지만 우리가 한 모든 선택과 결정은 우리의 장기적인 생존을 위한 하나의 방향성을 가리켰다. CEO로서 나는 앞으로 몇 년 동안의 과정을 통해 결실을 거둘 만한 결정을 내렸고, 우리 회사의 미래를 다음 세대에도 계획할 수 있는 위치에 서 있다고 생각한다. 바로 이 때문에 일리 브랜드가 세계 시장의 변화에 탄력적으로 대응하게 할 수 있는 것이기도 하다.

이 책을 통해 많은 분이 자신의 사업 안에 응용할 수 있는 아이디어를 찾길 바란다. 더 안정적이고, 지속할 수 있으며, 여러 세대에 걸쳐 있는 당신의 밝은 비즈니스의 미래를 위하여!

1장.

완벽을 말하다

'완벽'은 인칸토Incanto를 구성하는 4개의 기둥 중 제일 먼저 등장하는 요소이다. 완벽함이 없다면 고객은 당신의 제품을 알아보지 못할 것이다. 당신의 제품이 얼마나 감탄을 자아내는지, 얼마나 경이롭고, 어떤 기쁨을 선사하며, 어떤 예상치 못한 가치를 품고 있는지 알아보고 발견할 기회조차 얻지 못할 것이다. 나는 학생들에게 완벽함이 갖춰야 할 질적 덕목quality에 대해 설명할 때 기쁨joy이라는 단어를 자주 사용한다. 완벽한 한때와 완벽한 물건은 인간에게 기쁨을 가져다주기 때문이다. 물론 그렇게 느끼는 완벽함이 일시적이라는 것을 깨닫는 순간 그 기쁨도 희석되곤 하지만 말이다. 그렇다. 완벽함이란 좀처럼 만나는 것도 쉽지 않으며, 그마저도 오래 머무르지 않는다. 그렇기에 사람들은 완벽이 선사하는 기쁨을 최대한 오래 누리고 싶어 한다.

나는 완전무결한 완벽함이란 신의 영역이라고 생각하는 편이 정신 건강에 도움이 된다고 생각한다. 다만 우리 인간이 할 일은 완벽이라는 개념을 하나의 목표나 추구해야 할 목적으로 활용하여 완벽을 향한 최대치의 성과를 내는 것이라 할 수 있겠다. 마찬가지로 우리는 고객들에게도 완벽함을 끊임없이 추구해야 할 하나의 목표로 바라볼 것을 권한다. 완벽을 추구하는 행동과 과정을 통해 당신의 삶에 결과적으로는 아무런 도움이 되지 않을 피상적인 경험이나 수준 미달의 물건을 피해 갈 수 있기 때문이다. 이로써 더욱 분별력 있는 취향과 한층 세련된 안목을 키울 수 있다. 전반적으로 당신의 삶의 경험이 더 좋은 쪽으로 발전하게 된다. 중세 시대의 채색 필사본이나, 나바호 러그Navajo rugs[I], 일본의 와비사비 도자기[II] 등 '오직 신만이 완벽하다'는 믿음에 의거하여 작은 결함을 의도적으로 도입한 여러 전통 예술 작품만 봐도 이런 생각이 틀리지 않았음을 더욱 확실히 알 수 있다. 물론 우리 인간은 아무리 미묘하고 감지하기 힘든 정도라고 해도 저마다 결점이 있는 존재들이므로 굳이 결점을 만들어 넣을 필요가 없다.

한편 완벽을 추구하는 것이 자칫하면 엘리트주의로 들릴 수도 있을 것이다. 우리가 일반적으로 '완벽'하다고 생각하는 제품과 경험들은 종종 가격대가 지나치게 높거나 접근이나 습득 자체가 어렵기 때문이다. 트리에스테에 위치한 해리 피콜로Harry's Piccolo[III], 뉴욕시의 일레븐 매디슨 파크Eleven Madison Park[IV], 파리의 라 투르 다르장La Tour d'Argent[V]과 같은 고급 레스토랑의 경우 예약을 하는 것만으로도 상당한 노력이 필요하

I 미국의 최대 규모의 원주민 집단인 나바호족이 제작한 가치가 높은 예술품으로 인정받는 깔개. 최근에는 벽걸이 예술품으로 인정받는 추세이다.

II 꾸밈이 없고 수수함의 철학을 반영하는 심플하고 투박하며 불완전한 토기나 석기.

III 2021년 미슐랭 2스타를 받은 최고급 레스토랑.

IV 세계 최고의 레스토랑으로 선정될 만큼 유명한 최고급 레스토랑.

V 파리 센 강 근처에 위치하며, 1582년에 문을 열어 무려 440여 년의 역사를 자랑하는 고급 레스토랑.

브랜드 경험의 본질

다. 이러한 곳에서 식사를 한다는 것은, 높아진 사회적 네트워크, 특정 지인들과만 공유하는 전용 전화번호, 그리고 식사비를 지불하는 데 있어 너무 비싼 가격 때문에 마음의 고통이나 충격 따위는 느끼지 않아도 될 만큼의 충분한 재력을 가지고 있음을 의미할 것이다.

나는 미슐랭 스타를 획득할 정도로 좋은 식당에서 식사하는 것을 즐긴다. 그렇다고 완벽함을 최상류층의 전유물로 간주하거나 혹은 모호하여 찾기 어려운 존재라고 생각하는 것은 인칸토 철학을 정면으로 부정하는 것이나 다름없다. 인칸토 철학에 따라 매년 여름이 오면 나는 아내와 함께 스키로 유명한 이탈리아의 산악 휴양지인 알타 바디아Alta Badia로 떠나 몇 주간의 휴식을 즐긴다. 우리는 종종 돌로미테 알프스ᴵ, 숲속의 낙엽송림과 전나무 사이사이를 따라 버섯을 따러 다니며 오후 시간을 보내곤 한다. 물론 우리는 야생 버섯 전문가는 아니다. 하지만 나와 아내는 어느덧 먹을 수 있는 살구 버섯(혹은 꾀꼬리버섯)이나 포르치니porcini를 골라낼 수 있을 만큼의 충분한 감이 생겼다. 덕분에 피즈라빌라Piz la Villa의 언덕에서 직접 따온 야생 버섯으로 리소토나 오믈렛을 만들어 먹으며 우리만의 즐거운 아침 식사 시간을 즐긴다. 물론 독버섯에 중독될 염려는 피해 가면서 말이다. 나는 우리의 경험이 궁극적으로는 고급스럽고 격식 있는 레스토랑에서 하는 저녁 식사만큼이나 완

ᴵ   이탈리아 북부 산맥.

벽하다고 생각한다. 비록 매우 다른 이유에서지만 피즈라빌라에서 자연과 함께하는 식사와 고급 레스토랑에서의 식사는 나와 아내의 상상력을 자극하고 감각을 일깨워 주며 우리에게 만족감을 선사한다.

완벽을 경험하다

결국 완벽이란 전문가가 아니어도 감상하고 이해할 수 있는 성질의 것이다. 비전문가인 내가 먹을 만한 버섯을 골라내고 그 향긋한 맛을 즐기기 위해 굳이 균류학자가 될 필요가 없듯이, 유명한 이탈리아 와인 생산지인 바롤로Barolo의 훌륭한 와인을 즐기기 위해 모두가 소믈리에가 될 필요는 없다. 마찬가지로 평범한 관광객들이 비첸차Vicenza시의 상징이라고 할 수 있는 유네스코 세계유산인 팔라디오 빌라Palladian villas를 보며 우아하면서도 단순한 느낌을 받는 것이 형태와 기능의 조화로운 만남 덕분이라는 것을 알기 위해 굳이 건축가가 될 필요는 없다는 말이다.

내가 가장 좋아하는 예술 작품 중 하나는 〈라 조콘다La Gioconda〉이다. 일명 '모나리자'로 더 잘 알려져 있다. 진정한 미술사 학자라면 〈라 조콘다〉 초상화가 초기 르네상스 특유의 대담한 윤곽과 묘사를 없앤 스푸마토 기법의 다빈치 작품 중 하나라는 것을 잘 알고 있을 것이다. 다빈치는 시대를 초월하여 묘한 매력을 풍기는 〈라 조콘다〉 초상화 한 점을 완성하기 위해 불투명 유화 물감을 한 번에 한 겹씩 몇 달에 걸쳐 여러 번 얇게 덧바르는 작업을 했다. 하지만 다빈치의 수수께끼 같은 초상화가 걸작이라는 것을 이해하기 위해 반드시 미술 전문가 수준의 소양을 갖출 필요는 없다. 그리고 그림을 감상하기 위해 어려운 토론을 할 필요도 없으며 미술사를 정식으로 배울 필요도 없다.

이미 〈라 조콘다〉는 작품의 예술적 경험 속으로 자기 자신을 완전히 몰입시킬 만큼의 예술적인 전문지식을 갖추지 않은 일반 사람들 사이에서 연중 내내 둘러싸여 있다. 〈라 조콘다〉 작품 앞에는 반원형의 난간과 커다란 나무 탁자가 바리케이드처럼 세워져 있어 루브르 박물관에 몰려든 관람객들과 일정한 거리가 유지되고 있다. 또한 〈라 조콘다〉의 그림 크기는 생각보다 작고 유리 액자에 담겨 있기 때문에 직접 그림을 보러 갔다 하더라도 그림에서 느껴지는 본연의 터치감을 온전히 느끼기는 힘들다. 그마저도 그림에서 20피트(약 6m) 정도의 거리까지 다가갈 수 있다면 운이 좋은 것이다. 사람이 많은 날에는 〈라 조콘다〉가 걸려있는 전시실에 들어가기 위해서만 3시간 이상을 기다려야 할지도 모른다. 마침내 전시실에 들어갔다 하더라도 숨을 고르고 그림을 감상할 시간은커녕 박물관 직원들에 의해 쫓기듯 내몰리기 마련이다. 눈앞에 걸려 있는 예술 작품의 아름다움에 넋을 잃거나 대작에 담긴 다빈치의 섬세한 붓 터치를 하나하나 느껴볼 시간조차 허락되지 않는다.

관광객들은 '완벽'을 논할 수 있는 이 엄청난 작품 앞에서도 오직 자신들이 그곳에 있었다는 것을 증명할 목적으로 사진을 찍는 데에만 정신이 팔려 있다. 그들은 박물관에 있는 어마어마한 가치의 다른 예술품 수천 작에는 관심도 없다는 듯 〈라 조콘다〉를 본 후 바로 자리를 떠나버린다. 왜일까? 이러한 초보 예술 애호가들은 자신도 모르는 사이에 〈메두사호의 뗏목Raft of Medusa^I〉이나 〈그랑드 오달리스크La Grande Odalisque^{II}〉를 감상하는 것과 〈라 조콘다〉를 감상하는 방식에는 무엇인가 차이가 있다고 배워왔기 때문일 것이다. 그들은 (아무리 피상적으로라도) 경험할 만한 가치가 있고 사회적으로 높은 취향을 가졌다고 인정받을 수 있는 적합한 예술 작품을 보고 왔다고 자부할 것이며 또한 집에 돌아가서는 그 작품에 대한 감상을 나눌 수 있는 사람들과 같은 부류가 되었다는 사실에 뿌듯해 할 것이다.

여기서 고려해야 할 두 가지 단절이 있다. 첫 번째는 온전히 인정될 수 없는 완벽함에 대한 생각이다. 이는 특히 제품 디자이너나 사업주라면 반드시 고려해야 할 사항이다. 〈라 조콘다〉의 관람객을 통해 알 수 있듯 완벽함은 작품을 완성했다고

I   테오도르 제리코Théodore Géricault가 1816년 난파된 프랑스 정부 전함 메두사호에서 일어난 실제 사건을 그린 그림.
II '하렘의 후궁Harem Girl'으로 더 유명한 작품.

해서 끝나는 것이 아니다. 먼저 관람객이나 고객이 창조된 완벽함을 경험할 수 있는 환경을 만드는 것이 중요하다. 두 번째는 교육이다. 고객이 제품의 완성도를 이해하고 높이 평가함으로써 경쟁사의 제품과 비교하여 당신의 제품이 우수한 품질과 가치를 지녔음을 인식할 수 있도록 지금 어떠한 노력을 기울이고 있는지 생각해 보자. 제품과 제품을 구매하는 소비자의 관계성을 고려하고 완벽함의 다양한 특성을 이해하는 것 또한 필수적이다.

한편으로는 유한한 순간적인 경험 안에서도 완벽함을 찾을 수 있다. 바롤로 와인(이탈리아 피에몬테 지역에서 생산되는 레드 와인의 통칭이며, '와인의 왕'으로 알려져 있다) 한 잔을 마시는 그 순간, 혹은 삶의 기쁨을 충만히 느낄 수 있는 자연 속에서의 경험 등을 떠올려 보라. 또 다른 방면으로는 최고의 품질과 디자인을 갖춘 내구성 소비재에서도 완벽함을 느낄 수 있다. 〈들어가기〉 부분에서도 언급했듯이 프라다 재킷에서 결점을 찾기란 힘들다. 프라다 재킷을 보면 현재의 패션 트렌드는 물론 미래의 트렌드까지 암시하는 절묘함이 느껴지기 때문이다. 프라다의 재단 방식은 몸매를 날씬하게 보이도록 하여 입는 사람을 돋보이게 한다. 비단결처럼 부드러운 안감 덕분에 옷을 입고 벗을 때에도 불편함 없이 편안함을 느낄 수 있다. 자연 속에서 즐기는 기분 좋은 여느 한순간처럼 프라다의 재킷을 통해서도 삶에 즐거움을 더할 수 있다. 이런 경우는 덜 완벽한 요소가 가져다줄 불필요함이나 불만 사항이 부분적으로 미리 제거된 것이다. 짧은 한순간뿐만 아니라 오래 사용하는 영구한 제품 역시 우리에겐 기회가 될 수 있다. 만약 당신의 제품이 후자의 경우가 아니라면 제품의 특성을 고려하여 전자에 초점을 맞추어 보길 바란다. 제품을 통해 당신의 소비자가 매력적이고, 놀랍고, 기억에 남는 경험을 즐길 수 있도록 방법을 찾아야 한다.

완벽을 추구하다

이쯤에서 완벽함이 우선순위가 아닐 때 어떤 일이 일어나는지 생각해 보자. 우리가 입는 재킷처럼 제품이 그저 '부드럽다'면 그것은 별다른 감동 없이 그저 그런 제품으로 느껴질 것이다. 예상치 못한 디테일, 섬세하게 손으로 작업한 단춧구멍과 같은 숭고한 스릴을 그 안에서는 찾아볼 수 없기 때문이다. 고객은 정확한 이유도 모른 채 왜 이 돈을 주고 그 재킷을 샀는지 후회하고 있을지도 모른다. 자연스럽게 만족스럽지 않은 옷은 손이 가지 않게 되며, 그저그런 옷쯤으로 여겨져 옷장 뒤편에 자리하게 될지도 모른다. 그리고 종국에는 고객은 다른 디자이너의 옷을 더 자주 찾게 될 것이다.

젊은 시절 나는 이러한 경험을 직접 겪은 바 있다. 여름 내내 일해서 번 돈과 아끼던 오토바이까지 팔아서 모은 돈으로 마침내 이탈리아 자동차인 피아트 127을 구매했던 것이다. 그때의 나는 아주 행복한 기분으로 차를 몰고 다녔다. 수동 기어 변속을 하는데 무엇인가 문제가 있다는 것을 알아차렸지만, 너무 기쁜 나머지 정신을 차리지 못하고 있었다. 차를 몰고 돌아와 서비스 센터를 찾았으나 쓰디쓴 충고만 듣고 나와야 했다. 그들은 내가 자동차의 작동법을 이해하기에는 너무 어리고 또 너무 초보 운전자라고 말했다. 그렇게 아무런 조치도 취하지 못한 채 보증기간을 넘기고 말았고, 결국 새 기어 박스 교체가 필요한 지경까지 이르렀다. 그리고 그 후 40년 동안은 독일 차만 운전하고 다녔다. 최근 피아트가 자동차 부문에 재투자를 하기 시작했고, 다시금 품질을 우선시하고 있기에 나도 산악 운전이 가능한 피아트의 판다 4x4를 구매했다. 어찌 됐건 피아트는 40년 동안 나에게서 얻을 수 있었던 비즈니스 기회를 놓친 셈이다. 그들은 완벽함을 우선으로 하지 않았고 나의 10대의 경험을 진지하게 받아들이지 않았으며 나를 붙잡아 두어야 할 가치 있는 잠재 고객으로 생각하지 않았다.

기술, 의학, 교통과 같은 '하드' 제품에서 불완전함은 치명적일 수 있다. 미국 항공회사의 실패 사례가 좋은 예이다. 보잉은 수십 년 동안 많은 사랑과 신뢰를 받은 회사였지만, 그들의 주요 기종인 보잉737과 새로운 787과 관련하여 두 가지 문제가 급부상했다. 전자는 항공기의 무게와 균형 변화를 감당하기 위해 더 큰 엔진과 소프트웨어로 급히 개조되었다. 이 소프트웨어는 지나치게 복잡하고 사용하기 어려워 두 번의 치명적인 충돌 사고를 일으켰다. 노스캐롤라이나주 샬럿Charlotte에 있는 새로운 공장 단지에서 생산된 787 기체는 너무 조잡한 기술로 만들어진 나머지 많은 결함이 발견되어 알려진 바로는 카타르 항공사[1]가 그곳에서 제조된 항공기를 받아들이지 않았다고 한다.[2] 나는 내부 리뷰에서 '완벽성의 결여'를 문제로 언급이나 했는지 의심스럽다. 그러나 인칸토 렌즈를 통해 보면 보잉이 완벽을 위해 끊임없이 노력하는 것이 얼마나 중요한 일인지 간과하고 있음을 엿볼 수 있다. 설계 과정에서 지름길을 선택하려고 했으며 직원들이 절차를 무시할 수밖에 없도록 몰아붙였거나 작업에 충분히 신경을 쏟지 못할 정도로 불만을 품게 내버려 두었다. 수많은 보잉 경영진이 제품에 문제가 있다는 것을 알고 있으면서도 최종 제품을 납품했다. 그 결과 737 맥스 기종의 사고로 이어졌고 346명의 사망자가 발생했으며 787 기종은 일시적으로 폐쇄되어 수천 명의 일자리가 사라질 수도 있는 위험에 처했다. 또 수십억 달러의 손실이 발생하여 대중의 신뢰는 회복이 불가능할 정도로 무너져 내렸다.

다음 장에서 논의하겠지만 인칸토의 목표 중 하나는 지속 가능성인데, 이것은 보잉사가 실패한 이유 중 하나이기도 하다. 나는 지속 가능성을 주로 환경적인 고려 사항으로 간주한다. 예상치 못한 압박과 스트레스를 이겨낼 수 있도록 탄력적인 기업 문화를 조성하는 것을 뜻하기도 한다. 고학력의 대체

불가능한 자사 인력이 회사에 대한 신뢰를 잃도록 내버려 둔 것은 보잉이 저지른 심각한 실수 중 하나이다. 보잉은 수십 년 된 다른 사업체들과 마찬가지로 노동자들과 소비자 공동체로부터 엄청난 호의와 신뢰를 얻은 기업이었다. 전 세계 항공 마니아들이 보잉의 공장을 둘러보거나 시험비행장에서 이륙하는 항공기를 보기 위해 워싱턴주의 에버렛Everett으로 여행을 떠날 정도로 큰 사랑을 받았었다. 하지만 지속 가능성을 낭비한 것은 보잉이 한 믿기 어려운 실수 중 하나가 되었다.

고객은 완벽을 기대하지 않는다

완벽함을 우선으로 할 때 가해지는 일반적인 비판 중 하나는 고객들은 완벽을 기대하지 않으며 심지어 원하지 않는다는 것이다. 이 사례는 이탈리아보다는 미국을 예로 들 수 있다. 보잉의 사례처럼 참담한 경우, 수많은 커피 체인점에서 지나치게 오래 볶아 탄 상태의 원두로 내린 커피를 제공하는 것이 뻔한 스토리가 된, 불완전함을 그저 받아들이는 미국에서 더 자주 발견되고 있다. 고객이 완벽을 요구하지 않는 것이 아니라 단순히 완벽을 경험할 기회가 없었기 때문일 수 있다. 그들은 자신들이 마시고 있는 커피가 지나치게 쓰다는 사실조차 모르고 있을 가능성이 크다. 원두의 품질이 낮다는 것을 감추기 위해 또는 수천 개의 카페에서 균일한 맛을 내기 위해 쉽게 복제할 수 있도록 일부러 원두를 과하게 볶고 있기 때문이다. 마찬가지로 조직 안에서도 수많은 힘이 작용하여 속도 우선순위 지정, 비용 절감, 직원 생산성 향상 또는 주주 가치 증대 등을 강요할 수도 있다. 이러한 주장에 대한 나의 반박은 한결같다. 어느 시점에 다다르면 경쟁사 중 한 명이 당신이 제공하는 품질보다 훨씬 더 나은 버전을 제공할 방법을 찾아낼 것이라고.

또 다른 이슈는 고객에게 인칸토의 핵심 품질인 놀라움과 즐거움, 완벽함을 선사할 필요가 없다고 생각하는 기업들이다. 누구나 살면서 몇 번쯤은 작은 구매를 통해 기대 이상의 품질을 경험했던 기억이 있을 것이다. 간단한 점심을 먹기 위해 고속도로 옆에 차를 세운 당신. 평범한 음식을 기대했지만 생각보다 형편없어 보이는 식사가 나왔다. 그럼에도 음식을 입에 넣는 순간 요리사가 열정과 확신을 가지고 만든 음식이라는 것이 느껴졌다. 그 한 입을 통해 이 간단한 식사 하나도 그냥 만들지 않았음을 깨달았다. 금방 잊히는 기억일 수도 있지만 맛은 있었다. 그곳이 길 아래에 있는 여느 다른 식당과 같은 재료를 사용했을지언정, 부엌에서 일하는 그 사람은 최소한의 노력 이상을 부여하도록 스스로 영감을 불어넣었다. 어쩌면 당신은 그 지역을 방문할 때마다 그 식당을 찾아가 이 음식을 처음 맛보았을 때처럼 같은 경험을 느끼고자 할 것이다. 이제 여러분의 분야에서도 같은 일이 일어난다고 상상해 보라. 당신의 경쟁 상대가 더 좋은 품질의 제품을 제공할 방법

브랜드 경험의 본질

을 찾게 된다면 당신의 사업은 어떻게 될 것 같은가?

완벽을 실천하는 비아제토 이야기

트리에스테에서 불과 120마일 떨어진 곳에는 일리와 동일하거나 그 이상, 즉 최고의 재료를 사용하고, 놀랍고 예상치 못한 결과에 대한 열정을 가지고 있으며, 우수한 품질 비전을 목표로 하나가 된 직원이 함께하는 기업이 있다. 바로 파스티체리아 비아제토Pasticceria Biasetto라고 불리는 베이커리 업체다. 라보라토리laboratorio¹ 안에서 그들은 매우 우수한 품질의 파스타를 생산하고 있다. 이탈리아 전역에서 가장 좋은 품질로 손꼽힐 만한 정도라고 설명해도 무방하다.

비아제토는 이탈리아 북부 베네치아 서쪽의 작은 도시인 파도바Padua에 본부를 두고 있다. 파도바는 셰익스피어의 《말괄량이 길들이기》³의 배경으로도 유명하지만 오늘날에는 유럽에서 가장 오래된 대학 중 하나인 파두아 대학교와 산토 성당Basilica del Santo으로 잘 알려진 성 안토니오 대성당Basilica of St. Anthony의 본거지로 더 유명하다. 나는 그곳으로 종종 우리 대학 학생들과 일리의 경영자 자격으로 여행을 떠난다. 비아제토는 도모리 초콜릿, 다만 프레르 티Dammann Frères tea, 떼땅져 와인Taittinger wine, 아그리몬타나 잼Agrimontana jams 등 다양

I   이탈리아어로 전문 주방이라는 뜻.

한 종류의 일리 제품을 사용하고 있다.

완벽을 위해 노력해 본 사람들

대담한 색상과 현대적인 스타일로 큰 사이즈의 프린트가 내부에 장식된 비아제토의 오후는 햇살 속에서 더욱 반짝인다. 나는 이곳에 방문하면 우선 빨리 서빙되는 커피(물론 일리)부터 한 잔 마신다. 루이지Luigi 셰프는 페스츄리도 항상 빨리 내놓는다. 나는 종종 마카롱에도 손이 가곤 하는데, 이곳의 마카롱은 우리가 일반적으로 상상하는 것과는 조금 다른 모습을 하고 있다. 전통적인 마카롱은 라즈베리로 만든 네온 핑크컬러, 무화과나 매실을 베이스로 한 진한 보라색, 체리나 석류로 만든 짙은 자주색, 피스타치오를 첨가한 대담하고 강렬한 녹색 등 매우 선명한 색감을 갖는다. 하지만 이곳 비아제토의 마카롱은 쨍한 느낌 대신 은은한 색감을 자랑한다. 헤이즐넛, 초콜릿, 커피는 모두 비슷한 색조의 밤색을 띤다. 이곳을 처음 방문하는 고객이라면 이곳의 마카롱이 오히려 조금 평범하게 느껴질지 모른다. 하지만 초보 미술 애호가가 루브르 박물관의 덜 알려진 작품을 올바로 이해하고 그 진가를 제대로 파악하려면 약간의 교육과 시간이 필요하듯이 비아제토 역시 고객들에게 루이지 셰프가 만든 음식에 대한 교육을 제공한다. 그는 다음과 같이 이야기한다.

우리가 만든 창작물은 곧바로 고객의 입으로 향합니다. 따라서 시식 전에는 아무리 좋은 단어나 말로 설명하고 보여준다고 하더라도 부차적인 것이 될 뿐입니다. 맛, 맛의 조화, 질감, 향, 크기, 이 모든 요소가 심사위원이 되기 때문입니다.

카운터 뒤에서 브랜드 홍보 대사 역할을 담당하는 웨이터들은 이곳의 페스츄리는 천연재료를 사용하여 인공적인 맛이나 색소가 전혀 첨가되지 않았으며 아주 좋은 재료만 사용하고 있다고 지치지도 않고 계속 마주하는 손님들에게 설명한다. 상황에 따라 작은 크기의 샘플을 제공하기도 한다. 〈라 조콘다〉와 마찬가지로 좋은 품질은 빠르게 수면 위로 부상하기에, 곧 고객의 마음을 사로잡는다.

루이지 셰프는 가업을 이룬 환경에서 자랐다. 그의 아버지는 구두장이었고 그는 자신이 했던 것과 마찬가지로 루이지에게 완벽함을 요구했다. 아버지는 평범하고 간단한 도구만 갖추고 계셨지만, 아버지가 만든 신발의 품질만큼은 마치 가장 잘 갖춰진 아틀리에atelier에서 제작된 것처럼 훌륭했다고 말했다. 그는 아버지에 대한 이야기를 하면서 감정이 차오르는 듯했다. 진심을 다해 열정적으로 혁신을 추구하는 루이지와 같은 사람에게는 일에 대한 열정과 사랑이 깊게 나타난다. 그는 집착일 정도로 세심하게 구두를 닦던 아버지에 대해 더 많은 이야기를 해주었다.

어린 시절 저는 여러 말에 영향을 받으며 자라왔습니다. 3살, 5살, 8살, 10살에도 저는 늘 완벽주의에 대한 말을 들어왔고, 완벽하기 위해 노력하는 태도와 행동을 보면서 자랐습니다. 이것이 확실히 제 사고방식을 형성했다는 것에 대해서는 의심의 여지가 없습니다.

비아제토를 방문할 때마다 나는 완벽을 위해서는 관련된 모든 사람의 참여가 필요하다는 것을 깨닫곤 한다. 당신의 직원들이 당신만큼 일과 제품을 사랑해야 한다. 이 책에서 논의된 다른 사업들처럼 비아제토는 창업자 문화가 강한 패밀리 비즈니스다. 루이지는 사업에 대한 열정으로 가득 차 있으며, 그의 사랑과 믿음은 전파력이 크다. 간혹 그러한 열정은 양날의 칼이 될 수도 있지만, 그는 다음과 같이 말했다.

전문가의 손길이 모든 차이를 만듭니다. 따라서 완벽을 추구하는 장인과 완벽을 열망하는 사람들에게 완벽함은 필수입니다. 그것은 우리가 생각하고 사는 방법이기도 합니다.

루이지 셰프와 마찬가지로 나 역시 열정적인 태도와 애정으로 일을 대하지 않는 사람들을 마주할 때면 어떻게 이해해야 할지 모르겠다. 수많은 사람과 직급 속에서 나라는 존재감을 발휘하기 힘든 대기업에서 일하고 있다면, 그런 열정 없는 태도가 조금은 더 이해될 수 있을까? 그러나 소규모 기업에서는 직원들의 모든 행동 하나하나가 중요하게 작용한다. 직원들이 하는 모든 일이 중요하다. 모든 선택에 있어 최선을 다하든, '대충하는' 사고방식으로 임하든, 그들의 행동이 비즈니스에 즉각적이고 중요한 영향을 미친다는 것을 직원들이 이해하도록 해야 한다.

루이지는 나에게 "저는 조심성 없이 대충 일하는 사람들을 다루는 것이 어렵게 느껴집니다"라고 말했다.

그들에게는 항상 통제의 사슬, 즉 계층적인 시스템이 필요합니다. 그것에는 의심의 여지가 없어요. 제가 강조하고 싶은 것은 완벽을 추구하는 장인은 절대 행복하지 않다는 것입니다. 결코요. 행복하지 않은 사람과 함께 사는 것은 어렵지요. 품질에 대한 우리의 탐구는 일종의 근본주의적인 성격입니다. 끝없이 완벽을 열망하는 긍정적인 태도이지요. 그래서 우리는 다른 근본주의자들을 찾습니다. 우리는 생산자들뿐만 아니라 그들의 가족, 그들이 어디에 살고 있으며, 그들의 부모가 누구인지, 그리고 그들의 아이들이 어떻게 자라고 있는지 알아야합니다. 그래야 제가 그들이 어떤 사고방식을 가지고 있으며, 그들이 자라서 무엇을 열망할지에 대해 생각해 볼 수 있습니다. 저는 인사담당자를 통해 면접자가 조부모님과 동행할 것을 권유합니다. 그래야 제가 그들을 이해할 수 있는 폭이 넓어지거든요. 그들의 부모님보다 조부모를 볼 때 좀 더 확실히 드러나는 것이 있어요. 흔한 경우는 아니지만, 실제 면접을 보러 온 자리에 할머니가 함께한 경우도 있었습니다. 부모, 조부모가 함께한다면, 입사 지원자가 어떤 사람인지, 그들의 스토리는 무엇인지 더 잘 이해할 수 있게 되죠.

루이지의 이러한 이야기는 특히 뛰어난 품질의 제품을 만드는 사업주에게 흥미로운 질문을 던진다. 당신이 직원을 지도할 때 갖는 원칙은 무엇이며, 당신은 그들의 성장 과정에 무엇이 영향을 끼쳤는지 파악하고 있는가? 당신은 그들에게 어떤 종류의 질문을 던지고 있으며, 어떤 영향력과 이상이 공유되는 게 중요하다고 생각하는가? 바로 이러한 질문을 통해 이탈리아인들이 완벽을 사랑하는 키포인트를 찾아 당신의 비즈니스에 적용할 수 있는 어느 지점을 찾을 수 있을 것이다. 이를 위해, 여러분의 비전을 공유하는 사람들을 찾아볼 것을 권한다. 곧 직원이 될 사람의 할머니를 만난다는 것이 기발하게 들릴 수는 있다. 하물며 조부모님과 함께 살고 있는 사람은 찾기 힘든 시대이기에 생각보다 알아낼 만한 스토리가 없을지도 모른다. 그러나 이 개념을 당신의 직원을 채용하는 면접 과정에 적용할 수는 있을 것이다. 이력서의 피상적인 세부 사항을 넘어 당신 맞은편에 앉아 있는 그 사람을 조금 더 깊이 파고들어 이해할 수 있도록 노력하라.

루이지는 특정한 교육이나 참고 자료를 따로 요구하지 않는다. 그가 알고 싶은 것은 한 개인의 완벽에 대한 집착이 실제로 수반하는 효과를 이해할 수 있느냐 하는 것이다. 루이지의 경우처럼, 면접을 보러 온 예비 직원들이 그들의 부모님이나 조부모님들이 어떤 것이 완벽해질 때까지 일하는 모습을 지켜본 경험이 있는가? 그렇지 않다면, 미래의 직원은 루이지가 왜 그토록 스스로 열심히 일하고 있는지 이해하기 힘들 것이다. 이후 루이지는 경력자보다는 완벽함에 대한 그의 열정을 받아들이고 지속해서 배우려는 의지가 있는 경력 초기의 사람들을 고용하길 선호하게 되었다고 말했다. 물론 당신의 경우는 다를 수 있다. 하지만 단순한 직원이 아닌 한 사람으로서 당신의 직원이 어떤 사람인지 알게 된다면, 당신의 이상에 더욱더 수용적이고 적합한 직원을 찾게 될 것이다.

중심을 찾는 방법

완벽함은 약간 이상한 기원이 있을 수 있다. 비아제토에서 대부분의 제품은 천연 효모인 마더 이스트mother yeast라고 불리는 생물체로부터 시작한다. 마더는 무정형의 방울로 색이 연하고 사과 사이다 식초 냄새가 강하게 난다. 주로 린넨 천으로 덮어 둔 커다란 플라스틱 통에 넣어두며 주방의 가장 따뜻한 곳에 보관한다. 마더(미국에서는 사워도우 반죽 스타터라고 불릴 것이다)는 비아제토가 사용하는 재료 중 아마 가장 저렴한 재료일 것이다. 하지만 가장 중요한 재료이며 대체할 수 없는 존재이다. 비아제토의 마더는 정확한 출처가 불분명하다.

그 누구도 이 마더 이스트가 어디에서 왔는지 알지 못하지만 분명한 것은 적어도 90년 이상은 되었다는 것이다. 몇 년 전 비아제토는 자사의 마더 이스트를 브뤼셀Bruxelles 근처에 있는 세계 유일의 사워도우 라이브러리인 퓨라토스 베이커리 연구센터Puratos Center for Bread Flavor[I]에 등록했다.[4]

마더 이스트에 대한 걱정이 없어서일까! 루이지 셰프의 카페는 항상 많은 양의 초콜릿, 커피, 잼을 만들 수 있을 만큼 주문량이 많은 곳이다. 수십 년에 걸쳐 서서히 배양되어 온 그의 스타터는 해마다 이스트 균주가 점점 복잡한 모습으로 성장하며 그 맛에 깊이를 더한다. 이러한 이스트를 갑자기 바꾼다면 꽤 어려운 상황이 펼쳐질지도 모른다. 한밤중에 기술자가 마더 이스트에서 작은 조각을 떼어 물과 밀가루를 먹이고, 다른 플라스틱 용기에 넣은 후 단단히 밀봉한다. 밀가루를 먹고 자란 마더 이스트는 놀라운 힘을 가진 존재로 숙성되기 때문이다. 마더 이스트는 무려 자기 몸무게의 10배를 지탱할 수 있다고 한다. 그야말로 자연의 힘이다.

모든 인칸토 경영인과 마찬가지로 루이지 역시 최고의 원자재 조달의 중요성을 이해하고 있었다. 그러나 그의 비즈니스 중심에는 밀가루와 물, 시간으로 빚어지는 이스트라는 단순한 재료가 있을 뿐이었다. 좋은 마더 이스트를 만들기 위해서는 돌보는 사람의 세심한 손길, 특성의 이해, 그리고 경험이

I 노르웨이 스발바르 제도의 국제 종자 저장고와 유사한 개념.

있어야 한다. 여기에서 모든 경영인에게 적용되는 중요한 교훈을 찾을 수 있다. 바로 완벽을 추구하는 것은 당신이 일하는 매우 중요한 근본 중의 근본이라는 사실이다. 빈약한 기초 위에 완벽한 집을 지을 수는 없을 것이다. 루이지의 사업 '근간'은 바로 마더 이스트라는 스타터이며, 이 스타터는 마치 아기처럼 조심스럽게 양육되고 있으며 섬세한 보살핌을 받는다. 여기서 우리는 또 다른 교훈을 배울 수 있다. 가장 좋은 원자재가 항상 비용이나 희소성에 관련한 것은 아니라는 사실이다. 때때로 이러한 원재료는 훌륭하지만 단순한 성질의 것일 수 있으며, 매우 세심하고 열정적인 돌봄과 강박적일 정도의 제품 구조에 대한 이해가 필요하다.

마더 이스트는 까다롭고, 손이 많이 가며, 필요가 충족되지 않을 땐 끓어오르는 분노를 극적으로 표출한다. 이때 루이지의 경쟁자들은 반죽을 만드는 더 쉬운 방법을 발견했다. 대형 상업 체인 제빵사들은 거의 손이 가지 않아 약 한 달이면 숙성되는 액체 천연 효모를 사용했다. 이런 효모는 주로 병에 담겨 있으며 비교적 안정적으로 다룰 수 있다. 루이지처럼 장인 정신을 지닌 사람들조차 일부는 마더 이스트처럼 까다롭게 돌볼 필요가 없는 이스트를 골라 아예 물에서 배양하는 경우도 많았다. 이렇게 상업적이고 표준화된 베이킹 방법은 더 쉽고 더 빨리 예측할 수 있다는 것이 특징이다. 스타터가 잘 크고 있나 신경 쓰느라 잠을 자지 못하거나 숙성 상태를 걱정하지 않아도 된다. 물론 이렇게 만들어진 것도 신뢰할 수 있고 예측 가능한 기초를 가지고 있다. 다만 그 자체에서 풍기는 개성이나 매력 또는 놀라움은 적어질 것이다.

마더 이스트는 살아 숨 쉬고 있다. "만약 지인에게 마더 이스트 한 덩어리를 받아 이곳으로 가져온다면, 다음 날 제가 이곳에서 배양한 마더 이스트는 원래 효모와는 다른 정체성을 갖게 됩니다. 마더 이스트에서부터 품질에 대한 생각이 제품에 고스란히 전달되는 것이지요. 그것이 바로 마더 이스트에 대한 교육이 조직적으로 실시되어야 하는 이유입니다. 제가 '교육'이라는 단어를 사용한 이유는, 마더 이스트는 반죽 될 때마다 태어나고 또다시 태어나고, 새로운 특성이 전달되고, 또 전달되고, 결국 우리의 정체성과 우리만의 향기와 질감을 운반하기 때문입니다"라고 루이지는 말했다.

산업용 효모를 사용한다면 루이지의 삶은 조금 더 편해질 것이다. 지금으로서는 마더 이스트를 돌보는 일이 그가 하는 일의 큰 부분을 차지하고 있다. 루이지는 마더 이스트가 페스츄리와 빵 제품에 영향을 주는 변화무쌍한 pH 균형은 물론 가장 작은 소수점까지 알고 있다. 그의 가장 유명한 제품인 파네토네panettone[5]는 pH 4.2가 되어야 한다. 올해 초 880파운드 이상의 반죽을 준비해야 했던 제빵사들이 마더 이스트 위에 놓여 있는 판에 적힌 숫자를 잘못 읽은 일이 있었다. 결국 그는 해당 반죽을 모두 폐기해야 했다. 정작 고객들은 맛의 변화를 눈치채지 못할 가능성이 크지만 이미 산도가 떨어졌기에 루이지는 즉시 폐기처분을 결정했다고 한다.

나는 비아제토의 고객들이 마더 이스트가 얼마나 중요한 역할을 하고 있는지, 또 비아제토 제품의 맛, 질감뿐만 아니라 전반적인 품질에 얼마나 많은 영향을 미치고 있는지를 이해하고 있는지 궁금하다. 고객들은 그들이 구매하는 빵, 페스츄리, 케이크가 조금 더 특별하다는 것, 특히 식감과 탄성이 다른 제품과는 다르다는 것쯤은 잘 알고 있을 것이다. 비아제토 제품의 완벽함을 결정짓는 모든 요소는 다름 아닌 마더 이스트로부터 시작된다.

정리하자면 첫째, 완벽함은 비즈니스의 첫 단계에서 시작된다. 루이지의 경우, 그것은 베이킹에 필수적인 화학적, 생물학적 과정을 일으키는 이스트였다. 둘째, 완벽함을 유지하기 위해서는 직원들이 해당 프로세스를 이해하고, 그러한 프로세스가 중요하다는 것을 받아들여야 하며, 완벽을 위한 기준을 유지하기 위해서라면 다른 모든 고려 사항은 둘째라는 사실이다. 셋째, 설탕이나 강한 맛을 표현하는 인공 색소와 감미료 등이 아무리 저렴하고 겉보기에 매력적으로 느껴질지라도, 빵을 편하게 숙성시키고 제조 과정을 쉽게 도와준다고 하더라도 철저히 거부되어야 한다. 넷째, 직원들이 제품 스토리의 뉘앙스를 이해하고 있어야 하며, 그것을 기존 고객은 물론이고 잠재 고객과 함께 공유할 수 있어야 한다.

나는 마더 이스트에 대한 글을 쓰기로 했다. 왜냐하면 이스트는 비즈니스에서 완벽을 추구하는 핵심 요소로 작용하고 있기 때문이다. 이스트가 실패하면, 다른 모든 것도 실패한다. 변덕스럽고 까다로운 이스트를 특별히 신경 쓰지 않는 직원은 염소수를 넣거나, 지나치게 가열하거나, 혹은 잘못된 배합의 밀가루를 먹여 돌이킬 수 없는 피해를 줄 수도 있다. 마더 이스트는 다른 곳과는 차별되는 확실한 가치를 가지고 있다. 비아제토가 만드는 모든 제과와 제빵 제품의 뿌리를 이루고 있기 때문이다.

마더 이스트는 또 다른 역할도 하고 있다. 나는 마더 이스트와 그것이 필요로 하는 보살핌 자체가 루이지의 사업 운영 방식에 영향을 미치고 있다고 생각한다. 그의 직원들도 각자가 맡은 일의 모든 측면에서 루이지 셰프와 비슷한 수준으로의 자신의 일에 관심을 쏟아부어야 한다는 것은 잘 알고 있다. 보살핌을 필요로 하는 마더 이스트에 그토록 극진한 관심을 기울인 덕분에 그는 세부적인 것에 집중하는 문화를 만들어냈다. 이러한 문화는 그의 직원들이 하는 모든 일에 내재되어 있다. 이것을 이해할 수 없거나 이해하기 싫은 직원들은 비아제토에서 일하는 것이 자신에게 맞지 않는다는 것을 금방 깨닫게 될 것이다.

완벽을 추구하는 과정이 때로는 사람을 지치게 만들기도 한다. 그만한 대가를 요구하기 때문이다. 완벽을 추구하기 위해서는 완전한 헌신이 있어야 하며, 그 헌신을 위해 다른 것들은 포기해야 하는 순간이 찾아오기도 한다.

제가 목격한 이상한 점은 아버지가 약 10년 전 신발 제작 사업을 접기로 한 그 이후부터는 단 한 켤레의 신발도 만들지 않으셨다는 거예요. 아버지로서는 할 만큼 하신 것이지요. 너무 피곤하고 지치셨을 겁니다. 나라면 그렇게 할 수 있었을까? 생각해 보기도 했는데요. 사실 잘 모르겠습니다. 품질에 대한 추구는 어느 순간 우리를 지치게 할지도 모릅니다. 비슷한 경우로 저는 예술에 대해 생각합니다. 만약 당신이 예술가로서의 세심함을 발휘하지 않는다면 그 자체가 당신을 삼켜버릴 것입니다. 많은 예술가가 색, 아이디어, 형태를 위한 철저한 탐구에 사로잡혀 있는 광인으로 기억됩니다. 우리에게 있어 그것은 맛에 대한 완벽함, 표현에 대한 추구와 같아요. 또 가끔은 모든 사람이 거기에 도달할 수 있는 것은 아니라는 사실을 받아들이려고 노력하고, 저 스스로도 끊임없이 상기시키고 있죠. 다른 사람의 한계를 받아들여야 해요. 그렇지 않으면 스스로 피곤해집니다.

최고는 공짜로 얻어지지 않는다

완벽을 추구하는 방법을 고려하고 있다면, 다음을 곰곰이 생각해 보자.

- 당신의 비즈니스에 있어 완벽함을 이루는 핵심 요소는 무엇인가? 만약 그 핵심을 식별할 수 없다면 시간을 들여서 고민해 보자. 당신의 비즈니스에 있어 꼭 필요하고 없어서는 안 될 요소는 무엇인가?

- 직원들이 완벽을 추구하기 위해 투자하고 있으며 몰입하고 있다는 느낌을 받고 있는가? 만약 대답이 "아니오"라면, 이것을 개선하기 위해 무엇을 할 수 있을까?

- 당신의 비즈니스와 제품에 대한 열정이 삶과 균형을 이루고 있는가? 지나친 열정으로 가정생활이 불행해졌다면 직장에서 완벽함이 주는 혜택은 없는 것이나 마찬가지이다. 특히 여러 세대를 거친 가족 비즈니스를 꿈꾸고 있다면 이는 더더욱 그러하다.

- 마지막으로, 숭고하고, 예상치 못한 최상의 본질을 갖추고 있는 제품 스토리를 고객에게 들려주고 있는가?

브랜드 경험의 본질

2장.

일관성을 말하다

이쯤에서 왜 내가 인칸토 사업의 중요 요소로 일관성을 선택했는지 궁금해질 것이다. 결국 논리적, 이성적, 또는 예측 가능함은 기업이 성공하기 위해 고수할 수 있는 일련의 행동이나 목표를 정의하는 데 사용될 수 있는 유사한 의미들을 전달하는 용어이다. 내가 일관성이란 단어를 사용하는 이유는 그것이 기풍이나 정신을 암시하고 있기 때문이다. 그것은 한 사람이 삶을 사는 방법이자 자신의 사업을 조직하는 전략이 되기도 한다. 예를 들어, 일관성은 비즈니스와 여가를 포함한 내 삶의 일종의 지침이다. 나는 단순하고 완벽하게 실행된 것들을 신뢰한다. 일리는 이 원칙에 근거하고 있으며, 우리가 내리는 모든 결정은 이것을 반영하고 있다. 내 사생활도 마찬가지이다. 우리 가족은 트리에스테를 둘러싼 고원에서 바다가 보이는 어느 마을의 소박하지만 아름다운 집에서 살고 있다. 우리 가족은 특정한 사회적 관습은 따르지 않는다. 나는 청바지에 운동화를 신고 결혼했으며, 내 아내도 청바지를 입고 있었다. 나는 넥타이를 하는 것을 별로 좋아하지 않으며 넥타이가 필요한 곳은 되도록 피하는 편이다. 그런데도 우리 부부는 최고급 품질의 멋진 옷을 입는다.

옷 입는 법부터 사는 방법까지 내가 하는 모든 선택은 일리에 접근하는 나의 방식과 자세를 반영한다. 잠에서 깨는 순간부터 다시 잠에 들 때까지 내 행동과 생각이 일치한다. 내가 취하는 모든 조치는 아무리 대수롭지 않아 보이더라도, 같은 방향을 가리키고 있다. 이러한 것들이 서로 관련성이 없어 보일 수 있지만, '수직적 일관성'이라고 불리는 것의 한 형태이다. 당신의 단기적인 목표가 장기적인 목표와 일치하고, 나아가 당신의 장기적인 목표가 당신 삶(또는 사업)이 전하고자 하는 전반적인 스토리와 일치하는 것을 뜻한다. 이는 지금 당신이 직원의 위치에 있을 때라도 앞으로의 삶과 비즈니스 측면, 즉 당신의 개인적인 야망과 포부를 위해서라도 잊지 말아야 할 매우 중요한 태도라는 말이다. 물론 당신의 위치가 고위 경영진이라면, 당신의 이러한 태도는 전체 조직의 분위기를 조성하는 데 있어 더욱 중요하게 작용할 것이다.

마찬가지로, '수평적 일관성'도 매우 중요하다. 이는 당신이 운전하는 자동차, 당신이 사 먹는 음식, 사무실 환경, 공장 매점에서 일회용 플라스틱보다 재활용할 수 있는 유리 제품을 선호하는 것 등 당신의 삶 전반에 관한 것이며, 또한 당신의 삶에 대한 근본적인 믿음을 반영하는 것이다. 모든 것은 다 일관성이 있으며, 다 같은 이야기를 한다. 프랑스에는 '노블레스 오블리주noblesse oblige'라는 표현이 있다. 사회적 위치가 높을수록 더 높은 수준의 도덕적 의무를 요구한다는 뜻이다. 이것은 영향력 있는 사람일수록 일관성 있게 행동할 의무가 있다는 것을 의미한다. 그들의 집, 옷, 음식, 행동은 그들의 지위에 적합해야 한다.

물론 대부분 기업의 경우, 일과를 실행할 시간이나 자원이 부족한 상황이라면 아무리 중요한 비전이라도 생각할 틈이 없을 수도 있을 것이다. 또는 일손이 부족할 수도 있다. 혼자 여러 직위를 도맡은 나머지, 운이 좋았을지도 모를 어느 한 직원의 사생활이 일에 묶여 통째로 사라져 버렸을지도 모른다. 이러한 상황에서 일관성을 유지하기는 어려울 것이다. 타협해야 한다는 압박감을 느끼거나, 편한 지름길로 가길 선택한다면, 당신의 행동에는 일관성이 결여되어 있음을 의미할 수도 있다. 일관성 있는 구조를 만드는 것이 처음에는 상당히 충격적으로 느껴질 수 있다. 다음 몇 페이지에서 제품의 품질을 비슷한 수준으로 맞추기 위해 일리 그룹이 취해야 했던 과감한 조치를 소개하고자 한다. 일관성이 없다는 것은 당신의 브랜드 파워가 희석되어 직원들이 혼란을 느낄 수 있다는 것이고 표류할 수 있으며, 결국은 경쟁사 제품과의 차별성마저 잃어버릴 수 있다는 뜻이다.

4장에서는 진정성의 중요성과 함께 브랜드의 유산과 역사에 대한 이야기를 풀어가고자 한다. 수직과 수평에 대한 일관성은 매우 중요하게 작용하는 부분 중 하나다. 이탈리아인들은 진정한 브랜드를 소중하게 여긴다. 오랜 세월 동안 그들의 한결같은 모습에 안심할 수 있기 때문이다. 조부모님이 믿고 샀던 제품을 손자 세대인 우리도 믿고 신뢰하며 사고 있다.

이러한 연결점은 우리가 선반에서 파스타 한 상자를 고르거나 제화 브랜드(메이커)를 선택할 때 마음의 기준이 된다. 이러한 신뢰는 일관성과 꾸준함을 요구한다. 공간과 시간 모두에서 일관성을 우선한다면, 당신은 이 이야기를 이해하는 데 성공한 것이다.

- 수직적 일관성은 수년 동안 당신의 행동에 대한 일관성을 갖는다는 것을 의미한다.
- 수평적 일관성은 당신이 하는 모든 일상의 행동이 서로 일치함을 의미한다.

일관성에 대한 보상은 장기적인 생존이다. 비즈니스가 '일시적'으로 이루어지는 경우에는 일관성이라는 것이 필요하지 않을 수도 있다. 하지만 당신의 비즈니스가 6개월 후에는 존재하지 않으리라는 것을 고객이 알게 된다면, 고객은 당신의 장기적인 비전에는 투자하지 않을 것이다. 장기적인 안목으로 회사를 설립하려면 운영 첫날부터 일관성을 유지하고 신뢰를 쌓는 것이 무엇보다 중요하다.

이탈리아의 작지만 강한 기업들

나는 소규모로 운영되는 이탈리아 회사들이 독특한 일관

성을 갖추고 있다고 생각한다. 제2차 세계대전의 참상 이후, 마셜 계획(2차 세계대전 이후 미국의 서유럽 대외원조 계획)의 영향으로 이탈리아 경제에도 부분적인 붐이 일어났다. 우리의 젊은 농촌 인구는 주로 토리노Turin, 밀라노Milan, 파도바와 같은 북부의 큰 제조업 도시로 이주했다. 새로운 이민자층을 구성한 이들은 신선한 올리브오일, 손으로 만든 가죽 제품, 집에서 가공한 고기, 간결하고 잘 만들어진 옷 등 단순하지만 완벽한 시골 생활의 즐거움을 사랑했다. 그들은 그들이 원하는 음식과 상품을 파는 기존의 소규모 사업체들을 빠르게 발견해 나갔다. 이 상품들을 효과적으로 공급하기 위해 새로운 브랜드들도 생겨났다. 오늘날의 넥타이 제조업체인 E. 마리넬라E. Marinella, 구두 제조업체인 르네 카오빌라René Caovilla, 그리고 브라울리오Braulio나 코코Cocco와 같은 가벼운 반주 위주의 주류 업체들은 그들 상품의 품질과 생산에 필요한 공급망 유지에 긴밀한 초점을 맞추고 있다.

이 회사들은 훌륭한 상품을 판매하고 있지만 정작 이 책을 읽고 있는 당신은 이들에 대해 들어본 적이 거의 없을 것이다. 이들은 자체 매장에서만 제품을 판매하고 있으며 가까운 지역까지만 유통을 제한하고 마케팅이나 광고에는 특별히 집중하지 않는다. 이유는 무엇일까? 첫째, 이 회사들은 가족 경영을 추구한다. 그들은 2세대에서 3세대 혹은 10세대에 걸쳐 같은 제품과 같은 스토리를 펼쳐내고 있다. 이들의 사업은 수익성이 있지만, 값비싼 캠페인에 쉽게 투자하고, 새로운 시장으로 확장하거나, 새로운 제품을 개발할 수 있을 만큼은 수익성이 높지 않다. 다만 그들은 한결같고 일관성 있는 것에 초점을 맞춘다. 그들은 기존 고객이 자기 자녀와 손주에게도 그들의 제품을 추천하는 것에 의존하고 있다.

물론 이런 기업을 데려다가 확장하는 것은 가능하다. 하지만 이럴 경우, 일관성뿐 아니라 그동안의 내가 누구인지, 무엇을 했으며 왜 그렇게 하는지에 대한 통일된 이해를 잃을 위험이 있다. 이탈리아인들은 품질을 중요하게 생각하기 때문에 이러한 지역 기업들이 오랫동안 살아남을 수 있었던 것이다. 이탈리아인들은 여러 세대에 걸쳐 한 가지 일을 잘하면 품질에 대한 좋은 평판을 계속해서 유지할 수 있으며, 자신들의 이름을 널리 알릴 수 있다는 사실을 알고 있다. 이러한 소규모 기업들이 성장할 기회는 착취되지 않는다. 가족 기업은 한 곳에 남아서 오랜 시간 작은 규모를 유지하며 운영되지만 수십 년 그리고 결국 수 세기 동안 생존한다.

반대로 다른 나라의 기업들은 종종 회사의 기능에 대한 근본적인 오해 때문에 어려움을 겪기도 한다. 그들은 빠른 성장이 일관된 정신보다 더 중요하다고 생각한다. 고객과의 신뢰를 쌓기 위해 굳이 시간을 들이려고 하지 않는다. 서비스를 다운그레이드하거나 가격을 인상할 기회가 있다면 고객과 쌓은 신뢰를 희생하는 것쯤은 대수롭지 않게 여긴다. 우버Uber와

브랜드 경험의 본질

같은 회사들은 근로자와 고객의 희생을 감수하고 이익을 극대화하기 위해 급상승 가격 책정을 하거나 운전자를 '독립 계약자'로 분류하는 전략을 사용한다. 신뢰를 쌓는 문화를 구축하기는커녕 일부 사용자는 앱이 악용되는 경험을 하고, 불신하게 되는 상황을 만들었다.

제품에 만족하는 고객은 충성스러운 장기 소비자다. 그들은 기존의 제품과 새로운 제품을 계속 구매하면서 더 많은 소비자에게 이 제품에 대한 긍정적인 정보를 전파할 것이다. 마찬가지로, 행복한 직원은 비즈니스에 대한 지식을 개발하고 자신의 경험과 통찰력을 발휘해 회사를 안정적이고 건강하게 유지할 수 있도록 돕는 장기적인 자원이 된다.

믿고 선택할 수 있는 기준

나는 학생들에게 일관성의 개념을 설명할 때 종종 내가 사랑하는 또 다른 대상인 음악을 예로 들기도 한다. 불협화음, 즉 불쾌한 음악을 생각해 보자. 듣는 것 자체가 고통일 것이다. 불협화음에는 우아함이 결여되어 있다. 듣는 즐거움도, 우아함도 완벽한 조화를 이루지 않는다. 반대로 클래식 음악은 듣기에 즐거울 뿐만 아니라 대뇌 피질의 신경세포를 작동시켜 추리와 사고의 상위 기능을 담당하는 뇌의 한 부분을 자극한다. '현대적'이라고 생각되는 최초의 클래식 작곡가인 구스타프 말러Gustav Mahler는 내가 가장 좋아하는 작곡가 중 한 명이다. 나는 특히 그의 교향곡 9번을 좋아한다. 그가 만든 음악 중 어떤 부분을 선택해서 들어도 그 부분은 말러가 누구였는지, 그가 살았던 세상과, 그가 자신이 살던 세계를 어떻게 관찰하고 반응했는지에 대한 전반적인 이야기의 일부를 구성한다.

보다 최근에는 작곡가 필립 글래스Philip Glass가 조화로운 음색, 같은 음악 구조를 계속 반복하는 힘을 탐구하는 활동을 이어나갔다. 말러와는 확연히 다른 느낌이지만 결과는 똑같이 효과적이다. 그들은 일관성을 가지고 있다. 이 두 음악가의 작품 중 아무 지점에서나 원하는 부분 두 개를 골라보자. 작품 간의 관계성을 느껴볼 수 있을 것이다. 비즈니스 목표도 이와 유사하다. 나는 우리 고객이 우리 회사 제품 중 아무 것이나 골라 나란히 놓고 그 제품들 사이의 일관성을 알아볼 수 있기를 바란다. 만약 우리의 커피 품질을 사랑하는 고객이라면, 그들은 우리가 만든 와인이나 초콜릿에 대해서도 똑같이 자신감을 가질 것이다. 우리의 모든 브랜드는 최소한의 재료와 최고의 품질에 대해 동일하게 '쇼트 레시피short recipe' 철학을 반영하고 있기 때문이다. 우리 고객은 일리가 모든 제품에 일관된 환경을 제공할 것이라고 믿는 것이다.

물론 우리 제품에 관심이 없는 소비자들도 있을 것이다. 우리의 초콜릿보다 더 달콤한 초콜릿을 선호하거나, 톡톡하고 새로운 맛을 찾는 사람이라면 우리의 그 어떤 브랜드에도 관

브랜드 경험의 본질

심이 없을 것이다. 그들은 우리가 하는 일을 우선시하지 않을 것이다. 하지만 상관없다. 일관성이라는 일부만 봐도 당신이 누구이고 무엇을 지지하는지에 대해 명확히 알 수 있을 테니 말이다. 그리고 이때 피할 수 없는 것이 있다면, 당신이 일관성을 지지하더라도 모두를 기쁘게 하지는 못한다는 사실이다.

베네통을 입지 않는 이유

2018년 8월 14일, 제노바(이탈리아에서 6번째로 큰 도시)의 주택가 상공에 높게 걸린 모란디 현수교Morandi Bridge가 붕괴한 사건이 있었다.[1] 이 사고로 43명이 목숨을 잃었고, 600명이 넘는 사람들이 하루아침에 집 없는 신세가 되었다. 이는 2001년 9월 11일에 발생한 미국의 쌍둥이 빌딩 테러 사건만큼이나 우리에게 큰 충격을 주었다. 나와 동료들은 완전히 공포에 질린 채 TV 화면 앞으로 모여 앉았다. 1960년대 말 콘크리트로 만들어진 이 모란디 다리를 이탈리아인들은 로마 시대 유산만큼이나 자랑스러워했다. 그 다리가 그렇게 무너지는 것을 보는 것만으로도 마음 깊이 고통을 느꼈다. 뉴스를 접한 모든 이탈리아인들이 마치 자기 개인의 실패처럼 마음 아파했다. 더욱 충격적인 것은 이탈리아 제조업계에서 가장 신뢰받는 회사 중 한 곳인 베네통Benetton[2]이 바로 이 다리를 관리했다는 점이다. 1967년부터 2000년 사이, 젊고 패셔너블한 사람이라면 한번쯤은 베네통 브랜드의 옷을 입어봤을 것이다.[3] 베네통의 스웨터는 대담하고 밝은 색상을 기본으로 하며, 색과 무늬가 옷 전체에 걸쳐 조화를 이루는 것이 특징이다. 1980년대 밀라노의 십 대들은 베네통, 피오루치Fiorucci 등을 비롯한 디자이너의 브랜드 옷을 즐겨 입었고, 파니나로 스타일paninaro style[I]을 창출함으로써, 1970년대의 격동적이고 노골적인 정치색에 대한 거부감을 표했다. 전 세계 광고판에는 올리비에로 토스카니Oliviero Toscani[II]의 다인종 커플, 동성 커플, 에이즈로 죽어가는 운동가, 씻지 않은 상태로 탯줄이 그대로 달린 갓난아기의 모습을 담은 사진이 전시되어 있었다. 수십 년 동안 베네통은 유럽의 패션을 지배했다. 베네통의 스타일은 대담했고, 마케팅은 자극적이었으며, 프랜차이즈 모노 브랜드 비즈니스 모델은 효과적이었다.

하지만 베네통은 패스트 패션fast fashion[III]의 등장으로 고군분투했다. 1980년대 초고속 캡슐 컬렉션lightning–fast capsule collections이라는 아이디어를 내놓았지만 자라Zara나 H&M에 비하면 여전히 느린 속도였다. 베네통의 품질이 더 높았지만, 매주 업데이트되는 의상과 새로운 할인 정책, 혹은 가격 프로모션에 매혹되는 고객들에게는 그저 비싼 가격으로 인식될 뿐이었다. 설상가상으로 2013년 방글라데시 다카의 라나플라자

I   이탈리아인들이 즐겨 먹는 파니니 샌드위치에서 이름이 유래.
II   이탈리아 출신 사진작가.
III   유행에 따라 빨리 바꿔서 내놓는 옷.

Rana Plaza 상가 건물이 붕괴되면서 베네통의 공장이 무너졌고, 직원 수백 명이 사망하는 사건이 일어났다. 베네통은 아르헨티나 원주민들이 불쾌하게 느낄 수도 있는 비즈니스 거래 방식을 진행했고, 일관성 없이 사업을 확장시켜 나갔다.

2000년대 초반에 들어서며 베네통은 더는 그들의 정체성은 무엇이며 그들이 고객에게 무엇을 의미할 수 있는지에 대한 일관된 스토리를 전달하지 않기 시작했다. 더 이상 베네통의 시그니처 스웨터를 중요하게 생각하지 않았다. 오히려 사람들이 품질에 대해 더 관대한 태도와 열린 생각을 하도록 부추기는 방향으로 자신들의 정체성을 구축해 나갔다.

안타깝게도 그 결과 '베네통'이 의미하는 것과는 다른 방향으로 다각화되기 시작했다. 건설 부문을 통해 베네통 일가는 2,000마일 이상의 유료 도로를 통제했다. 슬프게도 그들은 더 이상 스웨터를 만들지 않았는데, 이것을 두고 베네통의 설립자인 루치아노 베네통Luciano Benetton마저 그들의 핵심 브랜드가 "송수관에서 물을 뺀 것과 같다"고 표현했다. 베네통이 관련 없는 (돈벌이는 될지언정) 사이드 벤처를 확장하는 것에 덜 신경 쓰고, 타 브랜드의 도전에 맞서는 것에 더 집중했더라면, 아마도 그들은 여전히 전 세계의 열정적인 젊은 층이 즐겨 입는 브랜드로 남았을 것이다.

일관성을 지키기 위한 희생도 필요하다

1977년 내가 처음 일리에서 일을 시작했을 때, 우리 역시 베네통이 직면하고 있는 것과 비슷한 문제를 안고 있었다. 설립자의 비전과 회사의 경영방식이 점점 멀어지고 있었던 것이다. 당시 일리에는 여러 블렌드와 커피 라인이 있었는데, 모두 상당히 성공적이었고 인기가 좋았다. 하지만 이것은 우리 할아버지가 원하던 꿈이 아니었다. 할아버지는 사람들이 항상 최고의 커피를 찾고 그것을 먹기 위해 기꺼이 더 많은 돈을 지불할 것이라고 믿으셨다. 그렇기에 세상에서 가장 좋은 커피를 만들고 싶어 하셨다. 1970년대 후반 즈음에는 '스페셜티 The Specialty'만이 할아버지의 경영 전략을 온전히 담은 완벽함을 향해 올바르게 가고 있었다. 스페셜티(지금은 일리 커피로만 알려져 있음)는 당시만 하더라도 전체 매출의 절반도 미치지 못하고 있었다. 하지만 12개의 좋은 제품보다 단 하나의 뛰어난 제품에 초점을 맞추고자 하는 일리의 경영 철학과 맞아떨어지며 우리의 나아갈 방향을 정확히 알려주고 있었다. 앞서 언급한 이탈리아의 소규모 가업과는 달리, 우리 가업은 국가적인 브랜드를 넘어 국제적인 브랜드로 성장하기 위한 자원과 야망을 품고 있었다. 스페셜티를 제외한 모든 블렌드 라인을 없애기로 한 순간 나는 잠재 고객의 입장이 되어보기 위해 노력했다. 과연 무엇 때문에 고객들이 수백 혹은 수천 마일 떨어진 회사의 커피를 사게 되는 것일까? 답은 뻔했다. 고객들은 지역 로스터는 제공할 수 없는 품질을 맛보기 위해 우리의 커피를 살 것이다. 다른 몇 개의 일리 블렌드는 지역 로스터들이 제공할 수 있는 것과 비슷했지만, 스페셜티는 달랐다. 다른 누구도 일리의 스페셜티가 갖는 품질을 따라갈 수 없었다.

서로 다른 고객에게 서로 다른 취향을 가진 여러 블렌드 라인을 제공하는 것은 품질 중심의 브랜드 정체성을 형성하는 데 방해가 되기 때문에, 나는 초점을 맞추는 것이 무엇보다 중요하다고 생각했다.[5] 호텔, 레스토랑, 카페 등에 블렌드와 같은 '모두를 위한 것'을 제공하는 것은 우리가 가고자 하는 방향과는 달랐다. 즉 흠잡을 데 없는 품질로 정평이 난 강력한 브랜드로 일관되게 성장하는 것과는 다른 방향이었다. 영업사원의 관점으로 바라보며 나는 스페셜티, 즉 100% 아라비카를 제외한 모든 커피 블렌드의 생산을 중단시켰고, 차tea 제품 생산 역시 완전히 중단할 것을 제안했다. 우리의 아라비카 커피는 경쟁사의 블렌드 커피보다 두 배 정도 비싸다. 하지만 우리의 전략에 따라 대부분의 경쟁사보다 더 높은 가격으로 세계 최고의 커피를 제공할 필요가 있었다.

이것은 사실 최선의 선택이 아닐지도 모른다. 많은 가족 사업이 비슷하겠지만, 나의 직계 친척들 대부분이 일리의 규칙적인 수입에 의존하고 있었기 때문이다. 하룻밤 사이에 수익을 절반으로 줄이기로 한 내 결정을 그들은 위험하게 받아들일 것이 뻔했다. 나는 책임지고 이에 대한 해결책을 제안해야 했다. 하지만 나는 당시의 일리는 일관성이 없고, 고객에게 아무런 영향을 주지 못하고 있으며, 더 독특한 브랜드에 의해 시장의 경쟁에 밀려 인수될 위험에 처해 있다는 것을 본능적으로 알고 있었다. 우리는 하나의 필수 라인만 남겨 놓고 모든 제품을 철수시킴으로써, 우리가 누구인지에 대한 보다 일관된 이야기를 하기 시작했다. 또 중요한 것은 직원들이 단순하고 일관된 완벽함을 추구하는 일리의 경영 마인드를 잘 이해하고 있다는 것이었다. 오늘날 1970년대 당시 20개 라인의 커피 브랜드를 판매했을 때보다 단 한 개의 제품라인에서 거두는 수익이 20배가량 더 높아졌다.

흥미로운 사실을 하나 밝히자면 나의 장기적인 목표는 회사를 다각화하고 더 크게 성장시키는 것이다(결과적으로 다각화 시도는 2000년대 초에 시작되었지만). 그러기 위해서 우리는 먼저 한발 물러서야 했다. 일리의 철학과 맞지 않는 제품들의 생산을 중단할 필요가 있었다. 나는 일리가 세계적인 브랜드가 될 수 있다는 사실은 믿어 의심치 않았지만, 그것을 현실로 실행하기 위해서는 무엇인가를 단행해야 했다. 우리 할아버지의 꿈은 세계 최고의 커피를 생산하는 것이었다. 1933년 할아버지는 우수한 품질의 초콜릿 생산을 목표로 삼았고 이후에는 질 좋은 잼을 만들기 위해 과일나무를 심어 농장을 운영했다. 하지만 제2차 세계대전이 일어났고, 결국 두 제품의 생산을 포기할 수밖에 없는 상황에 놓였다. 전쟁이 끝난 후에는 줄곧 커피 사업만을 이끌어 가셨다.

이것은 여러분의 비즈니스 전략에도 적용될 수 있는 이야기이다. 당신의 회사는 무엇을 나타내고 있는가? 고객과의 약속은 무엇인가? 우리가 고객과 한 약속은 항상 최고의 제품을 제공하는 것이었다. 물론 당신의 비즈니스에는 신뢰성, 혁신, 매력, 또는 '클래식'하면서도 유행에 뒤떨어지지 않는 제품 등 다른 여러 가치가 더 우선시 될 수 있다. 다음으로 고려해야 할 사항은 "내 인생에서나 내 사업의 의사결정자로서 내가 내리는 모든 결정이 같은 방향을 가리키고 있는가?"이다. 당신의 대답이 "아니오"라면, 핵심적이고 일관된 약속을 방해하는 비즈니스 요소를 과감하게 제거하는 방법도 고려할 수 있어야 한다. 제품(또는 비즈니스 수행 방식)을 수직적이고 수평적인 측면에서 모두 일관성이 있을 정도로 단순화시킨다면 오히려 더 논리적이고 체계적인 방식으로 확장할 수 있는 길이 보일 것이다.

가격의 일관성을 갖추다

일관성의 힘을 사용하여 브랜드 가치를 높일 수 있는 또 다른 방법이 있다. 대부분의 인칸토 기업들은 모든 유통 채널에 걸쳐 가격을 균일하게 유지하기 위해 노력한다. 일반적으로 품질에 민감한 고객은 해당 제품에 적합하다고 느껴지는 가격이라면 기꺼이 지불한다(적어도 가격이 구매 동기가 되는 고객보다는 훨씬 그렇다). 하지만 품질에 민감한 고객이 온라인이나 다른 매장을 통해 조금 더 저렴한 가격으로 인칸토 제품을 구매할 수 있게 된다면, 우리 제품을 구매하려는 일차적인 목표에서 결국 벗어나게 된다.

인칸토 기업들은 모든 유통 채널의 가격을 안정적으로 유지함으로써 이런 문제들을 의도적으로 방지하고 있다. 이는 크고 인기 있는 웹 사이트에서 인칸토 제품을 판매하지 않거나 제3의 유통 채널을 통한 판매는 피한다는 의미일 수도 있다. 핵심은 결국 많은 브랜드가 서로 갇혀 버리게 되는 '밑바닥으로의 경쟁'을 피하는 것이다. 따라서 만약 당신이 만들고 있는 제품의 품질이 우수하다고 확신한다면, 가격으로 제품을 홍보하는 일은 없어야 할 것이다. 이러한 전략은 필연적으로 제품의 품질과 일관성을 한결같이 추구하고자 했던 경영 철학에서 고객의 관심을 멀어지게 할 뿐이다. 만약 당신의 제품이 독립 상점에서 판매되고 있다면, 제품 '스토리'나 이미지는 거의 전적으로 그 상점의 주인 손에 달려 있다(우리의 경영 기준과 철학에 맞지 않는 비즈니스에는 일리 상표와 같은 브랜드 품목을 공급하지 않는 이유이기도 하다).

마지막으로, 제품의 품질이 우수하다면 가격도 높을 것이라는 것을 고객에게 확신시키는 편이 훨씬 쉽다. 가격이 낮으면 고객에게 제품의 품질이 우수하다는 것을 설득하는 것이 오히려 더 어려워진다. 특히 제품이 상품이거나 서비스 지향적인 경우에는 이 전략이 작동하지 않는다. 따라서 비즈니스의 본질과 가장 밀접하게 일치하는 전략을 선택해야 한다.

5장에서는 브라질의 추운 날씨가 우리에게 커피콩을 공급하는 커피 농장에 얼마나 해로운 영향을 끼쳤는지에 대해 이야기할 것이다. 결국 우리는 우리의 주재료인 아라비카 콩을 공수하기 위해 훨씬 더 많은 돈을 내야만 했다. 가격이 두 배 이상 올랐기 때문이다. 원재료값의 인상분을 흡수할 수 없었기에 우리는 결국 제품 가격을 올릴 수밖에 없었다. 이후 그린 커피 생산량이 다시 증가하고 가격이 다시 안정되었지만 우리는 가격을 예전처럼 낮추지 않았다. 대신, 가격을 계속 올려야 하는 상황을 피하고자 가격을 고정적으로 유지하기로 했다. 원재료 가격 변화에 따라 제품 가격을 수시로 변동하는 대신 단 한 번의 가격 인상 후 오랫동안 안정세를 유지하기로 한 것이다. 제품의 품질이 향상된 상태라면, 변덕스럽고 예측할 수 없는 가격보다는 일관되고 신뢰할 수 있는 가격을 유지하는 편이 항상 바람직하다.

도모리의 일관성 있는 비즈니스 확장

일관되고 꾸준한 가격은 더 넓은 시장으로 확장하는 데에 도움이 될 것이다. 우리 회사의 모든 제품은 품질이 정교하며 가격이 서로 비슷한 수준으로 맞춰져 있다. 우리 제품 브랜드에 전혀 다른 가격으로 새로운 라인을 추가하는 일은 없을 것이다. 1990년대 후반, 나는 할아버지의 또 다른 비전을 찾고 있었다. '쇼트 레시피' 초콜릿 업체로서, 우리의 경영 철학을 반영하고, 우리 브랜드 제품군을 완성할 수 있는 초콜릿 브랜드 말이다. 쇼트 레시피는 우리가 하는 모든 일에 필수적인 경영 철학을 담고 있다. 쇼트 레시피는 말 그대로, 우리의 모든 제품을 가능한 최소의 재료를 기반으로 만드는 것이다. 우리가 만드는 잼은 과일과 설탕 외에는 다른 재료가 들어가지 않는다. 우리의 와인에는 어떠한 첨가물도 들어가지 않으며, 우리의 차는 잎이 통째로 사용되어 오염의 위험이 적다. 우리는 초콜릿 회사를 인수하기 위해 준비 중이었는데 그 회사는 일리의 경영 가치를 반영한 곳이어야 했다. 쇼트 레시피를 추구하는 회사로서, 유통 공급망에 대한 완전한 통제권을 가지고 있어야 했고, 가능한 가장 간단한 생산 방식을 고수하며, 지속 가능성에 대한 공약을 지키는 회사여야 했다. 매우 훌륭한 원재료를 사용하여 저온에서도 가공될 수 있어야 했고, 동시에 좋은 제품 품질을 유지할 수 있는 회사를 찾고 있었다.

또한 느리더라도 책임감 있는 성장과 품질 유지에 대한 우리의 전망을 공유할 수 있도록 가족 소유로 경영되고 관리하는 업체여야 했다. 그리고 우리는 마침내 젊은 경제학자 지안루카 프란조니Gianluca Franzoni에 의해 설립된 도모리라는 업체를 발견하게 되었다. 그는 열정적으로 베네수엘라의 크리올로Criollo 카카오 콩을 되살리는 데 헌신했다. 우리는 지안루카를 회장으로 두고 도모리를 인수했다. 일리의 경영 철학에 따라, 우리는 지안루카 프란조니가 구현한 카카오의 독특한 가공 방법을 그대로 유지하기로 결정했다. 단순화된 공급망과 생산을 유지하여 베네수엘라의 카카오 재배자들과 합작 사업을 강화하였고, 에콰도르에서 이를 복제하여 우리만을 위한 초미세 크리올로 카카오 콩을 재배할 수 있었다. 우리의 생산 라인은 재료의 좋은 품질을 반영하기 위해 완벽하게 준비되었다. 도모리의 카카오 콩은 품질이 매우 우수했기 때문에, 우리는 경쟁사들보다 20% 낮은 온도에서 콩을 로스팅할 수 있었다. 또 더 짧은 시간 동안 더 낮은 온도에서 카카오 콩을 (기본적으로 정제된 형태로) 콘치Conche[1] 처리하기 위해 도모리가 라이선스 특허를 획득한 기계proprietary machine도 그대로 사용하고 있다.

이처럼 희귀하고 고급스러운 카카오 콩을 사용하는 것과 관련하여 흥미로운 점이 하나 있다. 일반적으로 포라스테로Forastero 콩과 같은 작은 크기의 카카오 종은 카카오의 전형적인 나쁜 맛과 휘발성 산성을 없애기 위해 높은 온도에서 구워진다. 하지만 높은 온도에서 정제와 콘칭 과정을 반복하다 보면 본연의 좋은 맛이 사라져 버린다. 결국 정제 과정이 끝나면

---

[1]   카카오, 우유, 버터 등을 반죽하는 기계.

초콜릿은 거의 아무런 맛을 내지 못하게 된다. 따라서 마지막 단계에서 초콜릿 맛을 가미하기 위해 향료와 다른 요소들이 다량 첨가되는 것이다. 아마 이 대목에서 아이들에게 사주던 저품질의 초콜릿이 떠오를 것이다. 하지만 미국 슈퍼마켓 진열대에서 쉽게 찾아볼 수 있는 유명한 유럽 초콜릿 브랜드에서조차 이러한 생산 방법을 고수하는 것이 사실이다.

여기서 우리의 전략은 결함을 제거하고 메꾸는 것보다 애초에 가장 좋은 원료를 구입하여 품질을 유지하는 것이었다. 우리는 어떤 원재료를 사용하든, 그 제조 과정은 크게 신경 쓰지 않는다. 처음부터 고품질의 원료를 선택했기 때문에, 품질 관리를 위해 처리해야 할 일이 크게 없었던 것이다. 우리는 좋은 품질의 원료를 가지고 출발하기 때문에, 제조 공정의 각 단계에서 나쁜 요소를 숨기거나 더 좋게 해줄 수 있는 새로운 요소를 찾을 필요가 없었다. 우리는 그저 원재료 고유의 품질, 맛, 질감을 보존하고 지키는 것에 더 중점을 둘 뿐이다.

인칸토의 품질 수준을 목표로 하는 기업에게 중요한 교훈은 다음과 같다. 원자재, 공급망, 지속 가능성처럼 다양한 요소들은 필수적이다. 그러나 생산 과정, 특히 마지막에 수행하는 작업은 제품의 품질을 평균적인 수준에서 매우 특징적인 수준으로, 즉 인칸토 품질의 수준으로 끌어올릴 수 있는 도약을 결정짓는 중요한 단계이다. 반대로 마지막 단계에서 원료를 잘못 다루게 되면 원료의 우수한 품질이 떨어질 수도 있기에 매우 중요한 단계이기도 하다.

우리의 생산 과정은 초콜릿에서 얻을 수 있는 최고의 맛이 오랫동안 보존되도록 하는 것이다. 대부분의 초콜릿 제조사들은 우리가 고수하고 있는 인공적인 작업이 적게 들어가는 공정에 대해서는 관심이 없겠지만, 우리는 그럴 만한 가치를 알아보고 있으며 지켜나가고 있다. 우리는 잼을 210도가 아닌 화씨 140도의 더 시원한 온도에서 끓이기 위해 진공 챔버를 사용하고 있다. 그러나 대부분의 잼 제조자들은 대기압에서 잼을 끓인다. 다시 말하지만, 그들은 품질 좋은 과일을 고집하며 사용하지 않는다. 이런 기본 적인 것이 중요하다고 생각하지도 않을 것이다. 당연히 원재료의 맛이 우리 제품처럼 잘 보존되고 있지도 않다.

비즈니스의 일관성을 구축하기 위해서는 먼저 목표(시장에서 어떤 사람이 되고 싶은지)와 전략(목표를 어떻게 달성하고 싶은지)을 명확히 구분해야 한다. 우리가 만든 제품은 최고의 원자재와 최고의 정제 공정이 만든 결과물이라고 할 수 있다. 우리의 생산 과정도 우리의 제품과 마찬가지로 전반적으로 일관성을 가지고 있다.

마지막 과제는 일관성 없는 요소를 찾아 개선하는 것이다. 도모리의 생산 방법은 대형 초콜릿 제조사들이 사용하는 방법과는 근본적으로 호환되지 않는다. 우리가 구현하고 있는 방법으로는 포라스테로 카카오의 '안 좋은 맛'을 없앨 수 없다. 마찬가지로 우리의 경쟁사들이 크리올로 카카오 콩을 사용한다면, 그들의 공정 방법으로는 최고의 맛을 유지할 수 없으므로 결국 맛의 품질이 떨어지고 말 것이다. 앞서 언급한 수직적 일관성을 기억할 것이다. 도모리에 대한 우리의 단기 목표는 우리의 장기적인 목표와 일치한다. 우리는 일관된 정신을 공유하며 함께 일리 그룹에 대한 설득력 있는 이야기를 들려주는 제품군을 만들고자 했다. 그러나 이러한 대형 브랜드도 일관성 있는 비즈니스라는 점을 기억하는 것이 중요하다. 또 단지 일리 그룹과 다른 목표를 가지고 있다고 해서 그들이 하고 있는 방법이 근본적으로 잘못되었다는 것을 의미하지는 않는다. 그들 역시 일관성 있는 회사에 대한 다른 비전을 품고 일하고 있을 뿐이다.

도모리와 같은 인칸토 철학을 따르는 업체와 일반 대중 시장 사업체를 혼합하는 것은 불가능한 일이다. 마찬가지로 우리의 자회사 중 하나를 근본적으로 비합리적인 방식으로 운영하려고 한다면, 역시 무의미한 시도가 될 것이다. 우리가 절충점에서 타협하거나 기존의 생산 방식을 급진적으로 바꾸려고 했다면, 도모리를 더 빨리 성장시키는 것이 가능할지도 모른다. 하지만 우리는 카카오 콩을 가공하기 위한 우리만의 기술을 만들어내면서 그와는 반대 방향을 추구했다.

2011년, 도모리는 페이스트리 셰프와 젤라토 제조사를 위한 전문 초콜릿 제공 업체로 확장을 결정했다. 우리는 '도모리스타일'(고농축된 깊은 맛)과 페이스트리 셰프들을 위한 기술적인 요구 사항(예: 빵에 넣을 초콜릿을 위해 유연함을 특징으로 하는 등)을 갖춘 프로페셔널 초콜릿을 만들기 위해 새로운 생산 라인을 설계하고 건설했다. 새로운 라인이 완성되었고, 그렇게 만들어진 초콜릿의 품질은 훌륭했지만, 생각했던 것보다 유동성이 너무 낮은 것이 단점으로 나타났다. 기계 공급업체와 몇 주 동안의 논의를 나눈 결과, 유동성을 높이기 위해서는 새로운 성분을 추가하는 것 외에 다른 해결책을 찾을 수 없다는 결론이 나왔다. 그러나 이 결정은 도모리의 쇼트 레시피 정책과 어긋나는 것이었다. 결국 이 문제에 대한 논문을 쓴 공대생을 고용하여 마침내 해결책을 찾을 수 있었다. 그는 단일 10-실린더 정제기 대신 2-실린더 정제기 2대를 사용할 것을 제안했다. 덕분에 유동성은 경쟁사와 비교해도 단연 최고 수준으로 높일 수 있었고, 원료의 고농축 덕분에 좋은 맛을 그대로 유지할 수 있었다.

일관성이 항상 가장 쉬운 길을 의미하지는 않는다(비록 문자 그대로 가장 직선적이고 항상 같은 목표를 향해 나아가는 길이긴 하지만 말이다). 일리에게는 일관성을 갖는 것이 무엇보다 중요하다. 왜냐하면 일관성은 우리의 모든 행동을 지도하는 절대 불가침의 규칙이 되기 때문이다. 나는 우리가 하는 모든 일이 쇼트 레시피 다운 품질을 지향해야 한다는 것을 알고 있다. 이것은 우리가 내리는 모든 결정에서 항상 우선시 되는 사항이다. 당신만의 타협 불가능한 일관성의 기준이 되는 것은 무엇인지 자문해 보길 바란다. 어떤 변화를 고려할 때 가장 먼저 자문해야 할 질문은 무엇인가? 그리고 그에 대한 답은 무언인가? 이러한 질문과 함께 답을 얻었다면, 말단 직원부터 최고위층 관리자에 이르기까지 모든 직원에게 당신만의 일관성에 대한 철학을 명확히 설명해 두어야 할 것이다.

3장.

아름다움을 말하다

디자인과 아름다움에 대한 사랑은 모든 이탈리아인의 DNA에 녹아 있다. 로마인들은 그들의 별장을 모자이크로 장식하곤 했는데, 완벽한 무지갯빛이 감도는 녹색 목을 가진 오리, 포도 한 다발을 훔쳐 뛰어가면서 익살맞게 눈을 반짝거리는 토끼처럼 복잡한 색깔과 무늬를 가진 모자이크를 보면 감탄이 절로 나온다. 비록 그 작품을 만든 예술가와 작품 속에 등장하는 모델들은 모두 세상을 떠난지 오래지만, 작품 속의 오리 깃털은 여전히 빛나고 있으며, 대담무쌍한 토끼도 여전히 매력적으로 보인다. 사실 모든 문명의 작품이 그렇긴 하지만 말이다. 내게 아름다움은 조화로움이다. 그것은 색이 서로 어우러지는 방식이며, 잘 쓰인 산문보다 더 분명하게 분위기를 전달한다. 이런 아름다움은 감성적인 면을 지닌다. 서쪽으로 향하는 트리에스테의 해안가는 매일 저녁에 지는 노을과 물과 건물에서 빛이 반사되어 보이는 장밋빛과 금빛이 뒤섞여 아우라를 형성하며 도시를 비춘다. 마치 마법의 빛에 의해 도시가 매일 저녁 정화되는 느낌을 준다. 매일 이런 풍경을 감상할 수 있다는 것은 엄청난 경험이다. 말로 표현할 수 없는 것들에 대한 복잡한 연결고리를 느낄 수 있다. 나는 이런 아름다움을 인생의 소금으로 생각하고 싶다. 그것이 없다면 우리는 존재하기는 하지만 삶을 충분히 살아낼 때 겪을 수 있는 기쁨과 슬픔 같은 극적인 감정 경험은 하지 못할 것이기 때문이다.

나는 이탈리아의 디자이너와 기업들이 아름다움을 중요하게 생각하고 감성적이며, 시각적으로도 즐길 수 있는 제품 디자인을 만드는 데 집중하는 것은 다 이유가 있다고 생각한다. 우리는 그 자체로 아름다운 나라에 살고 있다. 녹음이 우거진 계곡 위로 솟아 있는 돌로미티Dolomites의 험준한 바위는 온통 자연의 아름다움으로 둘러싸여 있다. 포도밭으로 덮인 부드러운 가장자리의 산기슭, 포Po강과 티베르Tiber강 등이 지나가는 우아한 지형과 울퉁불퉁하고 바위가 가득한 해안가는 작은 모래 해변으로 부서져 깔끔하게 정돈된 밝은 비치와 파라솔에게 자리를 내어준다. 대부분의 관광객에게는 찾아가기엔 너무 작은 곳으로, 대부분의 이탈리아인에게는 대도시에서 너무 멀리 떨어져 있는 곳으로 여겨지는 에올리안 군도Aeolian archipelago는 이탈리아가 가진 아름다움에 정점을 찍는 곳이다. 자연에 둘러싸여 있는 아름다운 환경 덕분에 우리가 구매하는 제품에도 자연스럽게 아름다움을 추구하게 되는 것 같다. 또 다른 한 편으로는 가구, 옷, 물건, 자동차에 이르기까지 아름다운 제품을 만들기 위한 우리의 헌신은 대자연이 우리에게 준 선물이라 생각하며 그것에 대한 일종의 감사일 것이다. 이탈리아인들의 아름다움에 대한 열정은 옷차림, 집, 자동차나 오토바이만 봐도 알 수 있다. 아름다움 또는 아름다움의 결여는 이탈리아인에게 있어 구매를 결정하는 중요한 잣대가 될 수 있다.

예를 들어, 산을 걷거나 해안을 따라 걷는 것을 좋아하는 나는 버켄스탁Birkenstock[1] 제품은 사지 않는다. 버켄스탁이 편한 신발이라는 것은 인정한다. 물이 묻어도 쉽게 털어낼 수 있고, 고도에서 날씨가 추워지면 양말을 신고 신어도 무리가 없는 제품이기 때문이다. 거의 모든 기후에서 편안하게 신을 수 있는 신발이다. 하지만 내게는 너무 촌스러워 보여 도저히 구매할 수가 없는 제품이기도 하다. (가끔 있는 일이긴 하지만) 어쩌다 괜찮은 디자인이 나올 때도 있고, 파리나 뉴욕의 젊은이들이 너 나 할 것 없이 갑자기 이 브랜드를 신고 다니기도 했다. 세계적인 패션 트렌드가 되었음에도 불문하고 이탈리아 사람들이 이 브랜드를 신은 모습은 찾아보기 힘들다.

아름다움에 대한 민감도가 낮은 사람과 그런 조직은 어디에나 있기 마련이다. 이러한 민감도의 분포는 종 모양의 곡선과 같다. 중앙에는 아름다움과 심미적인 것에 대한 평균 수준의 민감도를 가진 대다수의 개인과 기업이 모여 있다. 측면에는 아름다움에 대한 민감도가 훨씬 높거나 훨씬 낮은 양극단이 존재한다. 물론 미적 감각이 떨어지는 제품이라고 해서 다른 기술적인 측면을 신경 쓰지 않았다는 것은 아니다. 버켄스탁 샌들은 매우 편안하며 좋은 재료로 만들어졌고 완벽하게 조립되었다. 하지만 적어도 내 눈에는 예뻐보이지 않는다.

[1]   독일 풋웨어 브랜드.

여기에 아름다움의 또 다른 요소가 숨어 있다. 바로 주관성이다. 우선 아름다움을 우선시하는 관점이 필요하다. 너무 개인적인 취향을 강조하다 보면, 당신의 취향에 공감하는 고객과는 유대를 강화할 수 있지만, 잠재적인 고객들을 소외시킬 위험이 있다. 이러한 이유로 가족이 운영하는 이탈리아 기업은 아름다운 것에 대해 잘 정의된 관점을 가질 수 있는 좋은 위치에 있다. 소규모 경영일지라도 기업 소유자와 디자이너가 진정으로 사랑하는 것이 반영되는 시장에서 입지를 충분히 다져가고 있다.

황금비율과 불완전한 아름다움

고대 그리스인들은 칼론kalon[1]이나 도덕적 또는 육체적 아름다움의 개념에 대해 끝없이 논쟁했다. 아리스토텔레스는 '황금비율golden mean'이라는 용어를 사용하여 삶의 모든 측면을 판단하고 과잉과 부족 사이의 완벽한 중간 지점을 구분하기도 했다. 너무 뜨겁지도 너무 차갑지도 않은 음식. 너무 크지도 작지도 않은 집. 너무 화려하지도 너무 칙칙하지도 않은 작품의 기준이 되는 황금비율 말이다. 이것은 확실히 절제된 삶을 사는 방법의 좋은 예이며 절묘하고 완벽한 아름다움을 제공하는 인칸토의 비전을 실천하는 방법이다. 완벽하게 맞춤

---

[1]   육체의 눈과 정신의 눈으로 바라보는 아름다움의 개념.

제작된 아르마니 슈트 또는 온갖 화려한 장식 대신 절묘하게 균형 잡힌 세련된 디자인을 자랑하는 오르펜고Orfengo의 삼보넷Sambonet 식기류가 그 예가 될 수 있을 것이다.

어떤 철학자들은 아름다움을 피상적인 겉모습보다는 수메트리아summetria[1]나 '좋은', '적절한' 또는 '적합한 비례성'의 측면으로 보았다. 기능을 우선하는 철학자들은 금으로 된 숟가락보다는 나무로 된 숟가락이 그 기능적인 목적에 더 적합하기에 아름답다고 생각했다. 소크라테스는 필레보스Philebus에서 "우리가 선한 것을 한 형태로 포착할 수 없다면 아름다움, 비율, 진리라는 세 가지 요소를 통체적 관점에서 이해해야 할 것이다"라고 말했다.

이로써 우리는 판매하고자 하는 제품이 아름답기 위해서는 제작한 물건이 물리적으로 매력적이어야 한다고 생각할 수 있다. 그뿐만 아니라 제품의 본질, 성분, 출처에 대해 정직해야 하고 고객에게 그 제품이 있어야 하는 순간이 적절하게 맞아떨어져야 한다. 인칸토의 렌즈를 통해 보면 고대 철학자들이 우리에게 원재료와 제조상의 지속 가능성을 실천하고 고객에게 정직할 것을 조언하고 있다고 말하고 싶다.

나는 여기에 자기 자신의 통찰력을 추가하고 싶다. 진정한 아름다움은 우리를 놀라게 하고 그것을 볼 때마다 기쁨을 느끼게 한다. 이것은 항상 까다로운 균형점을 찾는 것이다.

I   그리스어로 '완벽한 균형'을 뜻한다.

2015년 크리에이티브 디렉터로 알레산드로 미켈레Alessandro Michele가 임명된 이후 구찌는 거칠고 과도하게 금박을 입힌 장식과 문양에 집중해 왔다. 그것은 아름다움에 대한 매우 개인적인 비전이며 약간은 어색한 면도 가지고 있으며 지나치게 화려하기도 하다. 적어도 이번 시즌 구찌 의류는 이전 모델과 비교해 볼 때 너무 크게 보일 수 있으며 때로는 기능적으로 느껴지지도 않는다. 그러나 최근까지는 브랜드가 나타내는 것과 고객이 원하는 것이 완벽하게 일치했다. 하지만 트렌드가 변화함에 따라 브랜드의 매출이 감소했으며, 이에 미켈레는 자신의 비전에서 약간 물러나 패턴 톤을 낮추고 충돌하는 색상 레이어를 제거하는 방향으로 나아갔다. 아름다움에 대한 그의 특별한 꿈이 계속해서 고객을 끌어당기고 놀라게 하고 기쁘게 할 것인지는 두고 볼 일이다.

지금까지 일리는 일관성 있게 미의 비전을 추구해 왔다. 그 위에 몇 가지 요소를 추가하여 고객에게 놀라움과 기쁨을 선사하고자 최선을 다했다. 우리는 두 가지 형태의 포장 방식을 제공하고 있다. 하나는 고객에게 판매하는 커피가 들어있는 캔이며, 다른 하나는 개별 에스프레소를 제공할 때 사용되는 잔이다. 형 프란체스코Francesco와 나는 우리의 브랜드 이미지이자 포장 역할을 하는 잔을 차별화할 필요가 있다는 것을 깨달았다. 여러 번의 시도 끝에 마침내 에스프레소 잔을 예술품으로 재해석한 건축가 마테오 툰Matteo Thun에 의해 높이감이 있는 받침 접시saucer와 그 위에 올려진 둥근 손잡이가 달린 에스프레소 잔이 완성되었다.

당시 프란체스코는 "우리가 컵의 사이즈를 바꾸는 게 어때?"라고 말했다. 우리는 산드로 키아Sandro Chia와 제임스 로젠퀴스트James Rosenquist와 같은 유명한 화가들에게 컵에 그림을 그려달라고 의뢰했다. 첫 일리 아트 컬렉션 잔은 1992년에 생산되었고, 새로운 컬렉션이 시장에 출시된 이후 매년 만들어지고 있다. 컬렉션 잔의 제작 비용은 기존 잔보다 약간 비싼 편이지만 제공되는 즐거움을 생각하면 가격이 주는 차이는 오히려 적은 편이다. 또 컬렉션 잔을 보는 기쁨이 때로는 꽤 크기도 하다. 어떤 고객들은 아예 몰래 잔을 집어 가기도 했다. 한 여성은 에스프레소를 마시는 것은 뒷전이고, 잔부터 가방에 집어넣었다. 덕분에 소비자들에게는 "당신은 매우 특별한 것을 마시고 있습니다"라는 메시지가 전달되었다. 결국 우리는 컵을 도난당할 때마다 끝없이 교체하는 것에 한계를 느꼈고, 한정판 컵을 만들어 판매하기 시작했다.

이러한 전략은 때때로 감성적인 디자인¹으로 분류된다. 제품 디자이너는 고객이 제품에 대해 지속적인 즐거움과 호의의 감정을 느낄 수 있도록 하며, 이로써 구매 의사를 부추겨 본능적으로 즐거운 물건이나 경험을 창조한다. 이 전략의 추종자들은 전체적인 경험을 만들기 위해 본능적, 감정적, 그리고 성찰적인 디자인을 결합함으로써 다양한 기쁨을 만든다.

확실히 우리는 논리적이고 체계적인 방식으로 새로운 컵 디자인에 접근했다. 그러나 부분적으로 이러한 종류의 전략은 제품의 아름다움을 향한 이탈리아식 접근 방법이라 할 수 있다. 아름다움에 대한 개인적이고 독특한 비전이 고객에게 직접적이고 친밀하게 전달되도록 하여 여러 세대를 거쳐 전해지는 가업의 열정과도 닿는다.

제품에 의도적인 아름다움을 추가하는 방법의 예로 모스키노Moschino[1]의 유머러스한 스타일과 피아트 500의 기발한 스타일을 들 수 있다. 각각은 독특하고 소유할 수 있는 미학을 보여준다. 이들 제품은 매력적이지만 항상 일반적인 아름다움으로 통용되지는 않는다. 그들은 이상화된 완전성을 추구하는 아리스토텔레스의 황금비율과는 분명 반대 방향으로 향하고 있다. 이는 세부적으로는 결함이 있고 불완전해 보이더라도 요컨대 전체적으로는 아름다운 것을 뜻한다. 이것은 바로 이탈리아인들이 오랫동안 유지해 오고 있는 아름다움을 바라보는 두 번째 방법이다.

제품의 미학을 고려할 때 다음과 같이 자문해 보자. 우리의 제품은 황금 비율을 가지고 있는가? 균형이 잡혀 있으며 적당한 위치에서 완벽한가? 혹은 다소 결점이 있고 약간은 엉뚱하지만 매력적이고 유쾌하다고 말할 수 있는가? 어떤 종류의 미학적 기준일지라도 둘 다 매력적이거나 강력할 수 있다. 가

[1]   이탈리아의 명품 패션 브랜드.

장 중요한 기준은 어떤 것이 자신에게 가장 잘 맞는지 인지하고 그것을 이행하는 것이다.

비사차BISAZZA

이탈리아식의 이상적인 아름다움을 설명해 줄 수 있는 적합한 회사를 생각해 보았고, 여러 회사가 생각났다. Venini(유리 꽃병), Alessi(키첸 제품), Cassina(가구), Flos(조명) 등과 같은 이탈리아 회사들은 아름다움과 독창성이 엿보이는 제품을 만든다. 그중에서도 나는 매우 개인적인 이유로 비사차라는 회사를 마지막으로 거론하고 싶다. 알타 바디아Alta Badia 산에 있는 집을 구매할 당시, 나는 욕실에 장식된 모자이크를 발견하고 매우 기뻤다. 알아보니 아직도 가족 경영 체제를 유지하고 있는 꽤 유명한 타일 제조업체인 비사차라는 회사의 작품이었다. 비사차의 타일은 유리로 만들어졌으며, 완벽한 정사각형을 하고 있다. 풍부한 색감에 밝고 윤기가 넘친다. 이 현대적인 모자이크는 오래된 빌라에서 발견된 로마의 토끼나 오리 모자이크 장식처럼 나에게 새로운 영감을 주었다. 나는 여기에서 전해지는 감정, 사랑, 예술성에 매료되었다. 이 디자인은 정사각형의 판이 촘촘하게 붙어있는 고대 모자이크 방식과는 달랐다. 대형 사이즈의 타일로 장식되어 있으나, 두 작품에서 전해지는 기쁨은 같았다.

비사차(당시는 베트리칼라Vetricolor로 불렸다)는 1956년 레나토 비사차Renato Bisazza에 의해 비첸차시에 설립되었다. 이 책에 거론된 모든 회사처럼 비사차 역시 가족 기업이며, 전 세계에 플래그십 스토어를 가지고 있다. 당시만 하더라도 모자이크는 낮은 기술력과 낮은 디자인 품질로 여겨지고 있었다. 시장에 나와 있는 대부분의 모자이크는 로마인들에게는 익숙한 것이었을 것이고, 특히 고대 빌라에 장식된 섬세한 디자인의 유리 조각들과는 별반 다르게 느껴지지 않았을 것이다. 베트리칼라의 첫 번째 제품은 20x20mm 정사각형으로, 대부분의 로마 제품과 매우 유사했다.

운이 좋았든 선견지명이 있었든, 비사차는 블로운 글래스blown glass¹로 유명한 무라노 마을에 작은 규모의 첫 번째 공장을 지었다. 비사차의 설립자는 내부에 기포가 생겨 얼룩덜룩해진 파도 모양의 유리 화병을 타고 흐르는 생생한 색감의 소용돌이에서 다양한 영감을 받았을 것이다. 이 작지만 장인 정신이 느껴지는 블로운 글래스가 주로 가정용 장식품이나 작은 유리웨어 세트를 만드는 데 사용되는 동안, 비사차는 새로운 무엇인가에 눈을 돌렸다. 그는 블로운 글래스라는 재료와 기존의 생산 과정을 완전히 새로운 목적으로 적용해 나가기 시작했다. 바로 대형 건물과 고층 건물의 외관 장식을 만드는데 사용하기 시작한 것이다. 이로써 그는 현대 건축을 위한 새로

I   인공적 또는 압축 공기의 공기압 등으로 제작한 유리 제품.

운 장식 방법을 만들어냈다.

　나는 그들의 박물관인 비사차 재단Fondazione Bisazza의 커브가 틀어진 입구에서 비사차 팀을 만났다. 인상적인 건물의 검은 외벽은 그 회사를 유명하게 만든 모자이크 장식으로 아름답게 덮여 있었다. 입구의 벽은 컬러풀하면서도 반짝반짝 빛이 났다. 상당히 커다란 크기의 톤다운 된 수십 개의 분홍색 장미와 잎사귀가 검은 배경을 가득 채우고 있었는데 드라마틱하고 인상적인 모습을 하고 있었다. 박물관은 비사차의 미학을 전하는 다양한 물건들로 가득했다. 내부에는 은으로 된 옷을 입은 거인과 조화를 이루는 샹들리에와 접시가 전시되어 있다. 레트로 모던 자동차가 우아한 욕조를 견인해 가고 있는 모습은 나른한 휴식을 떠올리기에 적합해 보였다. 사람만 한 크기의 블루와 화이트로 이루어진 델프트웨어(네덜란드의 델프트에서 만들어진 연질 도기) 도기는 직사각형으로 깔끔하게 잘려 있어, 그저 지나가는 이미지를 산산조각 냈다가 다시 붙여놓는 등의 유희가 펼쳐졌다. 그 옆에는 스케이트 램프 크기의 순백색의 하트 실루엣과 모자이크로 장식된 미니 쿠퍼가 전시되어 있었다.

　박물관을 둘러보는 내내 그들의 예술성에 그저 놀라울 뿐이었다. 박물관 투어를 마친 후 우리는 자리에 앉아 대화를 시작했다. 나는 그들에게 그들이 생각하는 아름다움은 무엇이며 추구하는 심미적 요소는 무엇인지 질문했다. 이탈리아인이라면 우아함과 아름다움이 삶의 우선순위일 것이라고 그들은 대답했다. 그것은 사실 삶의 습관과도 같다. 이탈리아인들은 그저 몸을 가리기 위해 옷을 입지 않는다. 매일 '옷을 차려입는 것'을 좀 더 공식적인 말로 표현하자면, 다른 사람을 위한 예의를 표시하는 것이다. 내가 어떤 무늬, 어떤 컬러, 어떤 스타일의 옷을 입었는지가 중요한 것이 아니다. 중요한 것은 집을 나오기 전 내가 할 수 있는 최선을 다해, 사소한 부분까지도 신경 쓰면서 옷을 차려입었다는 것이다.

나는 이 '존중'에 대한 생각이 인칸토 사업의 기본이라고 생각한다. 옷을 잘 차려입고, 우아한 자세와 품위를 갖추는 것은 사회생활을 하는 데 있어 작지만 중요한 요소로 작용한다. 외모에 굉장히 신경을 쓰는 사람이 아니라면, 대부분 외출하기 전에는 셔츠를 다리거나 신발을 닦지 않는다. 깔끔함을 원하는 사람이라면 미리 옷을 다리거나 더러워진 신발은 미리 닦아두기도 할 것이다. 마찬가지로 우리 역시 미리미리 준비하는 태도의 일환으로 고객을 위해 먼저 할 수 있는 일들을 다면적인 차원에서 마련하고 있다. 그것은 더 나은 제품을 만들기 위한 우리의 동력이 될 수도 있고, 우리가 하는 모든 일이 고객의 경험뿐만 아니라 우리의 주변마저 개선하거나 또는 퇴보시킬 수 있다는 것을 인지하는 것이 될 수도 있다.

아름다움은 종종 선택적인 사항으로 간주되기 때문에, 우리에게 있어 아름다움을 추구하는 일은 더욱 중요하게 작용한

브랜드 경험의 본질

다. 이것은 제품은 항상 아름다워야 한다고 주장하는 인칸토와는 반대되는 내용이다. 아름다움은 세월이 흐르면서 변화하지만 우리 자신, 우리의 제품, 또는 우리의 고객에게 '존중'을 선사해야 한다는 우리 경영 철학은 언제나 변함이 없다. 비사차 팀은 다음과 같이 자세한 설명을 덧붙였다.

어릴 때는 어머니가 사용하시던 유명 디자이너의 가구들이 마음에 들지 않았어요. 하지만 어른이 되고 나니, 그 가구들이 너무 좋아졌어요! 이제는 어른으로서 예전에 이해하지 못했던 우아함을 이해할 수 있게 되었습니다. 아름다움은 살아 숨 쉬는 것입니다. 그것은 시간이 지남에 따라 진화합니다. 여러분의 보는 눈이 수년에 걸쳐 성숙하는 동안에도, 당대의 유행을 따라 변화하는 것이라 할지라도, 진정한 아름다움은 그대로 변하지 않고 계속 머물러 있습니다.

나는 그들에게 가족 경영의 의미가 무엇인지 물었고, 우리 가문의 역사관이 내게 그리고 일리에게 있어 얼마나 중요한지도 설명했다. 비사차는 내 생각에 동의했다.

우리 가족의 예술에 대한 열정은 끊임없는 영감의 원천입니다. 우리의 창의력을 자극하고, 실험할 수 있는 더 많은 자유를 줍니다. 우리의 컬렉션은 창의성, 시대를 초월하는 우아함, 현대적인 외관, 지속적인 품질, 그리고 문화 등 우리의 미적 가치를 반영합니다.

모든 가족이 함께 운영하는 사업처럼, 사업은 세대를 걸쳐 발전하며, 다음 세대는 그 과정에서 각자의 역할을 감당한다. 비사차에게 이것은 "창립자의 비전은 모자이크 예술에 새로운 화려함을 가져다주고, 제품의 품질을 높이며, 새로운 생산 기술을 도입하는 동시에 장인적인 면을 보존하는 것이었습니다. 2세대는 국제적으로 유명한 디자이너들과 협력한 덕분에 설립자의 비전을 발전시킬 수 있었습니다. 그리고 마지막으로, 우리의 새로운 기관인 비사차 재단은 우리의 영구적인 예술 컬렉션을 보고 싶어 하는 모든 사람과 공유할 수 있는, 미래를 위한 유산인 2세대의 문화적 참여의 공간입니다"라고 말했다.

가족 사업의 경우, 그들의 선택은 기업가 가족의 성격, 문화, 그리고 DNA와 밀접하게 연결되어 있다. 이러한 특성은 이탈리아의 가족 경영 회사에만 해당하고 있으며, 특히 비사차의 경우가 그러하다. 그들의 제품은 미적 취향과 문화적 취향을 강하게 띠고 있다.

제작자의 눈에 비친 아름다움

비사차와 루이지 비아제토의 공통점은 바로 1장에서 언

급한 '완벽함'이다. 이 완벽함은 가족 경영 체제 안에서의 통제 의식과 명확한 위계질서가 제품의 세부 사항에도 반영될 수 있게 한다. 이것은 비사차 가문이 해석하는 아름다움에 대한 본질이 지켜질 수 있는 원동력이기도 하다.

비사차처럼 가족 경영을 하고 있는 기업이라면 제품이 고객에게 즐겁고, 놀랍고, 아름다운 경험을 줄 수 있도록, 명확하고 합의된 아이디어를 갖는 것이 중요하다(일관성을 기억하라!). 빛이 반사되고, 목소리가 울리는 타일 벽과 모자이크 벽으로 가득 찬 비사차 재단 내부를 둘러본다면, 그들이 자신들의 일을 얼마나 사랑하고 있는지 느낄 수 있을 것이다. 비사차는 풍부하고 선명한 색상과 대담한 디자인, 때로는 놀라울 정도로 큰 규모로 아름다운 것에 대한 비전을 공유하고 있다.

수많은 예술가와 건축가들과의 협력 작업을 통해 그들은 사람들이 모자이크로 성취할 수 있다고 생각하는 것의 한계를 넘어 그 이상을 보여주었다. 《이상한 나라의 앨리스》에서나 나올 법한 가구처럼 모자이크로 이루어진 정원 조각상을 만들었으며, 그것을 디자인한 건축가의 작품을 기념하기 위해 순수한 하얀 기둥으로 된 숲을 만들었다.

재단을 여행하는 동안, 나는 비사차 철학의 핵심 요소를 떠올렸다. 아름다움은 보는 사람의 눈에 있다는 것이다. 가족이 운영하는 비즈니스의 특성상 어떤 면에서는 우리의 성격과 취향을 반영하는 제품을 더 자유롭게 구상할 수 있다는 강점이 있다. 이것은 모든 제품 디자이너나 브랜드 매니저에게 중요한 교훈이 된다. 당신의 제품은 관점이 있어야 한다. 정교하고 단순하지만 완벽할 것인지, 기발하고 특이하지만 보는 즐거움을 줄 것인지 선택을 해야 한다. 비사차는 다음과 같이 말한다. "기업가의 개인적인 정체성보다 마케팅의 숫자가 모든 선택을 주도하는 다국적 거대 기업들은 제품의 정체성을 희석할 위험이 있다." 비사차는 자신만의 하우스 미학을 가지고 있지만, 떠오르는 디자이너들, 유명한 예술가들, 그리고 건축가들과 함께 작업하며 모자이크에 대한 고정 관념을 넘어서기도 했다. 그리고 때로는 비사차가 상상하는 것 그 이상으로 협력하기도 했다.

비사차가 만드는 모든 제품에는 한 가지 공통점이 있다. 바로 '심미적 지속 가능성'을 가지고 있다는 점이다. 이 컬렉션은 시간이 지남에 따라 지속될 수밖에 없는 제품으로 구성되어 있다. 이는 제품이 만들어지는 소재의 내구성뿐만 아니라 디자인 자체가 가지고 있는 미적 가치 때문이다. 이는 아름다움의 또 다른 측면이라 할 수 있다. 제조사의 비전에 대한 믿음은 제조일이 훨씬 지난 후에도 그것이 이어질 것이라는 확신이다.

모든 위대한 기업들은 자신만의 스토리를 이야기해야 한다. 우리는 일리 사업의 유산이나 진정성에 대해 끊임없이 이야기한다. 완벽을 위해 노력하는 것은 그것의 또 다른 모습이다. 하지만 무엇이 매력적인지에 대한 확고한 생각이 그 이야기의 핵심을 구성할 것이다. 모든 위대한 사업에는 심미적인 요소가 담겨 있다. 그 미적 감각이 개인적인 취향과 맞지 않을 수도 있겠지만, 브랜드의 상징성에 대한 논의의 장이 펼쳐진다면 아마도 그것을 묘사할 수 있을 것이다.

이케아는 내가 좋아하는 취향이 아니다. 여러 면에서 봤을 때 이케아는 인칸토와는 정반대의 성향을 갖고 있다. 하지만 나는 그들이 추구하는 미학과 브랜드, 또는 그들의 브랜드 디자이너들이 '아름답다'라고 생각하는 것이 무엇인지는 이해는 한다. 이것은 효율적인 것을 추구하는 북유럽 스타일의 미니멀리즘이 핵심이다. 비사차는 비사차만의 심미적 요소를 유지할 수 있도록 자신들이 추구하는 철학과 조화를 이룰 수 있는 미적 감각을 가진 디자이너와 예술가들을 찾는다. 이러한 협업은 회사가 일반적으로 수행할 수 있는 작업의 경계를 확장하는 일이다. 나는 그들이 BMW의 격려가 없었다면 모자이크로 장식된 미니 쿠퍼 시리즈를 제작할 수 있었을지 의문스럽다. (비사차 재단은 비사차 박물관의 영구 컬렉션의 일부가 된 미니 쿠퍼 디스플레이 모델이 '엔진 없이' 그곳에 왔다는 점을 강조했다. 말 그대로 유리로 지어진 박물관에 차를 주차해야 하니 그야말로 현명한 강조점이 아닌가 싶다!)

인칸토의 아름다움은 고전적일 수도 있고 기발하고 파격적일 수도 있다. 그러나 어떤 방식으로든 추구하는 제품의 본질은 제품 안에 반영되어야 한다. 실망스러운 제품이 보기 좋게 잘 포장되기만 했다면 결국은 고객의 신뢰를 잃게 될 것이다. 따라서 보기 좋은 포장은 제품의 품질을 향상하는 동시에 고객에게 놀라움과 기쁨을 선사하는 또 하나의 아름다움으로 이해해야 한다. 진정한 아름다움은 대담하고 과감한 모습으로 기업의 신념을 추구한다. 그러니 당신이 생각하는 아름다움을 추구하라.

4장.

진정성을 말하다

완벽함, 일관성, 아름다움. 지금까지 논의했던 인칸토의 요소들이다. 각 요소들은 유산을 소중하게 간직해 온 비즈니스의 철학을 반영한다. 단기적인 이익 추구를 멀리하는 인칸토 철학은 비즈니스의 존재 여부, 커뮤니티 내에서 비즈니스가 하는 역할, 향후 몇 년 동안 나아가야 할 방향 등에 대한 지속적인 이해가 필요하다. 완벽을 위해 노력하면서, 일관되고 전체적인 시각으로 비즈니스 운영을 실천하고, 아름다움에 대한 개인적이고 독특한 비전을 우선으로 생각하는 것이다. 인칸토 비즈니스는 세계 시장의 격변하는 환경을 따르기보다는 인칸토 비즈니스만의 장기적인 장점에 초점을 맞추며 천천히 움직이고 있다.

비즈니스 유산을 지키는 것을 중요하게 생각하는 믿음이 최근에는 희석되는 것도 모자라 약화하고 있는데, 이것이야말로 진정성의 특징이라고 간단히 말할 수 있다. MBA를 졸업한 사람이라면 소비자들은 진정한 경험을 갈망한다고 배웠을 것이다. 소셜 미디어를 통해 개인 브랜드를 구축하고자 하는 사람들은 '진정성'이 '좋아요'라는 호의적인 반응을 얻을 수 있는 열쇠라는 것을 잘 알고 있다. 그러나 이러한 종류의 행동적인 진정성은 궁극적으로는 매우 얕기 때문에 실체가 없는 것이나 다름없다. 마케팅 부서에서 권장한다는 이유만으로 인칸토 철학의 진실성을 관행적으로만 추구하는 것은 진정으로 추구하는 것이라 할 수 없을 것이다. 한 회사가 가지고 있는 진실성은 비즈니스 정체성의 필수적인 부분으로 자리 잡고 있어야 한다. 제품 개발, 제조, 마케팅에 대한 접근 방식에서 진정성을 빼놓고 말한다는 것은 양극의 자석을 억지로 붙이려는 것과 같다. 서로 반발하는 성질의 물체에 억지로 압력을 가해 붙이려는 것 자체가 불가능한 시도이기 때문이다.

이 책에 담긴 모든 아이디어는 한 가지 핵심으로 거슬러 올라갈 수 있다. 바로 인칸토 비즈니스는 뿌리 깊은 역사를 지닌 스토리를 가지고 있으며, 이 스토리의 가치와 원칙에 의해 존재한다는 것이다. 인칸토 비즈니스는 진정한 유산 의식을 자랑한다. 모든 비즈니스 결정, 제품, 그리고 경영진과 고용인들이 유산과 함께 유지되면서 발전하고 진화하고 있다. 지금 이 순간에도 세계를 강타한 코로나19 감염증 때문에 많은 사업체가 끔찍하게 고통받고 있다. 하지만 이탈리아의 가족 소유 기업, 특히 기업의 뿌리 가치를 고수하며, 그들이 누구인지, 그들의 비즈니스는 어떤 스토리를 말하고 있는지 등에 대해 일관성 있게 전해온 기업들은 꿋꿋하게 버텨내고 있으며, 오히려 더 잘 되고 있는 기업도 있다. 그들이 이렇게 잘 되는 이유는 매우 간단하다. 단일 범주의 제품 생산에 중점을 두는 것은 모든 재료가 고객의 요구를 충족시킬 것이라는 확신을 주기 때문이다. 가족 구성원, 특히 회사의 명칭과 가족의 성이 같은 경우에는 일반 직원이라면 하지 못할 다양한 방식으로 회사에 헌신한다. 어려운 시기에 가족 경영인들은 회사의 이름을 지키기 위해 할 수 있는 모든 노력을 기울이고 있다.

마지막으로 장기적 전망에서 보자면, 우리는 몇 세대를 염두하고 비즈니스 계획을 세운다(여기서 한 세대는 20년을 뜻한다). 어려운 시기가 도래할 때마다 우리는 곧 좋은 시절이 다시 올 것이라고 믿는다. 심지어 지금 당장 돈을 계속 잃고 있을지라도, 곧 다가올 미래에는 그동안의 손실을 되찾을 것이라고 긍정적으로 생각한다.

어려운 시절에 회사를 지탱하는 데 가족이라는 자산을 사용하는 것은 지극히 정상적인 관행이다. 이는 가족과 회사 사이에 일종의 공생으로써, 어려운 시기를 견딜 수 있는 가치 있는 일이다. 또 장기적인 관점에서도 충분히 설득력이 있다. 많은 이탈리아 가정의 뿌리는 세대를 거슬러 올라간다. 오늘날 CEO의 먼 조상들은 코로나19는 고사하고 중세의 흑사병 속에서도 사업을 운영했을지 모른다. 가족이 운영하는 사업은 DNA 깊숙이 암호화된 복원력을 가지고 있어 단기적으로는 수익성이 떨어질지 모르지만 수천 년 동안 생존할 수 있게 도와준다. 실제로 가족이 운영하고 있는 비즈니스는 전 세계적으로 현대 비즈니스의 85%를 차지하는 것으로 추정된다.[1] 오늘날 가족 경영인들은 자신은 물론이고 그들 자녀의 수명보다 길게 지속되는 것을 지키는 자, 즉 기업 리더십의 역할을 관리자로 이해하는 경향이 있다. 주식이나 이익을 통해 '단물'을 빨기 위한 단기적인 해결책은 논의의 대상이 될 수 없을 것이다. 모든 비즈니스의 결정은 회사의 궤적을 따라 신뢰할 수 있어야 하고, 일관된 방향으로 이어가야 한다. 모든 것이 지속 가능해야 하며, 먼 미래의 아이들과 후손들을 지원하고 돌볼 수 있는 회사의 장기적인 성공을 위해 노력해야 한다.

예를 들어, 아녤리Agnelli 가문은 2000년대 초 유명한 자동차 경영자인 세르히오 마르치오네Sergio Marchionne가 피아트의 경영자로 취임하던 당시 어려워진 자동차 회사를 살리기 위해 다른 부문의 금융 자산을 매각했다. 이 맥락에서 지속 가능성은 세 가지를 의미한다. 첫째, 이익보다 장수를 우선으로 하는 것은 회사의 일관성 있고 장기적인 관점이다. 둘째, 토지와 자원 관리에 대한 접근법으로, 현대 화학 비료의 사용과 공격적인 생산량 관리에 대해 본질에서 재생 가능한 오래된 기술에 초점을 맞추고 있다. 그리고 마지막으로, 사업과 관련된 사람들의 삶을 개선하기 위해 시도하고 있다는 점에서 사회적으로도 지속될 수 있다.

지속 가능성에 대한 두 번째 정의에 대해서는 이후 페이지에서 더 자세하게 살펴보겠다. 물론 그 예시를 찾기 위해 멀리까지 갈 필요는 없다. 예를 들어, 브레시아Brescia의 베레타Beretta 가문은 15대째 내려오고 있는 유명한 총기 제조업체이다. 이 회사가 가족 경영이 아닌 벤처 투자 회사였다면 회사의

브랜드 경험의 본질

일부를 다각화하거나 또는 매각해 버렸을 지도 모른다. 기준을 철폐하고, 제3세계의 값싼 제조회사를 찾아 떠나거나, 관련 없는 상품에 투자하는 결정을 하다가 계획했던 이익 실현이 이루어지지 않아 절망하며 결국 두 손을 들었을지도 모를 일이다. 하지만 이탈리아의 가족 경영 기업들은 그들의 전통에 충실하고 있으며, 그들이 누구인지에 대해 진정성 있는 이야기를 한다. 그 어떤 기업보다 회사의 장기적인 생존을 우선으로 하기 때문에 여전히 건재하게 자리하고 있다.

젊은 비즈니스는 어떻게 성장할까

만약 여러분의 사업이 아주 젊은(초기) 단계에 놓여 있다면, 어떻게 기업 유산이나 진정성에 대한 이야기를 키워나갈 수 있을까? 예를 들면 미국에서는 3~4세대에 걸쳐 내려오는 가족 비즈니스는 찾아보기 어렵다. 이 글을 쓸 당시를 예로 들면, 미국에서 가장 큰 가족 경영 사업이라 말 할 수 있는 월마트조차도 60년이 채 되지 않는 역사를 가지고 있다. 흥미롭게도, 월마트는 가족 경영으로 운영되고 있지만 인칸토의 어떤 가치도 담고 있지 않았다(월톤Waltons 가문이 현재 50% 미만의 지분을 소유하고 있다). 오히려 이 회사는 반 인칸토적인 접근 방식을 따른다. 예를 들어, 일부 직원들은 정부 지원에 의존해야 할 정도로 매우 적은 급여를 받고 있으며,[2] 월마트에 진출한 브랜드들의 제품 가격을 큰 폭으로 인하하고 있다.[3] 이러한 전략은 직원과 고용주 또는 고객과 상점 사이의 깊은 충성심 이나 애정을 바탕으로 하지 않기 때문에, 이윤을 크게 창출할 수 있을지는 몰라도 기반 자체가 매우 취약하다.

인칸토 렌즈를 통해 볼 수 있는 진정성의 핵심 요소 중 하나는 기업이 수십 년, 수백 년 이상 생존하는 것을 우선하여 고객에게 뿌리 깊은 신뢰를 쌓을 수 있도록 지속 가능한 비즈니스를 구축하는 것이다. 이러한 비즈니스는 경제적, 사회적, 환경적 세 가지 측면에서 지속할 수 있다. 이는 기업은 기업이 속한 세상을 더 나은 곳으로 만들겠다는 믿음의 일부이기도 하다. 직원들에게는 겨우 생계를 유지할 만큼만 임금을 지불하고, 수많은 소도시의 지역 비즈니스를 삼켜버리면서까지 고집스럽게 단일 상점으로 자리 잡은 회사를 누가 원하겠는가!

나의 부모님과 할아버지는 직원들의 필요를 이해하고, 결혼, 자녀 또는 주택 문제처럼 직원들이 근본적으로 고민하는 부분들을 걱정 없이 지킬 수 있도록 1933년에 월마트보다 훨씬 작은 규모로 일리를 시작했다. 1977년, 내가 일리에 입사했을 때 일리는 직원들이 새집을 사거나, 자녀의 학비를 지불하거나, 또는 자녀를 안정적으로 양육할 수 있도록 직원들을 위한 대출 서비스를 제공하였다. 그 결과 직원들은 회사에 대한 깊은 충성심을 갖게 되었다. 우리 직원들은 진심으로 회사가 번창하기를 바라며, 나아가 그들의 자녀도 언젠가는 이곳에서 일할 수 있기를 원한다. 결국 이 모든 것들은 우리의 지속 가능성에 기여한다. 우리의 우수한 직원들은 수십 년 동안 일리에 근속하고 있으며 일리는 그들이 쌓은 지식으로부터 이익을 얻는다. 월마트도 같은 방식으로 직원들을 돕고 그들을 통해 영감을 받았으면 한다.

젊은 기업이라도 유산에 대한 감각과 진정성을 가질 수 있다. 핵심은 비즈니스 정신을 이해하는 것이다. 단순한 이익 이상으로 기업이 존재하는 이유는 무엇인가? 직원, 고객, 공급업체 및 접촉하고 있는 물리적인 이웃의 삶을 향상시킬 수 있는 올바른 시민의식을 우선하고 있는가? 경쟁업체들이 제공하지 않는 그 무엇을 제공하는가? 향후 수년간 탄탄한 고객 기반을 구축할 고객에게 어떤 이점을 제공하고 있는가? 비즈니스에 대한 핵심 스토리와 비즈니스로 이룰 목적이 무엇인지 파악했다면, 비즈니스의 운명이 세월에 따라 변동하더라도 이를 운영 방식의 중심으로 삼고 유지할 것을 권한다.

이런 식의 철학에 꼭 필요한 한 가지는 모든 사람이 여러분이 생각하는 '유산'을 받아들이거나 여러분이 하는 일에 동의하지 않을 수도 있다는 것을 이해하는 것이다. 1967년에 설립된 랄프 로렌의 폴로 라인이 그 예가 될 수 있겠다. 만들어진 옷은 좋았지만, 폴로 경기를 하거나 관람하는 미국인들의 숫자는 상대적으로 적었기 때문에, 폴로 브랜드는 진정성에 가깝기보다는 열망적인 것으로 보였다. 하지만 랄프 로렌은

이 개념에 전념했고, 폴로가 무엇을 의미하고 있는지 계속 반복해서 이야기를 해왔다. 그리고 결국 그의 고객들은 그것을 받아들였고, 폴로 라인은 어느새 사람들 사이로 뿌리를 내렸다. 폴로는 나름대로 이제 충분한 수의 소비자들에게 그들의 유산은 진정성이 있으며, 그들의 스토리가 의미하는 것이 무엇인지를 납득시킬 만큼의 진실성을 갖추었다. 폴로를 이해하기 힘들다고 말하는 고객이 있더라도, 폴로는 계속 사람들에게 판매될 수 있을 것이다.

미국의 소비자들은 이탈리아 소비자들이 생각하는 진정성에 대해 크게 공감하지 않는다(랄프 로렌은 2015년 로마에 독립형 폴로 매장을 열었지만, 특별히 인기를 끌지는 못했다. 이탈리아는 대부분 각 지역에 자리 잡고 있는 신뢰할 만한 양복점과 의류 상점을 보유하고 있어 선택의 폭이 넓기 때문이다). 사실, 나는 미국의 소비자들은 그들이 구매하는 회사와 브랜드로부터 좋은 대접을 받거나 공정하게 대우받는 것 자체를 기대하지 않는다고 말하고 싶다. 사실 고객의 기대가 있어야 회사도 그 기대에 부응하기 위해 노력할 텐데 말이다. 이탈리아 소비자들이 반드시 구매하는 회사나 브랜드로부터 좋은 대접을 받길 바라는 것은 아니지만(이탈리아는 퉁명스러운 서비스 태도로도 유명하다), 그들은 그들의 조상 대대로 후원해 온 회사들로부터 품질에 대해 일관되고 신뢰할 수 있는 경험을 얻기를 기대한다.

브랜드가 진정성을 키우는 방법

　이탈리아인들은 유산과 진정성을 중요하게 생각한다. 진정성은 우리를 안심하게 한다. 또 신뢰를 불어넣는 친근함이라고 할 수 있겠다. 만약 나의 조부모님이 수년에 걸쳐 어떤 제품을 좋아하셨고, 그것을 생산하는 회사가 여전히 초창기에 세운 설립 가치와 원칙을 존중하고 있다면, 나 역시 그 회사의 제품을 즐겨 사용할 것이다. 품질에 대한 사람들의 인식은 시간이 지남에 따라 차곡차곡 축적된다. 역사가 짧은 회사라고 해서 낙담할 필요는 전혀 없다는 말이다. 중요한 것은 품질은 한 편으로는 제품 자체, 또 한 편으로는 제품의 스토리와 연결되는 전반적인 인식이라는 것을 기억하는 것이다. 또 모든 사람은 제품을 경험하는 데 있어 각자가 선호하는 방식이 다르다는 사실을 기억해야 한다.

　어떤 사람들은 시각적인 요소에 약하다. 그들에겐 풍부하고 섬세한 컬러나 미적으로 만족스러운 각도, 디자인적으로 완성된 품질이 제품을 구매하는데 가장 큰 영향을 준다. 또 어떤 사람들은 촉각을 통해 품질을 경험한다. 캐시미어 제품을 떠올려 보면 이해하기 쉬울 것이다. 무엇보다도 맛을 최우선으로 생각하는 사람들이라면 도모리의 제품 스타일에 큰 매력을 느낄 것이다. 정리하자면 진정한 품질과 유산이 갖는 스토리를 창조할 수 있는 다양한 방법을 고안해야 하며, 소비자들을 놀라게 하고 즐겁게 할 수 있는 다양한 방법을 만들어야 한다는 것이다. 각자가 가지고 있는 강점에 맞는 비즈니스 방법을 우선하고, 그러한 확신과 신뢰를 서서히 형성하기 위해 일관된 스토리를 전할 수 있어야 한다.

여러분의 비즈니스가 그렇게 긴 역사와 혈통을 가지고 있지 않더라도 이러한 아이디어를 통해 브랜드를 만들고 개발하는 방법에 적용할 수는 있을 것이다. 가까운 예로 50년 미만의 역사를 가진 애플이나, 1998년에 설립된 제트블루 항공사를 들 수 있다. 두 브랜드 모두 그들의 유산, 이상ideals, 그리고 뿌리를 반영하는 일관되고 진실한 이야기를 고객들에게 들려주었다. 합성 또는 위조품이 아닌 천연재료 등 진정성 있는 원자재를 사용하며, 제품 디자인과 고객 서비스 그리고 품질에 성실하게 접근한 것이다. 결국 진정한 비즈니스는 일관되고 안심할 수 있는 정신으로 만들어진다고 할 수 있다.

1970년대 중반, 일리는 포도밭 마스트로얀니Mastrojanni를 인수했다. 당시 우리는 젊은 브랜드가 그들만의 진정한 유산과 스토리를 만들 수 있도록 도왔다. 마스트토얀니는 이탈리아 기준으로 보면 아직 아기 단계의 작은 비즈니스 업체일 뿐이었다. 우리는 그들이 브랜드 자체는 젊지만 깊은 유산을 가지고 있다고 생각했다. 마스트로얀니가 세워진 지역의 땅은 항상 인구가 부족하고 경작도 부족했다. 그 땅을 돌보던 가문은 에트루리아인이 처음 사용했고 후에 로마인이 사용한 경작 방식을 그대로 사용하고 있었다. 마스트로얀니에서는 달이 지

브랜드 경험의 본질

고 있을 때 가장 중요한 작업¹을 진행한다. 이유는 간단하다. 달이 질 때, 덩굴이 활동을 줄이기 때문이다. 이는 식물을 가지치기할 때의 죄책감을 크게 덜어준다.

마스트로얀니는 화학 비료를 사용하는 대신 녹색 비료 접근법을 활용한다. 녹색 비료 접근법으로 와인 제조업자는 흙에 필요한 영양분을 함유한 허브를 심는다. 허브가 자라면 흙을 갈아엎어 허브가 땅 속에서 분해되도록 하는데, 이는 인공 보충제 대신 필요한 영양분을 공급할 수 있는 효과적인 방법이다. 이 농장은 토스카나 지역 법에 따라 '통합 농업'으로 인증되었다. 어네스토 일리 재단Ernesto Illy Foundation은 유기농 탄소로 토양을 재생하고 커피와 다른 상품 농업에서 탄소 배출량이 0이 되는 것을 목표로 하는 '착한 농업'이라고 불리는 새로운 접근법을 추진하고 있다. 비록 마스트로얀니의 역사는 짧지만 분명한 유산을 보유하고 있다. 오늘날 가지런히 늘어선 덩굴을 따라 걷고 있노라면, 마치 2000년 전 이곳의 관리인이 느꼈을 것 같은 묘한 감정에 빠져들게 될 것이다.

이 렌즈를 통해 당신의 사업을 돌아보길 바란다. 당신은 어떤 전통에 기초하고 있는가? 귀사의 DNA에는 어떤 브랜드, 어떤 아이디어가 포함되어 있는가? 미국에는 과거 미국 산업의 상징적인 역사를 채택한 '새로운 유산' 브랜드가 물결치고

Ⅰ   가지치기, 디캔팅-와인을 와인이나 다른 병에서 다른 용기에 옮겨 붓는 것, 병에 담기.

있다. 예를 들어, 디트로이트에 있는 자전거와 라이프 스타일 브랜드 시놀라Shinola나, 불릿 버번Bulleit Bourbon과 같은 새로운 부티크 위스키 라벨은 젊지만, 고객에게 친숙하고 안심할 수 있는 이야기를 바탕으로 하고 있다.

불릿 버번은 켄터키와 뉴올리언스 사이 어딘가에서 원래의 양조장이 사라지고 100년이 지난 후, 한 가족에 의해 다시 부활한 가족 요리법을 바탕으로 하고 있다. 마찬가지로 시놀라의 이름은 지금은 없어진 구두닦이 회사에서 따왔는데, 이 회사는 이 책에 언급하기에는 너무 저속한 속담이 언급되기도 했다. 미국의 성공적인 의류 브랜드인 메이드웰Madewell 역시 20세기 말 폐업한 미국 의류 회사의 이름을 따와 만들어졌으며 '미국 산Made in the USA' 생산을 의미한다. 이렇게 오래된 이름과 이상에 맞춰 새로운 브랜드를 창출함으로써, 그 기업들은 그들이 누구인지 고객에게 간결하고 진실하게 설명할 수 있다. 물론 이러한 설명은 제품과 일치해야 하며, 이러한 전략은 진정성, 존경, 그리고 제품이 가지고 있는 품질을 일치시키거나 능가하는 열정을 가지고 행해질 때만 그 효과를 발휘할 수 있을 것이다. 고객들은 당신이 당신만의 스토리가 무엇인지 이야기할 수 있는 기회를 줄 것이다. 하지만 기회는 많지 않다는 것을 잊지 말길 바란다.

뿌리를 기억하라

여러분이 가지고 있는 유산을 이해하고 여러분이 누구인지에 대한 진실한 이야기를 할 수 있다면, 값비싼 실수를 저지르는 것은 막을 수 있다. 이탈리아의 파스타 제조사인 바릴라 Barilla는 1,200만 달러를 투자하여 엘릭시르Alixir라는 과일 음료를 출시하였고 그로인해 진정성의 중요성을 잊고 말았다. 바릴라는 두 가지 이유로 실패했다. 첫째, 그들은 일관성 없이 행동했다. 왜 고객들이 굳이 파스타 제조업자에게서 주스를 사 마시겠는가? 소비자 입장에서는 기존의 업종 뿐만 아니라 새로운 사업 영역마저 진짜가 아닌 것처럼 느껴졌을 것이다. 이탈리아인들은 여러 세대를 걸쳐 바릴라가 믿을 수 있는 좋은 품질의 파스타를 만들 수 있다고 믿어왔다. 파란색 골판지 상자를 여는 것은 익숙하고 든든한 일이다. 어린 시절 식사를 챙겨 주시던 부모님을 생각나게 하기도 한다. 투명 필름 창을 통해 상자 안에 파스타가 얼마나 남아 있는지 양을 가늠할 수 있고, 가족을 위해 요리할 펜네나 스파게티의 정확한 양을 측정할 수 있다. 하지만 주스를 여는 것은 이러한 경험과는 아무 관련성이 없어 보였다. 소비자들은 새로운 분야로 확장하는 것에 좋은 느낌을 받지 못했다. 회사에 대한 신뢰가 한 제품에서 다른 제품으로 옮겨가지 않았고, 주스 라인은 곧 실패하고 말았다.

돈이 되는 사업이라도 진정성이 없다면
과감하게 돌아선다

　일리에서 처음 일을 시작할 당시, 나는 비즈니스를 강화할 수 있다고 생각하는 몇 가지 중요한 결정을 내렸다. 일관성의 명목하에, 여러 개로 나누어져 있는 제품라인을 정리하는 것이 그중 하나였다. 두 번째로 내린 큰 결정 역시 당시에는 꽤 파격적이었다. 나의 할아버지는 세계 최고의 커피를 만드는 것이 꿈이었다. 당시 고객들은 생두를 구매해 집에 있는 소형 로스팅 기계로 직접 생두를 로스팅한 후 커피를 내려 마셔야 했다. 이 기계는 사용하기 쉬웠으며, 일반적으로 알코올이나 석탄으로 작동했고 손으로 돌리는 데 5~10분이면 충분했다. 유일한 위험이라고 한다면 콩이 덜 볶아지거나 과도하게 로스팅되는 것 정도였다. 소비자에게 가장 큰 이점은 생두를 까다롭게 관리할 필요가 없다는 것이었다. 부패할 염려 없이 몇 달 동안 종이에 싸서 보관할 수 있었다. 당시는 이미 로스팅된 원두를 종이 가방에 넣어 판매하던 시절이었다. 하지만 일주일이나 열흘 후에도 로스팅된 원두가 상하지 않도록 보존할 수 있는 기술력은 없었다. 물론 그 시점이라도 마시는 것에 문제는 없었지만 질 좋은 커피 한 잔은 아닐 것이다.

　할아버지의 가장 큰 혁신은 로스팅된 커피를 보존하고, 몇 주 또는 몇 달이 지난 후에도 신선하게 마실 수 있도록 하는 새로운 방법을 개발하는 것이었다. 할아버지는 커피 가압 방법을 발명함으로써 이것을 성공시켰고, 일리 커피는 여전히 이 방법을 사용하고 있다. 우리는 공기를 진공 상태로 둔 후, 그 공기를 불활성 가스인 이산화탄소로 대체한다. 이 특별한 포장 방법은 커피의 적이라고 할 수 있는 산소와 습도로부터 커피를 보호한다. 불활성 가스가 커피를 둘러싸고 있는 한, 오래도록 신선하고 좋은 맛이 유지될 수 있었다.

신선도에 대한 보장은 우리가 소비자들에게 들려줄 수 있는 이야기의 필수적인 부분이 되었다. 그렇다. 우리의 커피는 다른 커피에 비해 가격은 더 비싼 편이지만 집에 가져가서 열어 보더라도 마치 방금 만들어 포장된 것처럼 신선한 맛을 느낄 수 있을 것이라 장담한다. 우리의 고객들은 일리의 커피를 마셔보고, 품질에 안도하며, 우리 제품을 사는 것에 돈을 아끼지 않는다. 그것은 우리 고객들의 삶에서 익숙한 부분이 되었다. 오늘날 우리 고객들은 일리가 언제나 변함없는 품질의 진짜의 경험을 제공한다고 믿고 있다. 즉 고품질의 커피콩, 잘 만들어진 포장, 훌륭하고 한결같은 맛의 경험을 믿는 것이다.

결이 맞지 않은 새로운 제품을 만든다면 당신의 브랜드에서 작동하지 않으리라는 것을 받아들이는 것도 진정성의 일부이다. 비록 그 범주가 성장하고 있으며, 시장 전체를 차지할 운명인 것처럼 보일지라도 말이다. 마찬가지로 여러분이 기존에 가지고 있는 브랜드에 맞지 않는 가격대를 추구하는 것, 심지어 그것이 확장 측면에서 중요해 보일지라도, 잘못된 선택이 될 수 있다는 것을 명심하자.

　나는 총괄 매니저가 일리를 떠난 시점에 일리에서 일하기 시작했다. 이전의 총괄 매니저는 가압되지 않은 비닐봉지에 포장된 제품 라인을 개발했는데, 나는 이것이 일리의 진정성이 담긴 스토리와 일치하지 않는다고 생각했다. 그것은 월등한 품질에 대한 스토리를 담고 있지 않는다. 그 포장은 슈퍼 프리미엄 제품보다는 대중 시장 제품에 적합해 보였다. 나는 곧 제품라인 전체를 없애고 커피를 가압할 수 있는 금속 캔에 다시 집중하기로 결정했다.

　몇 년 후, 우리는 사무실, 공장, 다른 사업장에 놓고 쓸 수 있는 자동 에스프레소 기계를 위한 포드를 제작했다. 포드는 작업자가 커피를 주문할 때 기계를 통해 공급되는 긴 종이 스트립에 부착되었다. 사람들은 일리의 에스프레소 품질은 좋아했지만, 가격에 대해서는 불평했다. 해결책은 단일 포드를 사용하는 새로운 수동 에스프레소 기계를 설치하는 것이었다. 하지만 그것은 높은 가격이 문제가 되지 않는 사무실에만 설치할 수 있다는 문제가 있었다.

　1999년, 일리는 카페 바 체인을 시작했다. 우리는 카페의 매니저가 아니라 스스로를 로스터라고 생각한다. 카페의 요점은 브랜드를 홍보하고, 소비자를 교육하며, 모든 일리의 경험에 대한 응집력 있는 스토리를 제시하는 것이었다. 우리는 병에 담긴 물, 청량음료, 또는 맥주를 팔아서 버는 돈에는 관심을 두지 않았다. 우리의 사업은 음식이 아니라 커피였다. 결과적으로 일부 대형 체인점처럼 수백 또는 수천 개의 매장을 만들 가능성은 희박했다. 그들의 전략은 카페와 바의 사업을 발전시키는 것이지만, 우리의 전략은 가정, 식당, 그리고 다른 여러 시설에서 소비 될 훌륭한 커피를 만들어 판매하는 것이기 때문이다.

일리 카페는 수익성은 높아 보였지만 진정성은 부족했다. 가족 사업이 자연스럽게 진정성을 가질 수 있는 또 다른 방법이 있다. 일리와 같은 큰 규모의 가족 경영 회사는 가족 구성원 모두가 궁극적으로 대부분의 결정에 관여하기 때문에 한꺼번에 추구할 수 있는 프로젝트와 아이디어의 수가 제한적이다. 이러한 인력적인 특성을 고려하여, 우리는 우리가 누구이며 무엇을 하고 있는지에 대한 핵심과 진정성에 계속 집중해야 한다. 우리의 진정성은 가정과 가정 외의 장소에서 고객들이 소비할 수 있는 최고의 커피를 만드는 것이다.

페라리 포도밭FERRARI VINEYARD

이탈리아 가족 경영 기업이 그들의 유산에 적응하는 한 가지 이유는 간단하다. 이탈리아는 많은 유산을 자랑하고 있다. 20개 지역, 100개 이상의 지방, 8천 개 이상의 자치단체로 나뉘어 있다. 각각의 다양한 지역 환경을 자랑하며, 각기 다른 다양한 전통을 가지고 있다. 지역 특산품도 각양각색이다. 포도, 사과, 배, 체리, 헤이즐넛, 아몬드, 치즈의 종류도 매우 많다. 이탈리아는 국가적으로 내세울 만한 대표 요리보다 8천 가지의 지역적인 특색을 갖춘 요리를 자랑한다. 레시피는 테루아르terroir와 전통의 결과물이다. 테루아르는 볼로냐Bologna와 모데나Modena 지역 특유의 비뇰라Vignola 체리처럼 지역 특산물을 생산하는 곳을 뜻한다. 전통은 그 재료들이 혼합되고 조리되는 방식이다. 테루아르를 이해한다면, 왜 이탈리아 기업들이 그들이 가지고 있는 유산에 대해 독특하고 매력적인 이야기를 만들 수 있었는지도 이해할 수 있을 것이다.

모든 스토리는 저마다 다르며 즉각적인 청중에게 맞추어져 있다. 페라리 트렌토Ferrari Trento 와이너리 외에도 지역의 아름다움과 즐거움을 받아들인 몇몇 사업체들을 떠올릴 수 있겠다. 1902년, 줄리오 페라리Giulio Ferrari는 프랑스 샴페인에 필적할 수 있는 스파클링 와인을 이탈리아에서 만들겠다는 일념 하나로 수천 개의 샤르도네 덩굴을 트렌티노의 높은 산에 심었다. 50년 후, 2차 세계대전이 끝난 뒤 자녀가 없던 그는 자신의 꿈을 이어갈 후계자를 찾아 나섰다. 많은 후보들이 있었는데 그중, 페라리 와이너리의 지역 와인 가게 주인인 브루노 루넬리Bruno Lunelli에게 자신의 유산을 물려주기로 결정한다. 1952년에 루넬리Lunelli 가문의 지도 아래 페라리의 샤르도네 역사가 시작됐다. 트렌티노 지역은 미국 와인 전문지《와인 인수지애스트Wine Enthusiast》에 의해 2020년 올해의 와인 지역으로 선정되었다. 이는 샤르도네를 이 지역에 들여온 줄리오 페라리의 선견지명과 비전이 인정된 것이기도 하다.

어느 날 3세대 와인 제조업자인 마테오 루넬리Matteo Lunelli가 그곳을 방문한 나를 반갑게 맞이해 주었다. 와인에 대한 열정은 그가 고향이라고 부르는 산악 지역인 트렌티노 지역에 대한 열정에 버금갔다. 나는 그가 왜 이렇게 이곳을 사랑하는지 이해할 수 있었다. 두 산 사이를 흐르는 작은 중세 마을인 트렌토Trento는 가르다 호수Lake Garda에 펼쳐져 있는데, 믿을 수 없을 만큼 아름다운 풍경을 자랑했다. 오래된 거리는 자갈로 포장되어 있었고, 발코니로 된 2층 건물들이 줄지어 있었으며, 열려 있는 창문들은 평화롭고 쾌적한 분위기로 아래를 내려다보는 듯하다. 멀리 돌로미티 산맥Dolomites이 하늘을 가로질러 석양을 가리기 때문에, 저녁이 가까워지면 여름날에도 추위가 느껴질 정도였다. 마테오는 그의 와인과 트렌티노는 불가분의 관계에 있다고 말한다.

우리의 모든 와인 병 뒷면에는 트렌토와 트렌티노의 문화가 담겨 있습니다. 그것은 선순환입니다. 와인은 영토를 돕고, 영토는 와인을 돕는 구조를 갖고 있죠. 우리는 산에서 스파클링와인을 생산하는데, 그것은 트렌티노의 순수한 표현이라고 할 수 있습니다. 우리는 타 브랜드를 모방한 샴페인이 아닌 독특한 샴페인을 생산합니다.

산에서 덩굴을 키우기는 쉽지 않다. 계단식 포도밭에서는 최소한의 기계를 사용하기에 모든 것을 손으로 골라야 한다. 그들은 지속할 수 없는 어떤 프로토콜도 거부한다. 페라리 포도밭에서는 스파클링와인을 생산하는 것에 적합한 품종만이 유기적으로 경작된다. 이런 것들은 먹기 좋은 산도와 맛이 좋은 높은 농도를 유지하기 위해 더 신선한 온도를 요구한다. 북쪽의 산악 지대는 이 생산에 안성맞춤인 셈이다. 낮에는 포도밭에 햇볕이 내리쬐지만, 밤에는 1마일 상공으로 솟아오른 산꼭대기에서 차가운 공기가 내려앉는다. 낮과 밤의 극심한 온도 변화 덕분에 독특한 맛과 균형 잡힌 산도가 만들어지는 것이다. 전통적인 저지대 포도밭에서 생산한다면 더 수월했겠지만, 최종 제품의 품질은 페라리 트렌토 와인처럼 정교하지는 못할 것이다. 마테오는 그들이 자신의 지역과 얼마나 깊이 연관되어 있는지에 대해 이렇게 말했다.

우리는 500명 이상의 소규모 포도 재배자들과 포도 공급자 가족들과 함께 일하고 있으며, 그들과 장기적인 관계를 맺고 있습니다. 우리는 살충제나 제초제가 없는 유기농 방식으로 토지를 경작할 것을 요구합니다. 동시에 우리는 포도의 품질에 관해서라면 프리미엄 가격을 지불할 마음이 있습니다. 우리의 공급자가 되면 좋은 점이 아주 많습니다. 우리는 토지와 와이너리에서 일하는 사람들의 안전을 도모하기 위해 최선을 다하죠. 어떻게 하면 좋은 품질의 포도를 얻을 수 있으며, 어

　　　　　　　　　　　　　　브랜드 경험의 본질

떻게 하면 포도원에서 일하는 사람들의 건강을 지키고 땅을 보호할 수 있을까 늘 생각합니다.

물론 나는 마테오가 그에게 생계를 의지하고 있는 사람들을 얼마나 신경 쓰고 있는지 잘 알고 있다. 나는 그에게 그것을 자신의 말로 표현해 달라고 부탁했다.

우리의 한 가문으로서, 조상 대대로 내려온 것에서부터 시작합니다. 가족 체제의 기업가적 문화의 일부라고 말할 수 있죠. 우리는 회사가 주주들뿐만 아니라 건강, 개발, 지역 미관을 위해 가치를 창출하고 지속 가능한 사업임을 확실히 하기를 원합니다. CEO로서 제가 하는 일은 이해 관계자들과 지속 가능성에 대한 배려의 균형을 갖추는 것입니다.

와이너리는 두 가지 이유로 성장했다. 첫째, 그 제품은 특별해야 한다. 나는 100% 샤르도네 포도로 만든 스파클링 와인인 페라리 맥시멈 블랑 드 블랑Ferrari Maximum Blanc de Blancs을 선호한다(마찬가지로 100% 산지오베제Sangiovese[1]로 만들어진 브루넬로Brunello도 좋아한다). 혼합된 포도보다는 단 한 종류의 포도가 순수하고 대담한 맛을 낸다. 이 와인은 트렌토독Trentodoc 또는 메토도 클래식Metodo Classico 와인이라고 불리는 것으로, 와인 병 안에서 두 번째 발효 과정을 거친다(개별

---

[1]   이탈리아의 유명한 레드와인 끼안티를 만드는 포도 품종.

병이 아닌 큰 금속 통에서 발효되는 프로스코 와인과는 반대).

둘째, 상대적으로 짧은 역사에도 불구하고 페라리 와이너리는 그들이 무엇을, 왜 하고 있는지에 대해 깊이 있고 진실한 스토리를 담고 있다. 페라리의 스파클링 와인은 이제 국제적으로도 입지를 굳히고 있다. 마테오는 다음과 같이 말했다.

고객이 페라리가 무엇인지 이해할 때 브랜드 충성도가 높아집니다. 여러분이 진정성을 보이고, 브랜드 이면의 진정한 가치를 추구하고 있다면, 고객들은 반드시 그것을 알아볼 것입니다. 그리고 분명 충성도 높은 고객이 되어줄 것입니다.

현재 페라리가 추구하는 인칸토를 고객들이 받아들이면서 그 브랜드는 점점 더 인기를 얻고 있다. 마테오는 이탈리아 생활의 예술을 공유하는 것은 와인 그 자체에 대해 이야기하는 것만큼이나 중요하다고 말한다.

페라리 트렌토의 이야기는 높은 품질에 대한 열정과 이탈리아인들의 자부심으로 만들어진 최고의 제품에 대한 스토리이다. 마테오와 그의 가족은 노동자들의 삶을 개선하고, 그들의 유산을 존중하며, 트렌토에서 삶의 질을 계속 발전시켜야 한다는 생각을 가지고 있다. 그리하여 페라리 트렌토 스파클링 와인의 인기가 높아짐에 따라, 지역 역시 활성화되고 있으며, 와인 마니아와 감식가들을 위한 목적지로써 트렌토를 굳히는 데 일조하고 있다.

5장.

가족을 말하다

회사는 가치 위에 세워진다. 사실, 가족은 세계를 보는 감정적인 관점, 공통의 문화, 그리고 얽혀 있는 경제적 운명을 공유하는 사회의 축소판이다. 건강한 가족(또는 회사)이 성장하는 것은 막을 수 없다. 반면 불행하고 여러 문제를 안고 있는 가족은 골절되고 실패할 운명에 놓이기도 한다. 이는 소통이 단절된 회사 역시 마찬가지라고 할 수 있다.

나의 어린 시절은 대부분 일리에 대한 기억으로 점철되어 있다. 가족과 사업 사이의 경계가 희미했고, 저녁 시간에 나누는 대화는 대부분 사업에 대한 이야기로 이루어졌다. 방과 후, 형제들과 나는 종종 생산 작업을 돕기 위해 공장에 보내지기도 했다(돌아보면 우리가 생각했던 것보다 큰 도움은 되지 않았을 것 같다). 나는 블루칼라 노동자들과 자주 이야기를 나누었고, 그들이 하고 있는 일의 본질을 이해하고 지혜를 흡수하기 위해 그들과 함께 일했다. 내가 했던 첫 번째 '진지한' 일은 나이 지긋한 직원이 커피팟 기계를 다시 설치하는 것을 돕는 것이었다. 나는 그에게서 기본적인 기계 기술을 배울 수 있었고, 폴로 델 구스토Polo del Gusto의 대표가 된 지금도 "머리에서부터 생선 냄새가 난다"라고 했던 그의 말이 아직도 기억난다. 폴로 델 구스토는 일리 그룹의 중간지주회사로 커피 브랜드 외에도 다양한 상품(현재는 프레스 티, 도모리, 아그리몬타나 프리저브드 과일, 그리고 마스트로니얀니 와인 등이 있으며 더욱 확장될 예정)을 보유하고 있다.

1977년, 내가 일리에서 일을 막 시작했을 무렵의 일이다. 회사는 브라질에서 약 10억 그루의 커피나무를 죽게 한 끔찍한 서리 피해 복구 작업에 한창이었다. 덕분에 원두 가격은 파운드당 1.20달러에서 3.60달러까지 치솟았다. 로스터들은 아라비카(최고의 종)의 극적인 가격 상승의 영향을 피하고자 로버스타Robusta¹라고 불리는 낮은 품질(그리고 더 낮은 가격)의 원두 양을 증가시키며 이 사태에 대처했다. 하지만 그 당시에도 나의 아버지는 단호한 태도를 잃지 않으셨다.

우리는 고객과 한 품질 약속을 지켜야 한다. 재무제표에 어떤 영향이 미칠지라도, 아라비카만을 계속 사용해야 한다.

그해에 우리는 많은 손해를 입었고 그것이 내가 기억하는 일리의 마지막 손실이었다. 커피나무의 피해로 아라비카를 더 비싼 값에 사와야 했지만 우리의 커피는 '우수하다'는 평판은 지킬 수 있었다. 그 후 몇 년에 걸쳐 우리는 그때 일어난 손실을 복구할 수 있었고 건강한 성장을 이룬 경험을 할 수 있었다. 나는 항상 이 순간을 기억한다. 아버지는 선택의 여지가 있었다. 제품을 저렴한 가격으로 유지하기 위해 품질을 낮추는, 당

I   커피나무의 한 종류

시의 상황에 맞는 합리적인 결정을 내릴 수도 있었다. 하지만 아버지는 회사의 입장에서는 다소 어려운 결정을 내렸다. 단기적으로는 재정적으로 어려움을 겪게 되었지만, 장기적으로는 고객과의 약속을 지킨 것이다.

이 깊은 역사, 가치관, 문화적 기억력은 우리 가족이 운영하는 사업의 중추로 자리 잡고 있다. 그 당시 우리는 역사상 어느 때보다도 실패에 가까운 상황이었지만, 결국 살아남았다. 나는 매일 아버지의 지혜와 품질에 대한 약속을 항상 지켜야 한다는 교훈을 마음에 새기고 다닌다. 가족 경영의 혈통이 없는 대기업이 과연 이렇게 행동할 수 있을지는 잘 모르겠다. 오늘날 가족 경영이 아닌 일반 회사에서 일하고 있는 사람이라면 예전의 CEO가 50년 전에 회사를 위해 어떤 선택을 했는지 기억이나 할까 싶다. 나는 나의 아버지를 존경했고, 아버지의 딜레마를 놓고 가족 모두가 함께 의논했기 때문에 그때의 일을 기억하고 있다. 품질에 대한 그의 신념은 우리 회사의 과거와 현재의 정체성에 핵심을 찌르고 있다. 더 중요한 것은, 부엌에 둘러앉아 이 결정을 논의하던 어른들이 한 가지 사실에 동의했다는 것이다. 바로 어떤 일이 일어나든 실패를 하든 성공을 하든 우리는 모두 이 일에 함께 하고 있다는 사실 말이다.

이탈리아는 가족 문화가 다르다

이탈리아인들은 친밀하고 가까운 가족 관계로 유명하다. 유럽 사회 안에서도 젊은 가족과 나이 든 가족이 함께 살거나, 끈끈한 가족애를 자랑하며, 의사소통을 잘하는 것으로 유명하다. 조부모들은 다른 가족이 일하는 시간 동안 아이들을 돌보는 것으로 하루를 시작하며 손자들의 삶에 적극적으로 관여한다. 아이들은 한 집에서 여러 세대에게 사랑받고 양육되어 자란다. 실제로 어떤 아이들은 결혼할 때까지 집에서 살기도 하며, 때로는 30대 중반까지 가족과 함께 살기도 한다. 이러한 추세는 점점 더 흔해지고 있다. 2000년대 초반까지, 20대 남성의 3분의 2가 여전히 부모 세대와 함께 산다는 통계도 있었다. 이 수치는 오늘날에도 유효하다.

여기에는 여러 복잡한 이유가 있다. 일부 경제학자들은 노인을 위한 연금은 지급하지만, 젊은이들을 위한 지원금은 갖추고 있지 않은 이탈리아의 불균형적인 공공복지 시스템을 지적했다. 이들의 연구는 '영원한 자녀'가 되길 희망하는 성인 자녀와 '영원한 부모'가 되기를 원하는 부모 사이의 공생 관계,' 즉 성인 자녀가 독립을 향해 천천히 나아가는 동안에도 부모가 계속해서 보호자와 공급자 역할을 하게 됨을 보여주었다. 전혀 틀린 말은 아니다. 지금의 부모 세대는 제2차 세계대전 이후 투쟁과 빈곤의 세월을 기억한다. 그들은 지금보다 훨씬 더 엄격한 가정환경에서 자랐다. 그들이 보여주는 행동은 지금 시대에는 뒤떨어진다고 느껴지는 당시의 종교와 사회적 관습에 의해 형성되었다. 자녀들이 독립적인 삶을 살아가는 과정에서 겪는 어려움을 가능한 한 덜어주고 싶은 것이 부모 마음일 것이다. 이 외에도 청년 실업률, 감소하는 결혼 비율, 감당하기 힘들 정도의 높은 집세를 생각해 보면, 자녀들이 가능한 오랫동안 부모 곁에 머무르려고 하는 것은 오히려 자연스러운 현상일 것이다. 마지막으로, 이탈리아 부모들은 영국과 미국의 부모와 달리, 그들의 성인 자녀가 한집에서 살 때 더 행복함을 느낀다고 보고된다.[2]

이 모든 것이 왜 이탈리아의 가정은 유독 여러 세대가 함께 살며 가문의 경영을 일구는지 설명하는 데 도움이 된다. 또 가족 경영 방식의 장점을 일부 차용하고자 하는 일반 경영자에게 몇 가지 당면 과제를 제시한다. 가족 사업이 안정적으로 기능하고 세대에 걸쳐 지속되기 위해서는 이익보다 더 큰 목표가 있어야 한다. 주된 목표는 항상 가족, 즉 가문이 지속되는 것이다. 앞서 논의한 바와 같이, 우리는 무엇보다도 품질을 우선으로 생각하고, 우리의 아이들에게도 고객들이 우리의 제품을 신뢰할 수 있도록 우리가 한 약속을 지켜야 한다고 가르치고 있다.

물론 가족 경영에도 문제가 있을 수 있다. 구찌는 가문 내의 경쟁적인 이익으로 인해 가족 경영이 거의 해체될 뻔했던 경험을 가지고 있다. 그들의 핵심 브랜드는 정체성이 없었으며, 유행에 너무 뒤떨어져 있었다. 구찌는 이 문제를 극복하기 위해 완전히 다른 미적 감각을 가진 두 명의 디자이너인 톰 포드Tom Ford와 알레산드로 미켈레Alessandro Michele가 합류한 후에야 그들이 직면한 문제들을 극복할 수 있었다. 다행히 그들은 시대와 완벽하게 조화를 이루었다. 바로 이것이 가족 경영 사업의 가장 큰 취약점 중 하나라고 할 수 있다.

기업의 개인 구성원들이 회사보다 개인적인 이익을 우선하게 되면, 기업의 건강이 위협받을 수 있다. 성공적인 가족 경영 비즈니스는 탁월함을 중요하게 생각한다. 하지만 가족 구성원들이 비즈니스를 재원으로 보기 시작하면, 사업을 육성하기보다는 이익을 우선으로 생각하게 된다. 나아가 회사의 발전이 아닌 착취의 자세를 취하게 되는 것이다. 이때 고객들은 품질의 변화를 눈치채고 곧 등을 돌릴 것이다. 보통의 일반 기업들은 이해할 수 없는 기술적인 진보와 사회 변화에 직면했을 때 흔들린다(가족 사업은 아니지만, 미국의 코닥이 전형적인 예라고 할 수 있다). 그러나 그보다 가장 큰 위험은 관리가 제대로 되지 않는 승계, 젊은 세대에게 분노와 분함을 불러일으키는 승계이다.

생각이 다른 가족이 있다는 것은 또 다른 방향이 있다는 것을 의미한다. 이것은 가족 경영 사업의 또 다른 이점이기도 하다. 그러나 가족 구성원이 가족과 회사의 가치를 거부한다면 문제가 된다. 예를 들어 우리 일리의 경우, 비용을 절감하고 품질과 가격을 낮추어야 한다고 생각하는 가족 구성원이 있다면, 회사는 그 주장을 받아들이지 않을 것이다. 성공에 있어 우리가 중요하게 여기는 가치에 반대되는 행위이기 때문이다. 하지만 우리 가족의 자녀 세대 중 누군가가 내가 이해할 수 없는 방식으로, 어쩌면 처음에는 받아들여지지 않을 수도 있는 방식으로의 어떤 새로운 기술을 사용할 것을 제안한다면, 기꺼이 들을 준비는 되어 있다.

젊은 세대를 이해하다

기존의 가족 운영 사업의 과제는 새로운 세대를 통합하는 것이다. 인칸토의 비밀을 전수하길 바라는 일반 사업체라면, 촘촘하고 일관성 있는 집단 정체성을 만드는 것이 무엇보다 중요한 도전과제가 될 것이다. 브랜드와 비즈니스가 오래 지속되도록 하기 위해서는 모든 기업은 반드시 혁신을 이루어야 한다. 나는 항상 새로운 세대를 통합하는 것을 기쁘게 생각한다. 그들은 내게 새로운 전략을 검토할 것과 쓸모없을 수도 있는 결정을 바꾸도록 제안할 것이다. 하지만 젊은 구성원들은 우선 좋은 교육을 받아야 하고, 다양한 일을 경험할 필요가 있다(우리 사업과 관련 없는 다른 독립 업체에서 경험하는 것이 가장 좋겠지만). 최종적으로 그들이 일리에 합류하게 되면, 자신이 제안한 방법이 효과가 있으리라는 것을 증명해야 하는 순간과 마주하게 된다.

우리 가족에게는 다음 세대의 의무를 설명하는 '내규' 정도로 생각되는 부분이 있다. 젊은 세대의 구성원들은 그것에 서명하고 그에 따라 행동해야 한다. 그렇게 하지 않으면, 승계를 할 때 그저 주주의 역할 그 이상으로는 할 게 없을 것이기 때문이다. 내가 처음 일리에서 일할 때 내가 맡은 로마 시내의 손님은 단 세 명밖에 없었다. 나는 더 많은 손님을 원했지만, 아버지는 로마의 고객들은 계산을 제대로 하지 못한다고 말씀하시면서 나를 낙담 시키셨다. 나는 이것은 사실이 아니라는 것을 증명해야 했다. 아버지는 천천히 내가 작은 수의 고객들을 확보해 갈 수 있도록 허락해 주셨다. 내가 담당하던 고객들이 계산서를 제때 보내게 되면서 나는 더 많은 고객을 확보해 나갈 수 있었다. 몇 년 사이 로마는 이탈리아에서 두 번째로 큰 시장으로 성장했다.

가족의 개념을 전통적인 비 가족 경영 사업에 적응시키는 것은 어려운 일일 것이다. 먼저 자신이 무엇을 성취하고 싶은지 그리고 기존의 구조에서 어떤 약점을 발견했는지 자문해 보길 바란다. 가족은 신뢰, 친밀감, 공유된 비전, 그리고 장기적인 관점 위에 서 있어야 한다. 장기적인 성장, 지속 가능한 관행, 다세대(후손)를 위한 전망을 위해 현재의 절차를 적응시켜 가는 과정에 있기도 하다. 만약 20년 혹은 40년 후에도 여전히 생존할 수 있는 사업을 만들고 있지 않다면, 왜 그렇게

브랜드 경험의 본질

하지 않는 것인가? 재능 있는 직원들과 수십 년 동안 함께 일할 수 있는 비즈니스를 구축하지 않고 있다면, 왜 그렇게 하지 않는 것인가?

다음으로는 회사 계층 내에서 누가 어떤 역할을 하고 있는지 생각해 보라. 가족이 운영하는 사업에는 승계 열이 있다는 것을 이해하는 것이고, 젊은 가족 구성원들이 승진할 수 있는 기회는 다양한 절차를 통해 마련되어 있다. 대게 가족 사업의 경우, 모든 가족 구성원은 자신이 관리자나 이사 역할을 할 수 있을 것이라고 생각한다. 그들은 자신에게도 회사를 운영할 여러 권리가 주어지고 있다고 생각하지만 이들이 가진 유일한 권리는 주주가 되는 것뿐이다. 나머지는 스스로 얻어내야 하는 자리이다. 따라서 가족 사업은 할당된 권력보다 더 많은 권한을 가지고 있다고 착각하는 구성원들로부터 직원들을 보호하기 위한 강력한 규칙이 필요하다. 친척들을 절대 서로 위계적인 위치에 두지 말아야 한다. 언제든 분쟁을 일으킬 수 있기 때문이다. 이는 사랑하는 가족의 실수를 덮어야 하는 감정적인 문제로도 이어질 수 있기 때문에 신중함이 필요하다. 해당 규칙은 가족 경영 소유자뿐 아니라, 가족 구성원 모두에게 적용되어야 한다.

이런 점에서, 가족이 운영하는 사업은 일반 기업과는 다르다. 우리는 근무 환경 밖에서도 서로를 대할 의무가 있으므로, 학대, 잘못된 관리, 또는 어떤 종류의 차선적인 행동에 대해 지속해서 주의를 기울일 필요가 있다. 나는 무능하거나 미숙한 경영자들이 몇 번이고 실패하는 것을 방치하여, 결국은 극적으로 자신의 회사에서 해고되거나 끌어 내려질 지경에 이르는 일반 사업의 사례들을 많이 보았다. 가족 경영은 아버지의 뒤를 아들이 잇거나, 사촌, 손자 등이 이어갈 것이다. 각 세대가 다음 세대를 위해 길을 비켜주면서, 오래 전에 만들어진 가치들이 대를 이어 전해진다. 본능적으로, 그러한 핵심 가치가 없었다면 우리는 아무것도 아니라는 것을 구성원 모두가 깊이 이해하고 있다. 가족이 운영하는 사업은 능력이 부족한 경영인들에 의해 수십 년 동안의 실패를 감내해야 할 위험을 감당할 수 있는 여력이 없다.

당신의 비즈니스가 추구하는 가치는 무엇인지 스스로 물어보자. 또 후계자에게 물려줄 비즈니스와 브랜드의 본질은 무엇인지 생각해 보자. 그 가치를 소중히 다루고 존중해야 하며, 절대 타협해서는 안 된다.

제냐ZEGNA

나는 개인적으로 격식을 차려 옷 입는 것을 선호하지는 않는다. 하지만 때에 따라서는 격식을 갖추어야 할 경우도 많다. 회의 자리나 세련되거나 우아한 태도를 보여야 할 자리가 있을 때가 그렇다. 이런 경우, 나는 항상 가족 소유의 고급 남성복 회사인 제냐Zegna의 정장을 입고 나간다. 제냐는 이탈리아 스타일의 진수를 상징하는 곳이다. 그들의 정장은 부드럽지만 레저복만큼이나 튼튼하다. 어찌 된 일인지 제냐의 원단은 겨울에는 따뜻하고 여름에는 상쾌한 느낌을 준다. 제냐의 옷이라면 종일 입고 있을 수 있을 정도이다. 그리고 그 옷은 절대 구겨지지 않는다.

1910년 에르메네질도 제냐Ermenegildo Zegna에 의해 설립된 제냐는 가족으로 운영되는 이탈리아 기업들이 가지고 있는 두 가지 방법 중 한 예를 나타낸다. 첫 번째, 말 그대로다. 4세대의 제냐 가문이 이 사업을 소유하고 있으며 지금까지 운영하고 있다. 둘째, 대가족 체제이다. 에르메네질도 제냐는 이탈리아 북부의 비 엘라Biella 지방에서 왔다. 제냐 가문의 사업은 여전히 그 지역과 밀접하게 연관되어 있으며 비엘라 사람들, 영토, 그리고 환경에 대해 큰 책임감을 느낀다.

나는 3대째 가족이자 폰다지오네 제냐Fondazione Zegna의 회장인 안나 제냐Anna Zegna를 그녀의 시골집에서 만났다. 때는 기분 좋은 여름날이었다. 공기 중에 분주한 기운이 감돌고 있었고, 멀리서 공사 소리가 들려왔다. 그녀는 제냐 공장의 주변 도로를 보수하고 있다고 말했다. 물론 그녀가 말하는 주변 도로는 제냐의 소유 부지가 아니었다. 그들은 제냐가 위치한 트리베로Trivero 지역의 환경을 적극적으로 복구하기 위해 나무를 심고 있으며 땅을 튼튼히 하기 위해 노력한다. 이것은 제냐 가문이 그 땅과 그곳에 사는 사람들 모두에 대한 책임감을 느끼기 때문에 가능한 일이다. 그들은 그들이 하는 모든 일은 궁극적으로 처음보다 더 나은 결과물로 만들어져 그 땅과 그 지역의 사람들에게 남겨 주어야 한다는 할아버지의 믿음을 이어가고 있다.

나와 내 가족, 그리고 이 책에 나오는 다른 모든 기업의 가족처럼, 그녀의 가족사 역시 비슷한 부분이 많다. 그녀는 제냐 사업의 기원을 잘 알고 있었다. 초창기 시절은 제냐 가문의 사업이 운영될 수 있도록 환경적인 분위기를 조성했다. 그녀는 할아버지의 삶을 어떻게 연구했는지 이야기하며 그 덕분에 할아버지의 영혼에 품질이라는 개념이 어떻게 자리 잡게 되었는지 알게 되었다고 말했다.

에르메네질도 제냐도 평범한 가정에서 자랐다. 그는 매우 평범한 부부의 열 번째 아들이었다. 그들은 닭을 키우며, 농장에서 살았다. 그는 막내였지만, 어딘가 모를 독특한 부분을 가지고 있었다. 바로 다른 가족들과는 삶의 목적이 달랐다. 그는 세상을 보는 방식을 통해 직접적으로 품질에 대한 열정을 품게 되었다. 그 품질은 말로 정의하기 어렵다. 어떤 사람들에게 품질은 일상생활의 디테일이자 그들이 삶에 접근하는 방식이다. 또 어떤 사람들에게는 그렇게 신경이 쓰이지 않는, 없어도 잘 살 수 있는 존재가 바로 품질이다. 안나 제냐가 내게 말했다.

제 할아버지에게 있어서 그것은 정말 커다란 임무였습니다. 그의 아이디어는 복제나 이미 있는 것을 비슷하게 만들어 흉내 내는 것이 아닌, 무엇인가 독특한 것을 만드는 것이었습니다. 그리고 우리는 그 비전을 고수해 왔습니다. 우리 가문의 모든 세대는 그 이전 세대가 만들어낸 것에 항상 무엇인가를 더 해 오며 발전했습니다. 할아버지는 양털 원단을 만들었고, 아버지와 삼촌 세대는 기성복을 만들었으며, 나중에는 이탈리아 밖으로 제품을 팔기 시작했습니다. 이제 제 동생이자 최고 경영자인 길도Gildo와 다른 우리 세대 구성원들이 세계 곳곳에서 직접 상점을 운영하고 있으며 단계로 나아가기 위해 움직이고 있습니다.

길도의 아들이자 제 조카 에도아르도Edoard는 미국에서 디지털 마케팅 사업을 합니다. 제냐를 위한 새로운 옴니 채널 프로젝트를 시작하기 위해 그를 다시 회사로 데려오는 것은 우리에겐 당연한 일이었습니다. 오늘날 제품이 고객과 만나는 접점은 오프라인 매장뿐 아니라 그 외 수천만 개의 다양한 방식이 있음을 의미합니다.

오늘날, 에도아르도는 혁신과 소비자 전략의 책임자이다. 제냐는 일리와 마찬가지로 젊은 세대가 이전 세대의 일을 이어가고 있다. 그리고 우리는 우리 자신을 여러 세대에 걸쳐 같은 목표를 향해 가고 있는 사람들의 긴 행렬 중 일부로 본다. 수백 년 동안 잘 기능해 온 전략을 근본적으로 재편성하여 새로운 CEO(마케팅 총괄 경영자)들이 '자신의 이름을 날리게' 하려는 유혹에도 끄떡없다. 마찬가지로, 우리는 많은 기업이 새로운 경영자가 올 때마다 겪는 혼란을 경험하지 않는다.

이렇게 높은 수준의 창의적인 경영진이 회사에 머무는 기간은 그리 길지 않을 것이다. 이들은 회사의 이사회나 주주들에게 자신들이 '선견지명'이 있다는 것을 증명할 목적으로 단기적이고 급진적인 변화를 꾀할 수도 있다. 하지만 가족 경영 기업은 이러한 생각에 덜 민감한 편이다. 부분적으로는 수십 년 또는 수 세기 전에 비즈니스에 효과가 있었던 것(또는 실패했던 것)들에 대해 깊고 세밀한 지식이 쌓였기 때문일 것이다. 자신이 결정한 것을 믿는 지혜와 자신감은 오랜 세월 동안 쌓여온 관점을 토대로 하므로, 더욱 과감한 결정을 가능하게 한다. 또 이러한 믿음은 대기업이나 개인 소유의 회사보다 우리가 우리 주변 환경과 사회를 더욱 잘 돌볼 수 있게 돕는다. 안나는 다음과 같이 말했다.

지속 가능성은 제 할아버지가 양모 공장 설립에 필요한 면적을 개간하기 위해 50만 그루의 나무를 심기 시작했을 때부터 중요했습니다. 이후 할아버지는 노동자들과 지역사회에 많은 관심을 기울였습니다. 지역사회를 위해 수영장, 체육관, 카페테리아를 지으셨죠. 오늘날 그의 비전은 에르메네질도의 '녹색 생각'에 따라 센트럴 파크의 30배 크기에 달하는 자연 보호 구역인 오아시 제냐Oasi Zegna를 책임지는 것입니다. 최근

창립 110주년을 기념하기 위해, 우리는 오아시 제냐에 더 많은 나무를 심기로 계획 했습니다. 우리는 환경 자원을 보존하고 향상하고자 했던 할아버지의 뜻을 이어나가기 위해 이 일을 하고 있습니다. 할아버지가 지금까지 살아 계셨다면, 매우 기뻐하셨을 거예요.

가족이라는 개념의 땅을 일구고, 상품을 제조하고, 실제 사업을 소유하고 운영하는 가족과 직원들, 그리고 이곳에 삶이 얽혀 있는 사람들에게까지 확장하지 않는다면 가족 경영은 결코 오래가지 못할 것이다. 나는 제냐 만큼 이것을 잘 이해하고 있는 회사는 없다고 생각한다. 제냐는 이런 대가족 구성원들의 삶을 개선하기 위해 지금도 적극적으로 노력하고 있다.

받고 되돌려주기

이 신념 체계의 핵심은 우리가 무언가를 얻었다면 받은 만큼 돌려주어야 한다는 생각이다. 이것은 다면적인 것이다. 직원들을 돌보고, 회사가 의존하고 있는 토지와 천연자원을 돌보고, 더 나은 미래를 위해 땅을 파종하는 것으로 이해할 수 있다. 에르메네질도 제냐의 설립자 장학금은 해외에서 공부하기를 원하는 이탈리아 학생들을 재정적으로 지원하는 사업이다. 그 학생들이 해외에서 쌓은 지식과 경험 노하우를 가지고 다시 이탈리아로 돌아와 국가의 미래 발전에 이바지하도록 돕는 것이다. 이 사업은 8년째 지속되고 있다.

2010년, 심리학자 제임스 힐먼James Hillman은 제냐 설립 100주년을 위해 《품질의 윤리》라는 주제로 에세이를 썼다. 안나는 그녀가 특히 좋아하는 대사 하나를 강조하며 말해주었다. "럭셔리의 본질은 자연의 럭셔리에서 비롯됩니다." 그녀는 잠시 그것에 대해 생각하다가 내게 말했다. "나에게도 좋은 품질인 럭셔리는 자연에서 영감을 받은 것입니다."

그 점을 증명하기 위해, 안나는 오아시 제냐Oasi Zegna의 나무들이 녹색에서 환상적인 금색, 노란색, 오렌지색으로 변하는 과정을 담은 사진을 보여주었다. 마치 우리를 둘러싸고 있는 자연의 아름다움에 압도당하는 느낌이 들었다. 이 희귀하고 특별한 곳의 아름다움에 대해 설명하는 그녀의 말속에서 이 땅에 대한 그녀의 사랑과 깊은 헌신을 느낄 수 있었다. 실제로, 어떤 식으로든 인칸토 사업과 관련된 모든 장소는 귀하고 특별한 것으로 여겨져야 한다. 특히 제품에 들어가는 재료를 어떻게 조달하는지를 고려한다면 더욱 그렇다.

일리처럼, 제냐도 최고급 원자재에 의존하고 있다. 그들은 최고급 실을 생산하는 공급자를 인정하고 그에 맞게 보상하는 시스템을 갖고 있다. 일리처럼, 제냐 역시 기후 변화가 미래의 사업에 어떤 영향을 미칠지 앞서 생각하고 행동한다. 그들이 사용하는 양모의 대부분은 현재는 오랜 가뭄에 시달리고 있는

브랜드 경험의 본질

호주에서 만들어지고 있다. 안나는 이렇게 말했다.

호주는 매우 덥습니다. 그렇다면, 어떻게 목초지를 지키고, 어떻게 동물들을 기르고, 어떻게 양 떼를 돌보고 있을까요? 그렇다고 해서 사람들이 살고 있는 자연 풍경을 헤치는 방법은 떠올릴 수 없겠죠. 그래서 많은 교육이 필요합니다.

최고의 공급 채널은 가족과 같은 관계를 기반으로 할 때 가능해진다. 우리의 공급업체가 환경적인 도전과제나 예측 불가능한 미래 앞에 직면할 때면 빠르게 회복할 수 있도록 일리 일가가 더욱 노력하는 것처럼, 제냐 역시 지구가 점점 더 더워지고 건조해 짐에 따라 공급업체와 효과적으로 협력해야 한다. 안나는 머나먼 호주의 목장주들과 소통하는 것이 얼마나 중요한 일인지 강조했다.

공급업체에 더 높은 품질을 요구할수록, 무엇이 효과적인지에 대한 피드백을 더 많이 제공해야 합니다. 그렇지 않으면 고객이 필요로 하는 품질을 지속해서 개선할 수 없습니다.

지속적이고 친근하며 직접적인 의사소통이 핵심이다. 다른 사람들과 자유롭게 대화할 수 있는 집단이면서도 동시에 기능적인 가족이란 무엇일까? 그것은 바로 우리가 모두 거시적인 차원에서 진정으로 함께 있다는 것을 인정하는 형태의 가족이다. 이 철학은 제냐와 일하고 있는 모든 사람에게 적용된다. 안나의 동생 길도 역시 제냐는 가족 사업이며, 공평하고 투명하게 공유하며, 보람 있는 일을 하고 있다는 점에서 공기업처럼 운영되는 개인 회사라고 말한다. 제냐는 360° 커뮤니케이션 철학을 사용하여 화이트칼라 직원, 공장 직원 또는 영업사원과 함께 회사의 뉴스, 목표, 목적을 공유하고 있다. 안나의 설명은 다음과 같다.

이 360° 시스템은 제냐가 가족 사업이라는 것을 의미하며, 수천 명의 직원 모두가 우리 가족의 일부라는 뜻입니다.

일리의 카페와 레스토랑, 소유하고 있는 여러 브랜드들에 일리가 어떤 통제와 태도를 가지고 있는지 생각해 본다. 제냐 역시 일리처럼, 고객에게 자신의 목소리를 확실하게 전달하는 것이 중요하다는 것을 깨닫고 있다. 그들 역시 자사의 제품이 주로 독립 상점을 통해서만 판매된다면, 고객의 목소리를 제대로 들을 수 없다는 사실을 깨달았다. "제냐를 취급하는 몇몇 상점들은 주로 비즈니스 정장이나 스포츠웨어에 초점을 맞춥니다"라고 안나는 말했다.

이탈리아에서는 모두가 디자이너라고 생각하기 때문에, 해당 상점의 소유주들은 이 컬렉션의 비전이 무엇인지는 존중하지 않은 채 우리 브랜드에 대한 개인적인 해석만을 할 것입니다.

브랜드 경험의 본질

2010년, 제냐는 샤넬, 루이비통, 불가리와 협업 디자인을 한 유명 건축가 피터 마리노Peter Marino가 디자인한 매장을 밀라노에 오픈했다. 마리노는 디자인에 대한 독특한 관점을 가진 것으로 유명하며, 브랜드에 정체성을 가져다주며, 건축에 간판과 시각적인 요소를 더해준다. 마리노 덕분에 제냐의 샵에 들어가면, 남성 라이프스타일 가게에 와 있다는 느낌이 강하게 든다. 많은 나무와 자연적인 느낌의 모양들이 큐레이션된 옷들과 함께 조화를 이루고 있다. 매장 환경과 제품의 혼합은 각각의 컬렉션이 특정한 종류의 분위기를 뽐낼 수 있게 특별한 에너지를 만든다.

가족 소유의 사업을 운영하는 것은 대부분 가치에 중점을 둔다. 제냐와 일리의 경우, 그러한 가치는 브랜드의 DNA 깊은 곳에 담겨 있다. 안나는 종종 할아버지의 국가에 대한 뿌리를 생각해 본다. 야생의 자연 세계에 대한 그의 사랑과 존경은 말 그대로 브랜드가 추구하는 모든 것의 핵심이 된다. 제냐의 소셜 미디어 피드는 제냐의 옷은 물론이고 오아시 제냐Oasi Zegna의 사진을 많이 다루고 있다.

여기서 교훈은 모든 브랜드, 회사, 기업이 DNA에 흐르고 있는 추구하는 가치가 무엇인지를 정확하게 아는 것이다. 그것은 어려운 결정을 내려야 할 때 무엇을 우선으로 해야 할지를 알게 한다. 주변 사람들이 그것을 희석하고 싶어할 때조차도 향상된 품질의 사명에 충실할 수있는 지침이 되어줄 것이다. 그렇다면 당신의 회사, 나아가 당신의 가족은 무엇을 믿고 있는가? 어떤 원칙이 기준이 되며, 무엇이 당신이 하는 일을 형성하고 있는가? 물론 이러한 가치들이 가족 소유 사업에만 국한될 필요는 없다. 당신이 하는 모든 일에 적용할 수 있다. 안나는 그것을 우아하고 상세하게 설명했다.

우선, 비전이 있습니다. 비전은 여러분이 머물고 있는 곳을 넘어 내부에서 시작되는 무언가를 보여줍니다. 여러분의 내면에는 이런 생각을 만들어내기 위해 내면에서부터 몰아내는 무언가가 있을 겁니다. 새로운 일, 새로운 프로젝트를 시작할 때는 시야가 흐려지기도 하고, 정의하는 것이 힘들어집니다. 하지만 비전은 시작할 때 겪는 혼란을 잠재우며 '진짜'를 만들어냅니다. 이것은 한 사람으로서, 브랜드로서, 그리고 회사로서 여러분이 누구인가와 관련이 있다는 것을 의미합니다. 그리고 마지막으로, 모든 것은 열정으로부터 시작됩니다. 열정 없이는 도전과 실패를 극복할 수 없기 때문입니다.

또 다른 중요한 요소는 여러분 앞에 무엇이 있었는지, 어떻게 성공했는지, 어떻게 실패했는지, 그리고 그것을 어떻게 개선할 수 있는지에 대한 다양한 지식을 쌓는 일이다.

안나는 "모든 과정을 정확히 알고 (우리의 경우) 완벽한 남성복을 디자인하는 방법을 알고 있지 않는 한 당신은 규칙을 어기고 완전히 다른 것을 만들 수 없습니다"라고 말했다.

마지막으로, 이러한 지식은 고객에게까지 확대된다. 안나는 다음과 같이 덧붙였다.

> 회사의 가장 큰 유산이자 가장 중요한 가치는 우리의 고객입니다. 네, 물론 새로운 고객을 계속 구축해야겠지요. 하지만 무엇보다도 먼저 기존의 고객들과 지속적으로 연결되고 소통할 수 있어야 합니다. 왜냐하면 고객은 브랜드를 사랑하고, 다시 돌아오며, 함께 성장하는 존재이기 때문입니다. 제냐에는 고객이 중심이라는 황금률이 있습니다.

대화를 마치면서 안나는 자신의 철학, 기술, 아름다움, 직관, 기술의 혼합이라는 그리스어인 테크네Techne를 언급하며 마지막 핵심 부분에 대해 공유해 주었다. 나처럼, 그녀 역시 기술이 삶과 회사에 큰 도움이 될 수 있다고 믿는다. 제냐의 #UseTheExisting(기존 자원의 재활용) 캠페인은 자연적이고 '기술적인' 직물과 혁신적인 공정을 모두 사용하여, 지속 가능한 제품을 완성하는 브랜드 헌신이 무엇인지를 잘 드러내고 있다. 이 모든 것은 낭비 없는 생산을 목표로 한다.

하지만 기술은 아름다움과 직관으로 단련되어야 한다. 나는 이 균형 잡힌 행동이 가족 경영 사업을 이루는 마지막 특징이라고 생각한다. 우리는 우리가 누구인지에 대한 역사적, 문화적 DNA와 직접적으로 접촉하고 있다. 그래서 우리의 직관을 신뢰하는 것이 더 편할지도 모른다. 결국, 직관이라는 것은 우리가 사업을 통해 배운 모든 성공, 실패, 교훈에 대한 우리의 지식에 바탕을 두고 있다. 앞으로 나아가면서 비즈니스의 DNA를 파악하고, 이해하고, 채택할 수 있는 방법을 찾아보길 바란다. 그리고 발견하게 되는 것을 당신의 경영 문화에 담아낸다면, 언제든 마주하게 될 어려운 시기에 좋은 선택을 할 수 있는 가이드가 될 것이다.

6장.

단순함을 말하다

몇 년 전 아내와 나는 주방을 새로 꾸미기 위해 전자레인지를 구매하러 나섰다. 우리가 고른 전자레인지는 훌륭했다. 음식이 고르게 조리되었으며 설정한 값에 맞게 정확하게 가열되었다. 해당 제품은 우리의 주말 하우스를 위한 1950년대 느낌의 미니멀리스트 미학에 완벽하게 들어맞는 깨끗하고 우아한 디자인을 가지고 있었다. 아내와 나는 확신했다. 우리가 찾던 제품이라고! 적어도 아내가 "이 소리는 어떻게 끄나요?"라고 물을 때까지는 말이다. 버튼을 누를 때마다 레인지에서 삐 소리가 났다. 온도가 5도씩 높아질 때마다 소리가 났던 것이다. 타이머를 설정하거나 시계를 조정하면 추가된 1분마다 또 소리가 났다. 몇 분이 지나자 더는 이 소리를 참고 듣기가 힘들었다. 우리는 곧 이 전자레인지에 여러 겹의 불필요한 기능이 추가 되어 있다는 사실을 깨달았다. 사용 설명서는 침대 옆에 놓아둔 소설책만큼이나 길고 장황했다. 자동화된 설정은 분명 무한했다. 우리는 판매원에게 신호음을 비활성화하고 사용 설명서를 간략하게 설명해 줄 수 있는지 물었다. 하지만 결국 우리는 우리의 결정이 잘못됐음을 인정하고 더 간단한 성능의 모델을 선택하여 판매원을 당황케 했다. 그는 첫 번째 오븐이 그 가게에서 가장 현대적인 옵션이라고 다시 한번 강조했지만 우리에겐 필요 없는 기능이 많았다. 사용자에게 더 많은 옵션을 제공할 목적이었겠지만 지침은 복잡하기만 했다. 경고음은 사용자의 편리를 위한 것이었겠지만, 판매원조차 그 것을 비활성화하는 방법은 찾지 못했다.

그로부터 몇 년이 지난 후, 나는 미국의 대형 기술 회사의 CIO(최고 혁신 책임자)를 만난 적이 있다. 제품 디자인에 대한 대화를 나누던 중 나는 이 전자레인지의 복잡한 지침, 쉬지 않고 울리는 경고음이 얼마나 불쾌한 경험이었는지 그에게 설명해 주었다. "왜 이런 디자인을 하고 있는가?"에 대한 나의 질문에 그의 대답은 간단했다. 대부분의 제품 엔지니어는 매우 합리적이고 논리적인 사람들이다. 그리고 그들은 때로는 지나치게 논리적으로 행동한다. 그들의 끝없는 프로그래밍 옵션은 모든 고객이 원하는 선택에 맞게 유연성을 제공한 것뿐이다. 그 경고음은 사용자에게 전자레인지가 설계된 대로 잘 작동하고 있음을 알리는 논리적이고 바람직한 장점을 제공한다. 각 신호음은 원하는 입력이 잘 실행되었음을 알리고, 사용자를 안심시키는 역할을 하는 것이다. 그들은 옵션, 선택 및 기술에 대한 잠재적인 단점을 보지 못했기 때문에 고객들이 단점을 찾게 될 것이라고는 상상조차 하지 못했을 것이다. 그러니 자주 사용하는 사람들에게 짜증을 불러일으키는 지옥 같은 삐 소리가 계속 디자인되는 것이다.

일리 사무실의 관리자가 프린터, 팩스, 스캐너 기능이 합쳐진 제대로 된 복합기 한 대를 구입하기로 했을 때도 우리는 비슷한 문제를 겪었다. 그녀는 복합기 한 대면 부피가 큰 세 대의 기계가 차지하는 공간이 크게 줄어들 것이라고 설명했다. 모든 신입과 관리 직원이 기계 사용에 대한 대한 교육을 받았다. 그러나 하루 만에 그들의 스캔, 팩스, 인쇄물은 뒤죽박죽이 되었고, 어떤 직원은 누군가 기계를 독차지하고 있는 것에 반기를 들 정도였다. 지금껏 문제 없이 잘 돌아가던 사무실에 문제가 생겨버린 것이다.

나는 미국 제품의 디자이너들과 우리 사무실 매니저들이 중요한 것을 놓쳤다고 생각한다. 때때로 개선 과정에서 원하지 않는 복잡한 기능이 더 늘어나지 않도록 조절하기 보다는 오히려 많은 기능이 추가되는 일이 벌어지는 단순성은 종종 무의식적으로 인식된다. 우리가 우아함과 세련됨을 '찾게' 될 수도 있지만, 진정으로 바라는 것은 단순함을 통해 우리 삶에서 불필요한 산만함이나 좌절감을 한 층 제거해 줄 것이라는 기대감이다.

주방 기기, 양복, 가방, 자동차와 같은 내구성을 지닌 상품을 선택할 때 소비자들이 자신도 모르게 우선하는 것은 바로 심플함이다. 대부분의 사람이 사용하기 쉽고, 설명서를 읽지 않고도 직관적으로 사용할 수 있는 제품을 좋아한다. 아이폰이나 애플 제품이 그 예가 될 수 있겠다. 사용법을 직관적으로 쉽게 파악할 수 있는 기술 제품들은 굳이 설명서가 필요 없다. 이케아와 이케아의 스틱 피규어 방향을 생각해 보자. 복잡한 기능이 추가 되어 있다면 오히려 방해가 될 것이다. 단순함은 당신이 하고 있는 일의 실패나 약점을 숨겨준다. 고객에게 제품 사용 방법을 알리기 위해 수백 페이지의 설명서를 할애해야 한다면, 제품에 결함이 있다는 것이다. 요리할 때도 마찬가지이다. 입맛에 맞게 만들기 위해서는 조미료 같은 첨가된 요소를 넣어야 한다면, 근본적으로 무엇인가 잘못된 것이다. 보잉의 사례를 기억하는가? 소프트웨어의 업그레이드가 진행되지 않았다면 비행할 수 없다는 사실 자체가 보잉 항공기에 심각한 문제가 있다는 것을 의미한다. 비행기는 특히 위험한 순간에 조종사를 혼란스럽게 하지 않아야 하며, 안전하게 작동될 수 있도록 추가로 복잡한 설정이 없어야 한다.

이탈리아식 단순함

나는 이탈리아 사람들이 단순한 것을 좋아한다고 생각한다. 이탈리아인들은 1600년대에 화려하고 복잡한 바로크 양식을 발명했고 금박의 오버레이와 예술 작품을 유럽 전역으로 퍼뜨렸다. 하지만 우리는 가공이나 개량이 거의 필요하지 않은 좋은 원자재의 가치를 이해하고 있다.

내가 살면서 먹어본 요리 중에는 몇 년, 몇십 년이 지난 지금도 기억에 남는 게 몇 가지 있다. 하나는 구알티에로 마르체시Gualtiero Marchesi 셰프의 리소토 알라 밀라네제risotto alla

Milanese이다. 그리고 또 다른 요리는 간단한 요리였는데, 쿠네오Cuneo 근처의 레스토랑에서 제공되는 엑스트라 버진 올리브오일로 조리한 채소 요리였다. 채소와 오일이 균형을 이루었고, 채소 본연의 맛이 그대로 살아 있어서 너무 맛이 좋았다. 아마 평생 그 맛을 기억할 것같다. 심지어 식감(여기는 바삭바삭하고, 저기는 부드럽고, 입에 착 감기는 등)은 먹을 때마다 놀라움을 주었다. 스쿼시의 은은한 단맛과 토마토의 예상치 못한 신맛은 향신료 없이도 모든 맛이 조금씩 다르다는 것을 느끼게 해주었다. 이것은 일리의 모든 제품에 적용되는 쇼트 레시피 철학의 전형적인 예이다. 이것이야말로 왜 단순한 것이 복잡한 것보다 더 설득력 있는가에 대한 본질처럼 느껴졌다.

마르체시 셰프의 주방도 마찬가지로 필요한 것만 있었다. 그의 리소토는 쌀, 샤프란, 그리고 다른 몇 개의 재료들로만 만들어졌다. 요리하는 과정도 단순 그 자체였다. 단순성은 작업을 수행할 수 있는 기본 도구만을 사용하며, 불필요한 것들은 모두 제거할 수 있다는 것을 의미한다(이상적으로는 처음부터 아예 구매할 필요가 없다). 이탈리아의 주방에는 전기 압력솥, 수비드 요리 전용 머신, 에어 프라이어와 같은 제품이 없을 가능성이 높다. 하지만 칼, 냄비, 그리고 특정한 목적의 냄비는 항상 갖추고 있다. 생선 수프에서 뼈와 살을 걸러 내거나 토마토의 씨앗과 껍질을 분리하는 데 쓰이는 여과기인 빠싸베르두라passaverdura, 파스타를 넣으면 물이 빠르게 끓어오르도록 하는 높고 좁은 냄비, 스튜나 콩처럼 열 분배가 필요하거나 시간이 필요한 요리를 위한 더치 오븐, 마늘과 허브를 흔들면 잘게 다져주는 메잘루나mezzaluna 또는 반달칼, 고기를 소테잉 sauting[1]하기 위해 사용하는 깊고 구부러진 면을 가진 파델라 padella 또는 소테 팬 정도가 필요한 제품들이겠다.

사용된 칼, 냄비, 팬 등은 몇 년 사이 주인이 바뀌었을지도 모른다. 아마도 수십 년 동안 반복적으로 사용하면서 찌그러지거나 깨지기도 했을 것이다. 하지만 우리의 부모님과 조부모님들이 한때 우리를 먹이기 위해 사용했던 추억으로 가득한 소중한 도구들이다. 우리는 요리를 하면서 스토브 위의 냄비를 휘저어 가며, 끊임없이 맛을 보고 간을 맞춘다. 필요한 경우, 양념을 가볍게 더 추가하기도 하며 맛을 낼 것이다. 주방의 소박함은 최고의 재료와 작업에 적합한 도구, 그리고 요리사의 부지런함만을 필요로 한다. 물론 비즈니스에서도 동일하게 단순성이 요구된다.

단순함이 가지고 있는 힘

사업 확장을 위해 새로운 제품과 새로운 시장을 모색할 때면 경계의 자세를 늦추지 않아야 한다. 대부분 유럽의 대기업들은 결국 미국으로 확장하는 것을 고려한다. 물론 미국에

I   적은 양의 오일을 사용해 높은 열에서 빠르게 굽는 조리법.

서 성공하는 기업도 있고 그렇지 않은 기업도 있다. 1980년에 나의 아버지는 애리조나주 피닉스에서 에스프레소 판매를 결심했다. 우리는 이미 뉴욕과 샌프란시스코에 사는 많은 유럽인이 에스프레소를 좋아하며, 우리 제품을 시험해 보는 것에 관심이 있으리라고 생각했다. 하지만 미국으로 확장하기 전, 유럽식 태도와 의견에 영향받지 않는 미국인들도 우리의 에스프레소를 좋아할지 궁금해졌다. 우리는 다른 어떤 커피보다 우리 제품의 품질이 우수하다고 확신했고, 미국의 소비자들이 그것을 알아봐줄 것이라고 생각했다.

우리는 미국 소비자들을 위한 새로운 상품으로 레스토랑과 호텔에서 사용하는 전용 에스프레소 기계를 만들기로 결정했다. 네덜란드, 독일, 프랑스에서 비슷한 제품을 제작해 이미 사용하고 있기도 했다. 따라서 에스프레소 기계에 몇 가지 변화를 더하면 미국 시장에서도 충분히 환영받을 수 있을 것이라고 예상했다. 하지만 미국인들에게 우리 기계를 사용하는 것은 그저 중노동일 뿐 아름다움으로 인식되지 않았다. 심지어 수동방식이 문제가 될 줄은 몰랐다. 유럽의 바텐더와 웨이터와는 달리 미국의 고객들은 커피잔의 정확한 깊이까지 채워질 때까지 약 20초 정도기다렸다가 기계를 꺼야 하는 것이 번거롭게 느껴진 것이다. 그럴 시간에 다른 테이블에 서빙을 하거나 다른 음료를 따를 수 있으니 말이다. 옆에서 신경 쓰고 있지 않으면 커피가 넘쳐 엉망이 되고 말 것이었다. 어쩔 수 없이 우리는 기계를 회수하여 자동방식으로 개조를 시작했다. 하지만 또 다른 문제가 발생했다. 미국의 전력 공급에 맞지 않는 기계였기 때문에 하루 영업이 끝나기도 전에 갑자기 어느 순간 기계가 작동되지 않는 현상이 나타난 것이다. 결국 이 문제를 해결하긴 했지만, 큰 대가와 좌절이라는 값을 치러야만 했다.

나는 이것으로부터 두 가지 교훈을 얻었다. 하나는 내 삶은 내가 개척한다는 것과 미국으로 확장하기 위한 도전은 지나치게 복잡하다는 것이었다. 그 이후로 나는 다시는 새로운 시장에 새로운 제품을 소개하려고 하지 않는다. 대신 둘 중 하나에 집중했다. 둘째로, 나는 단순함이 시장마다 다른 의미로 받아들여질 수 있다는 사실을 깨달았다. 우리의 유럽 고객들은 수동방식이기 때문에 자신들이 직접 통제할 수 있다는 것을 장점으로 생각하며 높이 평가했다. 유럽의 직원들은 그들 스스로가 훌륭한 커피 감식가였다. 그들은 커피를 내리는 완벽한 타이밍에 대한 자부심을 느꼈고, 스위치를 켜는 순간부터 커피가 다 내려질 때까지의 정확한 순간을 지키기 위해 기계 옆에서 기다리는 것을 마다하지 않았다. 하지만 미국 고객들은 우리가 했던 방식과 같은 커피에 대한 시간이나 느낌을 받지 못했다. 그들에게 우리의 단순함은 오히려 단점으로 여겨진 것이다. 그들의 삶을 더 복잡하게 만들었으니 말이다.

일리는 우리 브랜드에 맞는 제품을 만들었지만 어떤 시장에서는 오히려 효과적이지 않았다. 나는 이를 바탕으로 단순함의 중요성을 깨달았다. 단순하게 시작하면 고객은 더 이상의 설명을 필요로 하지 않으며 제품에 금방 익숙해지게 된다. 고객을 교육하고 설득하는 번거로움이 없다는 뜻이다.

복잡함 속에도 단순함이 있다

어떤 회사들은 더 많은 재료(또는 요소)를 첨가하면 더 많은 소비자를 만족시킬 수 있다고 생각하며 옆길로 빠진다. 진짜 파스타 알 포모도로는 스파게티와 토마토소스(마늘을 조금 넣어 요리), 올리브 오일만으로 만들어지며, 그 위에 파르마산 치즈와 신선한 바질이 올려질 뿐이다. 다른 향신료를 첨가한다면 그런 맛을 좋아하는 사람들에게는 환영받을 수 있겠지만, 그것이 어떻게 만들어져야 하는지 알고 있는 감식가에게는 실망스러운 대상이 될 뿐이다. 물론 이렇게 단순한 제품을 제공하려면 다양한 면에서 품질이 뛰어나야 한다. 그러나 동시에 모든 잠재 고객을 만족시킬 수는 없다는 것 또한 인정해야 한다. 소비자를 세분화하고, 선택한 부문에 집중하며, 그 사람들에게 적합한 제품을 생산해야 한다. 이러한 강점과 성실함을 가진 회사는 찾아보기 힘들다. 보통은 모든 사람을 만족시키려고 하기 때문이다. 글로벌 경쟁 구도에 따라 각 세그먼트에게 완벽하게 맞는 제품이 앞다투어 시장에 출시되고 있다. 모든 사람을 만족시키려고 노력한다면 결국 아무도 만족시키지 못할 것이다.

아넬리 가문은 단순함을 통해 어려움을 겪고 있는 사업이 어떻게 다시 중심을 잡고 일어설 수 있었는지 보여준 좋은 예가 된다. 이탈리아에서 가장 유명한 가문 중 하나인 이 가문은 매력, 낭만, 전용 제트기, 전용 기차, 성벽으로 둘러싸인 사유지, 그리고 로마와 뉴욕의 가장 높은 사회 계층의 전용 멤버십 등을 보유하고 있다. 트루먼 커포티Truman Capote[1]는 마렐라 아넬리Marella Agnelli를 그의 '백조' 중 하나로 선택했다. 그녀와 그녀의 남편 지아니Gianni는 아말피에서 커포티와 존 케네디 부부(지금은 시대에 뒤떨어진 인물처럼 느껴지지만 현재 미국에서 가장 유명한 카다시안 부부와 굳이 비교하지는 않겠다)와 함께 여름휴가를 보기도 했다. 우리 세대에게 아넬리 부부는 '이탈리아의 케네디 부부'라고 묘사된다. 어느 쪽이든 그들은 우리의 의식과 문화 역사에 상당한 존재감을 가지고 있으며, 그들의 사업은 우리의 일상생활 대부분에 영향을 미치고 있다. 아넬리는 1899년에 설립된 피아트의 모회사이다.

그 사업은 이탈리아에서 가장 주요한 사업 중 하나로 성장했다. 1923년 그들은 가장 유명한 이탈리아 축구팀인 유벤투스 FC를 인수했다. 20세기 후반까지 피아트는 10만 명 이상의 사람들을 고용했으며 약 150만 대의 자동차를 만들었다.

I   미국의 소설가, 영화 《티파니에서의 아침을》의 원작 작가.

이 회사는 페라리를 포함한 다른 상징적인 이탈리아 자동차 브랜드에 많은 투자를 했고, 미국의 크라이슬러를 인수하면서 몸집을 키워갔다. 여기에 출판(이코노미스트 그룹 인수)과 부동산을 포함한 다양한 분야로 다각화를 시도하기도 했다.

회사의 리더들은 이렇게 급속하고 광범위한 확장에 정신이 팔린 나머지, 베네통과 똑같은 실수를 저지르기에 이르렀다. 일본과 독일의 경쟁업체들이 그들의 중심 사업인 자동차에 얼마나 큰 위협이 될 수 있는지 알아차리지 못했던 것이다. 엎친 데 덮친 격으로, 하나의 악몽이 고개를 들자마자 또 다른 악몽이 찾아와 그들을 정면으로 타격했다. 예상치 못한 사건들로 인해 그들은 추정 상속자를 잃게 되었다. 1997년, 지아니의 조카인 조반니노 아넬리Giovannino Agnelli가 암으로 사망했다. 2000년, 지아니 아넬리의 외아들 에도아르도Edoardo마저 46세의 나이에 자살로 생을 마감하게 되었다.

2000년대 초 아넬리는 상환할 수 없을 만큼의 거액의 대출로 인해 피아트에 대한 통제권을 잃을 수도 있는 위기에 처했다. 다행히도 그들은 투자 포트폴리오를 활용하여 부채를 상환할 수 있었고, 회사를 계속 운영할 수 있게 되었다. 하지만 아넬리 가족의 핵심 브랜드는 물론 그들이 일군 회사 자체에 대한 통제권을 상실했을 수도 있다고 생각하니 그들이 받은 충격은 이만저만이 아니었다.

아넬리 가문은 자동차에 다시 집중하기로 결정했다. 유능한 경영자 세르지오 마르치오네Sergio Marchionne 덕분에 현재 FCA로 알려진 피아트와 합병하여 어려워진 크라이슬러를 구할 수 있었다. 이들은 다시 성공적인 회사가 되었고, 현재 프랑스의 푸조와 합병하는 과정에 있다. 합병 후인 지금은 스텔란티스Stellantis로 불린다.

위와 같이 아넬리 같은 규모의 거대 기업도 더 큰 목표를 추구하는 과정에서 초심을 잃고 단순성도 포기할 수 있음을 반면교사로 삼아야 한다. 어찌 됐건 한 세기가 바뀌는 시점에서 아넬리는 가장 취약한 역사를 경험하게 되었고, 집중력의 부족이 회사의 장기적인 생존을 위협할 수 있다는 것을 배우게 되었다. 방해물이나 다름없는 '자랑거리용 프로젝트'에 쏟던 관심을 거두고 피아트에게 집중함으로써, 다시금 그 가문은 아넬리 제국을 공고히 할 수 있게 되었다.

초점을 분산하다

당신이 하고 있는 사업에서 단순함을 잊지 않으려면, '초점을 분산'하는 관점을 가져야 한다. 이러한 태도는 자원이 부족하거나, 프로젝트를 완성할 때, 자금을 조달할 시간이 가까워 오거나 또는 생산성을 위해 무엇인가 더 필요한 상황일 때 더욱 생산적일 수 있게 돕는다. 되돌아보면 성공적으로 프로젝트를 완수해야 하는 상황에서, 돈, 시간, 재료 등 그 어떤 것도 확실하게 손에 쥐고 있지 않아 초조하던 때가 있었을 것이다. 기업은 아넬리와 마찬가지로 어려움에 부닥쳐 단순화를 추구하는 경우가 많다. 만약 이 초점 없고 불확실한 곤경 속에서 고군분투하고 있는 자신을 발견한다면, 당신에게도 이제 기회가 온 것이라고 생각하자. 앞에 놓여 있는 것에 대한 두려움과 걱정은 밀어두고, 가까이에 있는 자원부터 활용하라. 어느 순간 더 집중하고, 더 논리적이며, 더 성공적인 방법으로 일하고 있는 자신을 발견하게 될 것이다.

나의 경험상 필요한 프로젝트를 성공적으로 완료할 수 있는 자금이나 시간이 없었음에도 불구하고, 불가능한 상황이 오히려 예상치 못한 성공으로 이어진 경험이 꽤 있었다. 일에는 생각만큼 많은 것이 필요하지 않다는 사실과 함께 상황의 긴박함이 일상의 수다와 산만함을 차단해 준다는 것을 깨달았다. 일에서 눈을 떼고 잠시 한숨을 돌리고 나면 어느새 일이 성취되었음을 느끼게 된다.

단순성의 일부는 이러한 초점의 분산 개념을 비즈니스에 선제적으로 적용하는 것이다. 예산이나 제품라인 또는 업무 수행 방법 중 어떤 요소가 '필수적'이라고 생각하는가? 나는 이것을 직원들에게 더 많은 일을 요구하거나 그들의 혜택이나 특권을 줄이기 위한 구실로 사용하라고 제안하는 것이 아니다. 다만 공정에 구식이나 불필요한 측면이 없는지 고려하라는 말이다. 모든 지점 간에 매주 열리는 회의가 꼭 필요한 일인가? 올해 얻은 교훈 중 일부를 사업에 적용할 수 있는가? 부서장의 지속적이고 직접적인 감독 없이도 많은 직원이 충분히 생산적으로 일하고 있다. 오래되고 불필요한 작업 방식을 간소화할 수 있는가? 포스트 팬데믹 시대를 맞이하여 당신의 비즈니스를 발전시키고 진화시키는 데 있어 방해가 되는 요소는 무엇인가?

더욱 흥미로운 것은 고객이 당신에게 원하고 있는 것을 잘못 가정하고 있는지 모른다는 사실이다. 불필요한 혹은 지나치게 복잡한 제품을 추구하거나 고객의 요구에 반하는 제품을 생산하고 있지는 않은지 생각해 보자. 앞서 설명한 복잡한 모델이 아닌 한 가지 성능이 뛰어난 전자레인지를 구매했던 내 경우처럼 당신의 고객 역시 단순한 것을 더 선호하고 있을지 모른다. 불필요한 것을 버리고 고객이 진정으로 우선하는 것에 재투자함으로써 비용을 절감할 방법이 있는가? 나는 아직도 맛을 재현할 수 없을 정도로 맛있게 기억되는 그 간단한 채소 요리가 생각난다. 당신의 고객에게도 이와 비슷한 제품을 경험할 기회를 주지 않겠는가?

브랜드 경험의 본질

7장.

경작을 말하다

내 인생의 즐거움 중 하나는 다양한 부동산과 사업체를 직접 방문해 보는 것이다. 무엇인가가 끔찍하게 잘못되었거나 고쳐야 할 문제가 발생하지 않는 한, 우리의 원재료인 올리브와 포도가 천천히 자라나는 풍경을 볼 수 있는 시골 방문은 즐거운 일이다. 우리는 '그린' 농업을 추구하기 때문에, 현지에 서식하는 새와 작은 동물들이 (작물에 해를 끼치지 않는 한) 우리 땅에 머물수 있도록 장려한다. 토종 약초와 각종 풀들이 넝쿨 사이로 자라나는 것도 문제삼지 않는다. 언젠가는 토양을 자연적으로 비옥하게 해주는 훌륭한 비료 역할을 해줄 것이기 때문이다. 와이너리 지역인 마스트로얀니를 방문하기 위해 몬탈치노Montalcino로 차를 몰고 갈 때면 아침 일찍 와인 밭을 걷는 그 시간이 참 좋다. 산책 중에는 종종 노루나 산토끼, 꿩을 마주치기도 하는데, 이는 우리의 사업이 자연 속에서 완벽하게 자리 잡고 있다는 방증이라 기쁠 뿐이다.

나에게 주어진 책임 중 하나는 폴로 델 구스토의 모든 브랜드를 지속해서 육성하고 키우는 것이다(자세한 내용은 5장 참조). 농부라도 된 것 처럼 나는 우리 회사의 모든 요소가 톱니바퀴가 굴러가듯 여러 측면이 잘 맞물려 건강하게 움직이도록 해야 한다. 심한 서리나 건조한 여름 날씨 속에서 공급망 전체가 혼란을 겪지 않도록 말이다. 하지만 이러한 '경작'에는 여러 층이 존재한다. 나는 회사의 문화도 키워야 한다. 사무실과 공장 직원들이 공통된 목적과 만족감을 느낄 수 있게 고취해야 한다. 이를 위해, 나는 가능한 많은 직원과 알고 지내기 위해 노력한다. 그들이 불행하다면 그들의 말에 귀 기울여 주고, 그들이 좌절하는 순간은 언제인지 이해하려고 노력한다. 마지막으로, 우리가 무엇을, 왜 하고 있는지에 대해 전반적인 비전을 경작하는 것도 내 손에 달려 있다. 지난 15년 동안 나는 일리가 하는 일을 근본적으로 바꿀 수도 있었고, 훨씬 더 큰 기업으로 확장할 기회도 수차례나 겪었다. 새로운 버전을 가지고 있는 일리라면, 수백 아닌 수천 개의 카페를 만들 수도 있었고, 사업 영역을 넓히기 위해 저렴한 버전의 제품을 만들어 판매할 기회도 많았다.

하지만 우리가 최고의 재료만을 고집하는 한, 우리의 생산 수량은 제한적일 수밖에 없다. 이유는 다음 두 가지이다. 우리가 카카오와 커피 정제를 위해 더욱 까다롭게 저온의 공정만을 고집하고 있는 한, 샌프란시스코에서부터, 시드니, 싱가포르에 이르기까지 많은 도시에 진출해 있는 대형 국제 브랜드와 비교했을 때 우리 브랜드는 상대적으로 작은 규모일 수밖에 없다. 하지만 이는 우리의 의도적인 선택이며, 일리 본연의 철학을 유지하기 위해서라면 포기할 수 없는 중요한 사항이기도 하다. 이러한 선택을 고수하기 위해서는 우리에게 경작할 시간이 필요하다. 즉, 지속적인 협력을 통해 직원, 그들의 가족, 공급업체들이 우리의 비전에 모두 동의하도록 만들어야 한다. 바로 이것을 위해 나는 가능한 한 많은 농장으로 직접 여행을 떠난다.

토스카나에서 와이너리를 방문하는 것은 비교적 쉬운 일이지만, 지구 반대편에 있는 다른 협력 농장을 직접 방문하는 일은 생각처럼 쉬운 일이 아니다. 우리와 협력하고 있는 대부분의 카카오, 커피, 티 제조업체들은 외딴 산지에 자리 잡고 있다. 이들은 주로 가족 경영 체제를 유지하고 있으며, 우리와 수십 년 동안 함께 일해 온 사람들이다. 일부는 베네수엘라와 에콰도르 열대 지역의 푸른 언덕에 자리하고 있기도 하다. 티 재배지로는 인도, 중국, 스리랑카도 빠트릴 수 없다. 우리는 일리와 비슷한 신념을 가진 농장이나 가족들과 관계를 맺는 것에만 수십 년이 걸렸다.

느리고 완벽한 농장에도 인칸토가 있다

에어컨이 완비된 차에서 내려 카카오 농장으로 걸어 들어가는 순간만큼 좋은 것은 없다. 특히나 열대기후가 주는 압도감이 있다. 높은 고도와 무성한 토착 식물, 그리고 작은 플랜테이션 하우스는 시간을 잊게 할 정도의 멋진 풍경을 보여준다. 이때 나는 이탈리아에서의 삶과 대조를 느끼면서도 동시에 연결되는 느낌을 받는다. 열심히 나무를 가꾸고 작물을 수확하고 있는 이곳 사람들은 내가 하고 있는 일과 맥을 같이 한다. 도모리는 두 곳의 플랜테이션과 파트너십을 체결하였다. 한 곳은 프란체스키Franceschis 가문과 50대 50으로 파트너십을 체결하였으며, 베네수엘라의 하시엔다 산 호세Hacienda San José에 위치해 있다. 프란체스키 가문은 프랑스 코르시카섬 출신이지만 약 200년 동안 베네수엘라에 살면서 카카오를 경작하고 거래하고 있다. 다른 농장인 하시엔다 산 크리스토발Hacienda San Cristobal은 에콰도르에 자리한다.

카카오 재배자라면 이해하고 받아들여야 하는 초콜릿에 대한 한 가지 진실이 있다. 카카오의 유전학적 성질로서, 좋은 나무는 관리만 잘해도 좋은 카카오를 얻을 수 있다. 반면 나쁜 나무는 무슨 짓을 해도 좋은 카카오를 기대할 수 없다. 이것은 같은 유전적 종이라도 한 포도원에서는 뛰어난 와인이 생산되고, 몇 마일 떨어지거나 다른 기후 또는 미묘하게 다른 토양에서는 둔하고 생기 없으며 마시기 힘든 와인이 생산되는 포도와는 반대되는 성질이다.

최고의 카카오 품종은 전 세계 생산량의 0.1% 미만을 차지하는 크리올로Criollo이다. 이를 가공하려면 오랜 시간과 많은 주의가 필요하다. 하지만 판매자로서는 추가 노력을 기울일 필요가 없다. 특히 완제품이 일반 초콜릿보다 더 비싼 경우에는 더욱 그렇다. 그러나 우리에게 크리올로는 아라비카 콩만큼이나 많이 신경 쓰고 있는 원두 중 하나이다. 다루기 어

브랜드 경험의 본질

렵고, 더 비싸며, 때로는 작업 자체가 까다로운 원재료일 수록 두말할 나위 없이 좋은 품질을 가지고 있다.

베네수엘라는 납치나 강도의 위험이 있어 요즘은 방문하기 위험한 곳이다. 하지만 나는 운 좋게도 바다에서 멀지 않은 에콰도르 남부 과야킬Guayaquil 지역의 하시엔다 산 크리스토발to Hacienda San Cristobal로 여행을 가게 되었다. 과거에는 열대 우림이었고 지금은 농업에 전념하고 있는 멋진 구릉이 있는 지역으로, 그곳에 자리 잡고 있는 많은 커피와 카카오 농장을 발견할 수 있었다. 최고의 품질과 만족스러운 생산성을 얻으려면 포도원과 마찬가지로 조밀도가 높은 환경이 좋다. 오래된 열대 우림의 마지막 생존자처럼 우뚝 솟은 몇 그루의 판야 나무가 질서정연하게 늘어선 카카오나무가 있는 풍경을 내려다보고 있었다. 농장은 깨끗하고 조용했고 기계 소음보다 새소리가 더 많이 들리는 곳이었다. 한낮의 무더위 속에서 농장 전체에 식사를 즐기고 낮잠을 잘 수 있는 시간이 찾아오면 일꾼들은 나무 그늘로 물러나 다시 일을 시작할 수 있을 때까지 숨을 고르곤 했다.

이 노련한 전문가들이 나무줄기를 따라 움직이는 것을 보고 있노라면 기쁨이 몰려온다. 그들은 나무에서 카보스cabosse[1]를 재빠르게 내려친다. 작업자는 한 손에 카보스를, 다른 한

---

[1] 카카오 열매.

손에는 마체테machete¹를 잡고 가운데에 있는 과일을 세로로 자른다. 이후 마체테의 끝으로 카보스 속에서 콩을 밀어낸다. 능숙한 손놀림 속에서 수 초 만에 작업이 끝난다.

마지막으로 일련의 나무 상자에 콩을 넣어 보관하면, 콩이 천천히 발효되기 시작하면서 거품이 나는 흰색 물질이 생긴다. 이때 이상하면서도 예상치 못했던 달콤하고도 매콤한 냄새가 퍼진다. 냄새에 이끌려 몰려온 도마뱀과 도마뱀을 쫓기 위해 팔을 휘젓는 일꾼들의 모습이 인상적이다. 최종적으로 자연 건조를 위해 나무 그늘 아래 콩을 펼쳐 놓는다. 이 단계가 얼마나 중요한지 깨닫는 사람은 거의 없을 것이다. 건조되는 동안 과열되거나 토양에 오염되면 콩의 가치는 사라지기 때문이다. 따라서 최종 건조 작업은 열을 피하기 위해 시멘트 바닥이나 그늘진 캐노피 아래에서 수행된다. 에콰도르의 높고 가느다란 구름이 태양 광선을 분산시켜 콩의 품질을 훼손시킬 수 있는 열로부터 소중한 작물을 지켜준다.

드디어 콩의 무게를 측정하고 포장 작업을 마친 후 운반 준비를 한다. 그 과정에서 노동자들은 침착함을 유지한다. 그들은 일을 빨리 끝내는 것보다 올바르게 하는 것이 더 중요하다는 사실을 알고 있다. 잘 훈련되었으며 동기 부여가 확실하다. 그들은 오후의 마지막 빛을 받으며 부지런히 일을 끝내기 위해 최선을 다한다.

I 칼의 종류.

마지막 결과

　몇 주 후, 콩이 이탈리아에 도착하면 공장의 블렌드 또는 '싱글 빈' 바에서 처리 과정을 거친다. 나는 후자의 순간을 좋아하는데, 크리올로 종이 갖고 있는 미묘한 차이점을 경험할 수 있게 해주기 때문이다. 도모리 초콜릿을 보면 대부분의 하이카카오 브랜드보다 연한 색감을 띠고 있어 놀랄 것이다. 우리의 초콜릿은 흔하게 접하는 다크 브라운이나 블랙이 아닌 승려의 옷처럼 연한 갈색을 띠고 있다. 일리 커피처럼 우리의 카카오 콩 역시 낮은 온도에서 구워지기 때문에 색이 연하게 유지되는 것이다. 종종 우리 초콜릿을 처음 먹어보는 고객들은 우리가 만든 초콜릿이 정말 좋은 품질인지 되묻곤 한다. 연한 색감 때문에 밀크 초콜릿이 떠오르기 때문이다. 그 질문에 나는 질 나쁜 카카오를 사용하면 단점을 가리기 위해 원료로 우유를 사용하지만, 우리의 제품에는 우유가 전혀 들어가지 않는다고 대답한다. 우리 초콜릿에는 카카오버터도 첨가되지 않는데 그것은 와인에 물을 첨가하는 것과 같은 행위이기 때문이다. 단순히 초콜릿을 더 많이 생산할 목적으로 맛과 풍미를 희석하는 것은 우리에게는 있을 수 없는 일이다.

　그런데도 여전히 사람들은 혼란스러운 눈빛을 보낸다. 수년 간 시장을 형성해 온 중간 품질의 초콜릿 덕분에 소비자들은 다크 초콜릿을 높은 품질의 기준으로 생각하게 된 것이다. 소비자들이 콩의 재배 과정이나 완성된 초콜릿에 대한 이해와 평가 가치를 스스로 터득할 수 있도록 돕는 것이 재배 과정의 마지막 논리 단계일 것이다. 따라서 사람들이 우리의 초콜릿이 맛있냐고 물어보면 나는 꼭 직접 맛볼 것을 권한다.

먼저 소비자들은 작고 네모난 초콜릿 포장을 뜯고 모서리를 부러트린다. 이때 사람들은 초콜릿의 단순함에 먼저 놀란다. 우리 초콜릿에는 바다 소금 결정이나 베이컨 등이 전혀 들어가지 않았다. 생강 편강, 강황 플레이크, 말린 과일, 향신료 또는 말린 라즈베리조차 넣지 않았다. 색깔의 소용돌이도 없고, 핫 페퍼도 찾아볼 수 없다. 이런 종류의 신기함을 즐기는 일부 사람들은 처음에는 초콜릿 포장을 벗긴 뒤 실망하기도 한다. 하지만 조금 더 관심을 두고 보면, 이 모든 요소 그 이상으로 다양한 맛을 느낄 수 있게 된다. 훌륭한 카카오콩은 귀한 포도나 잘 숙성된 치즈처럼 층층이 겹을 이루고 있으며, 그만큼 다양한 맛을 내기 때문이다.

크리올로 종에 속하는 추아오 빈 초콜릿Chuao bean chocolate을 먹어보라. 처음에는 부드럽게 녹아내리다가 이내 레몬 맛이 느껴진다. 밝은 감귤류 맛 외에는 어떠한 떫은맛도 느껴지지 않는다. 레몬 맛이 사라질 때쯤이면, 초콜릿 속에서 블랙베리 구름이 피어나는 느낌을 받는다. 마침내 야생초처럼 신선한 느낌으로 끝 맛이 마무리된다. 크리올로의 또 다른 종인 포셀라나Porcelana는 우리가 다루는 카카오 콩 중에서 가장 섬세하다. 재배하기는 까다롭지만 매우 풍부하고 달콤하며 향기롭다. 자연적으로 크림을 첨가한 것 같은 냄새가 난다. 아주 적은 양만 생산되는데 이 초콜릿을 한 입 베어 물면 헤이즐넛, 바닐라 맛이 느껴지는 동시에 빵 부스러기가 입 안을 가득 채운 것 같은 느낌이 든다. 마지막으로 베네수엘라의 시에라 데 페리자Sierra de Perijá 산맥의 한 강둑에서 발견된 크리올로의 변종이자 오랜 역사를 자랑하는 구아사레Guasare로 만든 초콜릿을 맛보자. 구아사레는 이 지역에서 유래한 모든 크리올로 품종의 '아버지'로 불린다. 이 초콜릿은 장미, 캐러멜, 그리고 크림 맛을 띄며 입안의 감각을 깨운다.

모든 초콜릿 바 하나하나가 기적과 같다. 카카오 콩은 너무 까다롭고 재배하기 어렵다는 이유로 사라지고, 잊히고 무시받고 있었다. 우리가 보존하고 보강하는 모든 품종은 우리가 더 많은 나무를 심어야 하며 더 많은 농부와 계약을 체결해야 함을 뜻한다. 그리고 이것은 우리는 물론이고, 이 특별하고 소중한 식물 모두에게 승리를 가져다주는 것과 다름없다. 이 희귀한 콩을 심을 때마다, 우리는 카카오가 기후 변화, 오염, 그리고 곤충 피해에 대한 회복력을 가질 수 있도록 유전적 다양성을 보장한다고 믿는다.

손이 많이 가는 일이라도 당신의 비즈니스에 도움이 될 수 있으니 잘 생각해 보길 바란다. 현재의 공급망을 살펴보고 보다 나은 원자재를 적극적으로 보장할 수 있는 분야를 파악해 보자. 동물성, 식물성 또는 광물성 원료의 '종'을 다양화할 방법이 있는가? 너무 어렵거나 너무 까다롭게 보인다는 이유만으로 생각조차 하지 못하고 있는 것은 없는가? 우리의 카카오처럼 새로운 종, 새로운 방향이 향후의 사업 중단이나 개발 과정에서 생각하지 못한 회복력을 가지고 올지도 모른다. 물론 예상치 못한 이점을 제공해 줄 수도 있다.

초콜릿을 위한 책임

초콜릿을 생산할 때 마지막으로 고려해야 할 것이 하나 있다. 바로 힘든 육체노동으로 콩을 직접 재배하고 있는 노동자들이 어떤 대우를 받고 있는 가의 문제이다. 나는 투명성을 믿는다. 나는 가능한 한 자주 콩을 재배하는 농장을 방문한다. 할 수 있는 한 아무에게나 (통역을 통해) 이야기를 시킨다. 나는 근로자들이 건강해 보이고 행복해 보이는지 살펴본다. 우리가 특이한 경우이긴 하다.

너무 자주, 카카오를 생산하는 농장의 재배자들이 끔찍한 대우를 받고 있으며 그에 비해 너무나 적은 보수를 받고 있다는 보도를 접한다. 이렇게 매겨진 최저 가격은 그대로 소비자의 이익으로 전달되며 이는 1달러 또는 1유로 미만의 가격으로 일반 초콜릿 바를 구매할 수 있는 이유를 설명해 주기도 한다. 이 농부들은 일반적으로 단단하고 튼튼하지만 매우 낮은 품질의 포라스테로Forastero 콩을 재배한다. 카카오 콩 가격이 오르는 날을 기다리기라도 했다는 듯, 소규모 생계형 농부들은 하룻밤 사이에 그 넓은 면적의 서아프리카 숲에서 자라고 있던 콩을 모두 거둬들인다. 그들에겐 콩을 운반할 트럭도, 도로나 교통 인프라도 부족한 상황이었다. 어찌 됐건 그렇게 거둔 콩들은 복잡한 일련의 구매자, 대리인과 중개인을 거쳐 마침내 우리 모두에게 친숙한 회사들에게 판매되는 것이다.

이 얽히고설킨 중개인 네트워크는 농부들과 제품의 최종 구매인인 대기업으로 고객을 구분한다. 이 시스템 안에서 대기업은 정확히 어떤 환경에서 어떻게 수확된 콩을 사고 있는지 알지 못하기 때문에, 농부들의 생활이나 농작물을 키우는 환경에 대해 나름 정당하게 '모르는 척'하는 것이 가능하다. 심지어 코트디부아르와 가나처럼 해당 사업에 정부가 개입하게 되면 오히려 역효과가 일어나기도 한다. 가격이 너무 올라가게 되며, 그 덕분에 더 많은 농부가 시장에 진입하는 상황이 발생하는 것이다. 이것은 결국 가격을 다시 하락시키는 원인이 되기도 한다. 어느 쪽이든, 농부들은 여전히 가난을 벗어날 수 없는 구조 안에 갇혀 있다. 절망적으로 그들은 더 많은 숲을 개간하고 포라스테로 콩 위주의 단일 재배에 의지하게 될 뿐이다. 땅은 깊은 뿌리가 부족하면 토양의 퇴화가 빨라지고, 식물 다양성의 부족은 곤충과 여러 동물의 생명을 위협하게 된다. 어느 순간 토양의 생명력은 고갈될 것이며, 농부들은 농작물을 재배할 새로운 땅을 찾아 더 깊은 숲으로 이동하게 될 것이다.

한편 포라스테로 콩은 아프리카에서 발효되고 건조되며, 전 세계의 브랜드로 배송된다. 끓는 온도에서 72시간 동안 가공 작업이 이루어지며 이 과정에서 포라스테로의 휘발성 산성과 맛이 떨어지게 된다. 아무리 카카오 콩이 좋은 맛을 가졌다 해도 이 과정에서 결국 본연의 맛을 잃게 되는 것이다. 따라서 마지막 단계로, 바닐린[1]으로 알려진 인공 바닐라를 포함한 다양한 향료가 첨가된다. 유명하고 품질 좋기로 알려진 브랜드조차도 상황은 비슷하다. 초콜릿의 실제 (나쁜) 맛을 압도하기 위해 점점 더 대담하고 도발적인 맛이 첨가되고 있다(첨가물이 들어간 제품들은 더 좋은 품질의 초콜릿으로 둔갑하여 대량생산되고 있으며 우리의 초콜릿과 비슷한 가격대로 판매되고 있는 것이 현실이다).

수확 후 몇 달이 지나면 초콜릿이 마침내 진열대 위에 올려진다. 초콜릿 바, 핫초코 또는 부활절 달걀, 초콜릿 칩, 초콜릿 우유, 아이스크림 또는 여러 형태의 디저트로 만들어져 판매되기도 한다. 달콤한 음식이 먹고 싶어서, 아이들이 좋아한다는 이유로 소비자들은 아무 곳에서나 몇 가지 초콜릿 제품을 구입한다. 이 글을 읽고 있는 모든 독자들은 왜 그토록 저렴한 가격으로 초콜릿이 판매되고 있었는지 그 원인에 대해

I 다양한 재료로 만든 것, 특히 종이를 만들기 위해 나무에서 셀룰로오스를 추출한 후 남은 부산물.

좀 더 생각해 보길 바란다. 초콜릿이 제품으로 포장되고 있는 그 이면에는 극도의 빈곤 속에서 일하고 있는 수백만 명의 고통이 있다. 그리고 그들이 그러한 삶을 살고 있는 것에는 책임을 느끼지 않는 대기업들의 이야기가 숨어 있다. 농부 중 대다수는 초콜릿 자체를 먹어본 적이 없다고 말한다. 그들이 사는 곳에서는 초콜릿을 구할 수도 없을뿐더러 있더라도 너무 비싸기 때문에 먹어볼 엄두가 나지 않았을 것이다.

이것은 우리가 추구하는 사업 방식이 아니다. 이는 실용적인 측면(우리는 최고의 초콜릿을 만들기 위한 최고 품질의 콩을 원한다)뿐 아니라 명백한 도덕적 차원에서도 그러하다. 우리는 아주 일찍부터 우리의 재배자들이 정작 초콜릿을 사 먹거나 즐기지 않는다는 사실을 알게 되었다. 이러한 단절은 무엇이 효과적이고 무엇이 그렇지 않은지에 대해 그들과 소통하는 것 자체를 어렵게 만들었다. 재배자들을 바꾸려고 시도하기보다는 교육을 통해 우리의 최종 제품이 완성되는 과정에 그들이 참여할 수 있도록 했다. 재배자가 새롭게 생산된 카카오 콩 샘플을 도모리로 보내오면 우리는 그것으로 초콜릿을 만들어 콩을 재배한 농장으로 다시 돌려보낸다. 나는 모두가 초콜릿 바의 다양한 맛을 맛보길 원한다. 이후 본사의 직원이나 내가 그곳을 방문할 때면, 남녀 구분 없이 일하고 있는 모든 직원이 공통의 언어를 공유하고 있음을 느낄 수 있다. 나는 카카오가 적절하게 발효되고 그늘에서 건조되는 과정이 초콜릿의 품질에 얼마나 중요한 부분을 차지하고 있는지 잘 알고 있다. 이 과정을 소홀히 하면 최종 품질에서 쓴맛이 나거나 맛이 좀 덜하다는 느낌을 받을 수 있기 때문이다. 서로가 공유할 수 있는 자료를 쌓아 둔 덕분에 그들은 내가 무슨 말을 하고 있는지 정확히 이해할 수 있게 되었다.

일부 농장의 경우 재배자들에 대한 대접이 최악의 경우처럼 나쁘지 않을지는 몰라도 콩에 대한 보살핌이나 관심은 여전히 부족한 것이 현실이다. 덩굴식물이나 나무는 물이 고르게 뿌려지지 않으면 잎을 떨어뜨린다. 빠르게 자라는 덩굴식물이 제대로 가지치기가 되어 있지 않거나, 최악의 경우에는 쓰레기처럼 방치된 노동자의 식사 흔적까지 보게 된다. 이런 징후들은 나에게 명백한 경고로 다가온다. 부족한 관리로 품질 부족이 초래된다고 경고하는 표시처럼 느껴지기 때문이다. 최고의 재배자들은 그들이 하는 일과 농장을 좋아한다. 그들은 모든 것이 완벽하기를 원한다. 바로 이러한 사람들이 우리가 함께 사업을 하고 싶은 사람들이다.

만시니MANCINI와 이탈리아식 경작

에콰도르의 키토Quito 공항에서 트리에스테로 돌아가려면 장시간의 비행과 고된 경유 과정을 견뎌야 한다. 마침내 집 현관문을 열고 들어가 아내와 인사를 나누고 나면 지치고 배가

고프다. 내가 바라는 것은 간단한 파스타 한 그릇과 좋은 와인 한 잔이다. 와인은 상황에 따라 다양하게 선택하지만, 파스타의 경우엔 규모는 작지만 장인 정신을 지닌 특별한 품질의 브랜드인 만시니Mancini의 제품을 고집한다. 아내는 스파게티 한 냄비를 끓이고 난 뒤 간단하게 토마토와 바질을 넣은 소스를 만든다. 만시니의 파스타는 우리 대부분이 익숙하게 느끼는 부드러운 느낌의 산업적으로 생산되는 파스타보다는 약간 거친 식감을 가지고 있다. 하지만 소스가 면에 착 달라붙어 음식 전체의 맛이 더 풍부하고 맛있게 느껴진다. 이 파스타 하나로 내가 집에 있을 때 느끼는 행복감은 배가 되었다.

마시모 만시니Massimo Mancini는 그의 파스타를 정말 좋아한다. 일찍이 그는 자기 할아버지가 소유했던 오래된 농장을 인수하여 그곳에 작은 공장을 지었고, '수직 생산' 방식의 파스타를 만들었다. 수직 생산은 가장 기초 작업부터 최종 생산물에 이르는 모든 과정이 그들의 소유지에서, 그들에 의해 직접 만들어지는 방식을 뜻한다. 파스타는 이탈리아인의 63%[2]가 매일 먹는 주식이다. 그러나 마시모 만시니가 지적한 바와 같이, 판매되는 파스타의 98%는 산업적으로 대량 생산되고 있다. 파스타는 이미 우리 삶의 매우 일상적인 부분으로 자리 잡았기 때문에 누구도 파스타에 무엇이 들어갔는지, 또는 그러한 원료가 어디에서 나왔는지에 대해 묻지 않는다. 하지만 어디에나 있는 모든 제품과 농작물(이 경우 밀)은 그것이 재배되는 땅과 그것을 돌보는 사람들 그리고 결국 그것을 먹는 사람들 모두에게 큰 영향을 미친다.

만시니는 사업을 성장시키는 과정에서 세 가지의 경작 문제에 직면했다. 첫째, 지속 가능한 방법으로 파스타를 생산하기 위해 고품질의 밀을 재배하는 것. 둘째, 결국 확장할 방법으로 파스타를 생산하는 것. 그리고 마지막으로, 이탈리아인들에게 오래되고 느린 방법의 독특한 품질 세계를 설득하고 이해시키는 것이다.

우리의 카카오 농장과 우리가 기르고 가꾸는 여러 종류의 크리올로 콩과 마찬가지로, 만시니 역시 마에스토Maestà, 나사레노Nazareno, 그리고 현재의 논노 마리아노Nonno Mariano 등 여러 종류의 밀을 재배하고 있다. 이 여러 종류의 밀들은 그들이 직접 개발하고 있을 뿐만 아니라 사랑하는 그의 할아버지의 이름을 따서 만들어진 이름이다. 그들은 각 품종의 밀을 최적의 장소에 심기 위해 노력한다. 그들은 대부분의 재배자가 수확하는 것보다 더 오랜 시간을 들여 투자하고 있다. 그래서 다른 지역의 상품보다 곡물에 습기가 적은 편이다. 농작물은 토양과 대기를 통해 직접 물을 흡수한다. 반죽에 사용되는 물은 시빌리니Sibillini 산맥에서 직접 공수해 온다. 만시니의 모든 생산 단계는 분명 손이 더 많이 가는 방법들이지만 모든 단계는 GAP, 즉 농산물 우수 관리제도에 부합하고 있다.

미래를 보장하다

만시니의 모든 작업은 더 나은 파스타 생산을 목표로 하지만 모든 농작물의 미래 복원력을 구축하기 위함도 있다. 우리 역시 우리가 키우는 카카오, 포도, 그리고 차 재배를 위해 향후 대비책을 끊임없이 찾고 있다. 만시니에게 그것은 밀이다. 2016년 한 연구 결과에 따르면 밀[3]의 생산량은 지구 기온이 1℃ 상승할 때마다 4.6%가 감소한다. 밀 생산은 비료 유출로 이어져 강, 호수, 그리고 바다에서 녹조가 피어나는 원인이 되고 있다. 이로 인한 저산소증은 해양생물들에게 악영향을 주고, 결국 지속적인 환경 악화에 이바지하게 되는 것이다. 만시니와 나는 이러한 환경적인 문제에 대해 이야기를 나눴고, 그는 이렇게 말했다.

매년 같은 땅에 밀을 심고 또 심을 수는 없습니다. 그렇게 하면 땅이 혹사당하니까요. 따라서 재배 작물을 바꾸는 것이 첫 번째 원칙입니다. 600헥타르의 밭에 절반 정도만 듀럼밀[1]을 심습니다. 나머지 절반에는 알팔파, 클로버, 파바 콩, 완두콩 또는 병아리콩과 같은 콩류나 또는 유채씨와 해바라기 같은 산업 작물을 재배하죠. 이 작물들이 흙에 질소를 되돌려주는 역할을 합니다. 우리는 토양과 밭을 정기적으로 분석하여 밭이 가지고 있는 특성을 정확하게 파악하고 있습니다. 이를 통

I   파스타의 원료로 쓰이는 밀.

해 어떤 품종의 밀을 심을 것인지, 어디에 심을 것인지, 또한 어떻게 돌볼 것인지를 선택합니다.

만시니는 100% 유기농 인증은 받지 않기로 했지만, 농산물 우수 관리제도에 따라 그들의 농작물에 잔류 제로 기준이 충족되도록 하고 있다. 그들은 사려 깊고 엄격한 방식으로 어떻게 하면 농작물에 미래 지향적인 회복력이 부여될 수 있는지를 몸소 보여주고 있다.

경작의 한 부분은 미래가 무엇을 가져올지, 어떻게 준비해야 할지를 인지하는 것이다. 이러한 준비의 선두에는 만시니 같은 소규모 생산자들이 있다. 이탈리아의 파스타 제조업자 대부분은 자신들이 직접 농사를 지어 밀을 재배하지는 않는다. 그들은 대형 밀 재배자들과 판매자들로부터 상품으로 밀을 구매하여 사용하고 있다. 만시니가 속한 지역에서 만시니는 산업적 대기업에게는 밀을 판매하지 않는 않는 소수의 농부 중 하나이다(또 다른 재배업체는 카를로 라티니Carlo Latini 가 있다). 또한 그는 파스타를 만들기 위해 현대식 테플론 다이 Teflon dies가 아닌 구식의 청동 다이를 사용하는 몇 안 되는 파스타 제조자 중 한 명이다. 그는 구식 기술을 사용하는 이유를 다음과 같이 설명했다.

산업용 파스타의 표면은 매우 부드럽습니다. 파스타의 모양을 만들기 위해 테플론 다이가 사용되기 때문입니다. 그들은 시간당 6, 7배 더 많은 양의 파스타를 생산하고 있지만, 표면이 부드러워진 파스타는 소스를 제대로 담지 못합니다. 우리는 청동 다이를 사용하기 때문에 생산 속도는 매우 느린 편이지만 청동으로 만든 것을 사용하면 표면이 매우 거칠어져서 최상의 방법으로 소스가 면과 어우러지게 됩니다.

만시니의 제품은 단연 최고이다. 그가 하는 일에는 잠재적으로 무한한 시장이 펼쳐져 있다. 그러나 그의 파스타를 훌륭하게 만드는 것은 밀에 대한 통제력, 밀 재배에 대한 그의 관심과 생각, 다른 재배자가 키운 밀은 사지 않겠다는 그의 철학이 담겨 있어 시장 확장 과정은 느리게 진행되고 있다.

가장 큰 문제는 많은 사람이 세몰리나semolina 파스타[I]의 문화를 완전히 이해하고 있지 못하는 것이 얼마나 큰 문제인지 모르는 것이라고 말했다. 소비자들은 일반적으로 파스타를, 소스를 운반하는 면 정도로 생각한다. 이탈리아인들은 일인당 매년 평균 57파운드의 파스타를 먹는다. 그러나 "지금 먹는 이 파스타에 대해 무엇을 알고 계신가요? 이 파스타가 어떤 품종인지 알고 있나요?"라고 누군가 물어 온다면, 제대로 답할 수 있는 사람은 별로 없을 것이다.

제가 10년 전 이 사업을 처음 시작했을 때, 저는 셰프도 만나

I   경질의 밀인 세몰리아를 원료로 한 건조 파스타.

봤어요. 그들 역시 바릴라Barilla, 드 세코De Cecco 등의 대량생산되는 브랜드의 파스타만을 이야기하더라고요. 저도 그 브랜드들을 정말 존경합니다. 하지만 그 파스타 역시 99%는 산업용으로 만들어졌습니다. 우리는 우리의 땅, 우리 방식에 대해 이야기하려 합니다.

우리가 도모리의 고객들에게 제품에 대한 지식을 전달하려고 노력하듯이, 만시니 역시 계속해서 그의 고객들에게 훌륭한 파스타가 무엇인지, 왜 그들이 고수하는 생산 방식이 식사를 즐겁게 하는지, 왜 돈을 조금 더 지불할 가치가 있는지에 대해 이해시키고 설명할 필요가 있다. 이것이 바로 제대로 된 가치를 이해할 수 있게 고객을 지속적으로 교육해야 하는 경작의 마지막 단계가 될 것이다.

8장.

정련을 말하다

인칸토의 초석인 향상된 품질은 완벽을 추구하기 위해 한 걸음 더 나아갈 것을 요구한다. 좋은 제품을 만드는 일은 어렵지 않지만 훌륭한 제품을 만드는 것은 정제의 과정을 가미하는 마지막 단계에서 완성되기에 더욱 까다롭다. 정련은 과정의 흐름 속에서 제품의 완성도를 높이는 작업이다. 정련은 두 가지 다른 방식으로 이루어진다. 첫째, 생산 공정의 지속적인 개선을 통해 이루어진다. 이것은 우리를 점점 더 앞으로 나아가게 하는 혁신과 개선, 새로운 아이디어, 기술, 그리고 철학의 세계이다. 이러한 방법은 제품, 배포 또는 고객과의 커뮤니케이션과 참여를 개선하는 방법이 될 수 있다.

둘째, 앞으로 나아가는 것이 아닌 그 자리를 지키거나 오히려 뒤로 물러서는 자세도 필요하다. 냉장고나 전기가 발명되기 이전부터 조상 대대로 내려온 전통 방법을 사용하고 따를 것을 요구한다. 훈연, 발효 또는 염장 과정(이 모든 과정은 몇 달, 몇 년 혹은 몇십 년이 걸리기도 한다)을 통해 이미 좋은 제품을 특별한 제품으로 한층 더 끌어올릴 수 있다. 이번 장에서는 모든 제품 중에서도 가장 정제된 제품이라 할 수 있는 와인에 대해 살펴보겠다.

해발 1,300피트인 트리에스테를 둘러싸고 있는 카르스트 고원에는 이탈리아의 최고급 와인 생산의 '아버지'라고 불리는 루이지 베로넬리Luigi Veronelli가 찬사하는 훌륭한 와이너리들이 있다. 강한 돌풍으로 땅을 휘감으며, 사람마저 넘어뜨릴 듯한 기세의 차가운 보라 바람에도 이 와이너리들은 굳건히 자리를 지키고 있다. 물이 부족한 포도밭, 점토 섞인 돌투성이의 토양일지라도 꿋꿋하다. 포도주 생산자 중 하나인 보도피벡Vodopivec(아이러니하게도 슬로베니아어로 '물을 마시는'이라는 뜻)은 어려운 환경에서 잘 자라는 품종인 비토브스카Vitovska라고 불리는 화이트 와인을 생산하고 있다.

파올로 보도피벡Paolo Vodopivec은 포도의 껍질을 이용하여 발효시키는 고대의 방식(요즘은 흰 포도의 즙을 껍질에서 먼저 분리한다)을 따르고 있으며, 와인이 준비되면 땅속에 묻어 둔 암포라¹에 담아 숙성시킨다. 이는 신석기 시대부터 포도주를 만들어온 조지아에서 유래된 정교한 포도주 추출 방식 중 하나이다. 암포라는 별다른 첨가물 없이도 와인이 산화되지 않도록 보호하며, 더 깨끗한 미네랄 맛이 느껴지도록 와인을 만든다. 암포라 속에서도 와인 숙성은 몇 년 동안 지속될 것이고, 이후 병으로 옮겨진 후에도 이 화이트 와인(미국인들은 포도 껍질을 이용해 숙성된 와인이라고 해서 이를 오렌지빛이라 부른다)은 레드 와인처럼 계속 숙성될 것이다.

전통적인 암포라 기술을 사용하고 있는 보도피백을 비롯한 다른 와인 생산자들은 정제의 미를 더하기 위해 고대의 오

I   목이 길고 바닥이 뾰족한, 손잡이가 달린 항아리.

래된 방법을 사용하고 있으며 동시에 앞으로 나아가고 있다. 나는 주말 오후가 되면 종종 자전거를 타고 와이너리를 지나가곤 하는데, 보도피백이 운영하는 화훼 농장이 가장 먼저 나를 반겨 준다. 파올로 보도피백은 언론에 나서길 수줍어하는 것으로 유명하다. 몇 번의 인터뷰 중, 그는 숙성을 위한 포도 껍질과의 접촉이 "내겐 포도를 표현할 수 있게 해주는 도구"라고 말하기도 했다.[1] 여기에 정련을 위한 약속과 도전이 담겨 있다. 이탈리아의 재배자와 생산자들은 부분적인 정련을 추구하기도 한다. 토지의 특성뿐만 아니라 이용 가능한 원자재의 특성에도 적용해야 하기 때문이다.

예를 들어, 천년 전에 높은 뿔과 부드럽고 윤기 나는 털로 유명한 오로비카 염소 떼를 가지고 있었다고 생각해 보자. 여기에 높은 고산 기후와 생물 다양성이라는 혜택을 누리고 있었다면, 당신은 롬바르디아Lombardy[I]의 발텔리나Valtellina 산맥에서 만들어진 비토Bitto[II]처럼 딱딱한 치즈를 만드는 데 주력했을 것이다. 이 치즈를 위해 젖을 내어주는 소, 염소, 그리고 양은 여름 동안 높은 고도에서 지내게 된다. 비토 치즈는 독특한 풀 맛을 내는 것으로 유명한데, 젖을 짜는 날 동물이 뜯어먹은 풀의 종류에 따라 다양한 단맛과 풀 맛을 갖게 된다. 정해진 레시피는 없다. 동물의 젖을 짜는 축산업자나 치즈 제조

I   이탈리아의 북부에 있는 주.
II 멸종위기에 처한 세상에서 가장 비싼 치즈 중 하나.

업자들은 비토를 공식적으로 판매하기도 전에 이미 다 팔리는 상황을 경험하기도 했다.[2]

비토는 복제하고 싶어도 할 수가 없다. 한 계곡만 넘어가도 치즈는 완전히 다른 맛을 낼 것이며, 미묘하게 다른 기후와 문화적인 차이를 반영하게 될 것이기 때문이다. 가용할 수 있는 자원으로 가능한 최고의 치즈를 만드는 것이 당신에게 이익을 가져다줄 뿐이다. 또한 특정 수준에서 생산을 제한하거나 매출을 제한하더라도, 제품을 독특하게 만드는 요소를 가지고 있다면 결국은 더 큰 이익으로 돌아올 것이다.

이탈리아 전역에서 이러한 철학을 바탕으로 활동하고 있는 생산자들을 만나볼 수 있다. 그들은 잘 숙성된 와인, 치즈, 또는 햄을 생산하기 위해서는 독특하고 완벽한 환경, 시간, 그리고 경험이 필요하다는 것을 알고 있다. 그리고 그 안에서 언제 좋은 제품에서 특별한 제품으로 변화하는지 포착할 수 있다. 그들은 직감적으로 기후, 문화, 그리고 제품을 형성하는 원재료의 기교를 받아들인다. 이탈리아에는 약 500종의 치즈가 있는데, 그중 많은 수가 유럽 위원회European Commission에 의해 '보호 지위protected status'를 부여받았다. 작은 숫자는 DOPDominazione di Origin-in Protetta, 즉 '원산지 명칭 보호제Protected Designation of Origin[3]'를 의미한다. 이것은 치즈가 현지에서 전통적인 방법으로 만들어졌다는 것을 소비자에게 보증하는 제도이다. 레지오 에밀리아Reggio Emilia나 모데나Modena

의 DOP 발사믹 식초는 엄청난 양의 노동력을 필요로 한다. 적포도주나 백포도주 식초와 달리, 포도주스는 와인으로 먼 저 발효되지 않는다. 따라서 껍질, 줄기, 씨앗을 포함한 전체 포도를 눌러서 졸이는 과정이 반드시 필요하다. 이 과정에서 사람들은 종종 빨간색이나 보라색 포도를 기대하지만 놀랍 게도 보통 흰색 종인 트레비아노 디 카스텔베트로Trebbiano di Castelvetro를 사용한다.

이제 포도는 원래 주스 양의 반이 될 때까지 천천히 졸여 진다. 포도 주스의 신선한 단맛에서 발사믹 식초의 날카로우 면서도 달콤하고 독특한 맛이 나타나면서 발효가 시작된다. 이 필수 재료는 끓는 식초로 헹군 통에 보관된다. 이 두껍고 달콤한 액체는 바트리batterie라는 나무통(층이 높아지면서 크 기도 작아진다)으로 옮겨진 후 1년 동안의 숙성 과정을 거치 게 된다. 바트리는 물푸레나무, 뽕나무, 향나무, 체리나무, 밤 나무, 아카시아, 떡갈나무와 같은 다양한 나무로 만들어진다. 좋은 와인처럼, 식초는 증발하면서 액체를 더 응축시키고 강 화하는데 최종적으로는 나무와 같은 미묘한 색조를 갖게 되는 것이다.[4] 중간에 맛을 테스트하는 담당자를 뜻하는 아세타이 오acetaio가 식초의 맛을 계속 확인한다. 12년에서 35년 사이의 어느 시점이 되면 아세타이오가 최종 제품을 병에 담아 판매 할 준비가 되었다고 판단하는데, 제품을 각각의 병에 담아 식 초가 얼마나 오랫동안 숙성되었는지를 나타내는 컬러 호일 뚜

껍으로 밀봉한다.[5]

이 과정은 몇 유로, 몇 파운드, 또는 몇 달러에 판매되는 슈퍼마켓 진열대에 끝없이 늘어서 있는 발사믹 식초에는 해당하지 않는 사항이다. 저렴한 가격으로 쉽게 구할 수 있는 이런 식초들은 농축된 식초와 주스를 섞어 제조했을 가능성이 크기 때문이다. 더 정제된 맛을 위해 오랫동안 숙성시키는 과정 따위는 고려되지도 않았을 제품들이다.

설상가상으로 몇몇 저가 발사믹 식초는 진짜 DOP 식초에서만 찾을 수 있는 나무의 색감을 흉내 내기 위해 포도 주스, 설탕, 인공 향료를 첨가하여 진품처럼 가공되기도 한다. 때때로 정련의 과정은 완성된 제품을 적절한 온도와 습도의 창고에 오래 보관해 두는 것만큼이나 간단한 일일 수도 있다.

파르미지아노parmigiano 치즈는 다양한 숙성 수준(12개월에서 79개월까지)으로 판매되며, 산 다니엘레San Daniele 햄은 최소 13개월에서 36개월까지 오랜 숙성의 시간을 거친다. 그렇다고 해서 이렇게 만들어진 제품의 가격이 싸거나 구매하기 만만한 수준은 아니다. 정제에는 항상 두 가지가 필요하다. 그것은 정확한 지역에서 생산된 우수한 원자재와 오래전 기계화되어 정련이 덜 된 브랜드 제품에도 적용되는 모든 단계에서 필요한 인간의 노동력이다.

산 마르자노San Marzano 토마토는 수천 년 전 베수비우스 Vesuvius 산과 나폴리 근처 사르노Sarno 계곡에 있는 잠자는 초

화산 캄피 플레그레이Campi Flegrei가 깔아놓은 화산 토양에서 자라는 것을 직접 손으로 따와야 한다. 진짜 산 마르자노 토마토 한 캔의 가격은 미국 농부들이 파는 '산 마르자노 스타일' 토마토 가격의 4~5배에 달한다. 그들이 산 마르자노 씨앗을 다른 곳에 심는 것은 가능하지만 가장 근면한 중서부의 농장지대 사람조차도 고대 화산재층은 완벽하게 복제할 수는 없을 것이다. 화산재에 포함되어 있는 풍부한 미네랄이 과육을 더욱 달콤하게 만들고, 산성화를 억제한다. 또 그들은 미국 소비자들이 선호하는 큐브 형태나 퓌레 제품으로 만들어 가공하기 바쁘기 때문에 토마토의 원형을 보존하며 손으로 수확해 직접 껍질을 벗길 여유 또한 없을 것이다.

이런 수고로운 과정은 수 세대에 걸쳐 과일을 재배한 이탈리아 농부들에게는 매우 가치 있는 일이다. 그들의 토마토는 의미와 전통이 겹겹이 층을 이루어 만들어졌다. 이 덕분에 인칸토 비즈니스를 추구하는 사업체에게는 매우 중요한 원료로 인정받게 되었다. 나폴리타나 피자Pizza Napoletana[1]처럼 깊은 전통이 담긴 이탈리아 요리의 필수 재료로 활용되고 있다. 나폴리 지역은 공식 피자 단체Associazione Verace Pizza Napoletana를 보유하고 있으며, 이탈리아에서 가장 맛있는 피자를 만드는 곳으로도 유명하다. 이 자체만으로도 진짜 나폴리식 피자

---

[1] 일반 나폴리 피자와 차별화하기 위해 이탈리아 정부에서 지침을 만들 정도로 보호되고 있는 정통 나폴리 피자.

가 어떻게 만들어지는지를 알 수 있다. 산 마르자노의 토마토 역시 나폴리 피자 재료에 사용될 수 있는 세 가지 옵션 중 하나이며, 모두 나폴리 주변 지역에서 조달되고 있다.[6]

특별함을 더한 마지막 과정

한 종류의 고품질이지만 비교적 일반적인 원자재를 생산하고 있는 기업이라면, 고가의 정제된 제품을 추구하거나, 생산량을 최대화하여 가격에 민감한 시장을 활용하는 방안 중 하나를 선택할 수 있을 것이다. 하지만 나는 항상 최고의 품질을 추구하는 방향을 선택했다. 물론 외골수처럼 정교함만을 추구하게 되면, 제품 생산량은 자연스럽게 제한적일 수밖에 없을 것이다. 또 접근이 불가능한 잠재 고객이 발생하는 것은 피할 수 없는 현실이다. 하지만 반대로 당신이 접근할 수 있는 고객은 당신이 부르는 높은 가격을 듣고도 별다른 망설임이 없이 구매를 결정하는 사람들이 될 것이다. 그들은 우수하고 향상된 품질을 얻기 위해 정당한 대가를 지급할 용의가 있는 사람들이기 때문이다. 마찬가지로 당신의 제품을 원자재로 구매하는 사람들에게는 좋은 원자재가 있어야 제품의 품질이 우수해질 수 있는 것이다. 즉, 향상된 품질을 만들기 위해 좋은 원자재를 찾는 선순환이 반복된다. 이 교훈을 아직도 이해하지 못한 사람들이 있어 나는 그저 괴로울 뿐이다.

나는 미국에서도 스테이크를 자주 사 먹는다. 대부분 맛이 좋지만 고기가 너무 딱딱하게 느껴지는 게 사실이다. 미국인들은 이탈리아의 고기 숙성 방식을 받아들일 여유가 없다고 나 해야 할까! 이탈리아에서는 요리를 할 때 손님에게 내놓을 수 있을 정도로 충분히 숙성되기까지 몇 주를 기다린다. 고기를 매달아 놓기도 하고, 수십 년 동안 발효시키거나, 치즈 같은 경우에는 어두운 동굴에서 몇 년 동안 숙성 작업을 거치기도 한다. 그러나 미국인들이라면, 몇 년 혹은 몇 달이 걸리는 과정은 모두 삭제한 채 효율성과 수익성의 명목으로 제품을 시장에 내놓기 바쁠 것이다. 자신이 구매하려는 제품이 최종적인 정제 단계를 거치지 않았다는 사실을 알고 있는 고객도 많을 것이다. 그러나 그것을 알고 있더라도 저렴한 가격과 효율을 생각하며 여전히 빠르게 만들어진 상품을 구매하는 사람들이 많다. 그리고 계속해서 그런 과정에 익숙해지다 보면 좋은 제품을 접하게 되더라 훌륭한 무언가를 만들기 위해 애쓴 손길과 그 과정을 기억하는 사람들의 수고로움에 대한 경의를 표할 새도 없어진다. 즉 훌륭한 제품이 무엇인지 느껴볼 기회조차 얻지 못하게 되는 것이다.

더욱 중요한 것은, 처음 제품을 사용한 후 몇 년이 지나도 제품의 탁월한 품질을 기억하는 고객에게는 제품에 대한 충성심을 강요할 필요도 없다.

일리가 추구하는 정제

제품의 완성도를 높이기 위해 과거로 돌아갈 수 없는 상황이라면 미래를 생각하길 바란다. 1970년대에 나의 아버지 에르네스토는 싱글 서빙 포드Pod 스타일의 커피가 우리 산업의 미래라는 사실을 깨달았다. 아버지는 이 깨달음 덕분에 말 그대로 경쟁사보다 몇 년이나 앞서 나갈 수 있었다. 아버지는 이 프로세스를 완성하는 데 수년을 바쳤으며, 속도와 효율성을 최우선으로 하는 일반적인 범주를 뛰어넘어, 정교하고 우수한 제품을 만들 수 있는 모든 기회를 모색했다. 여기에서 정련의 또 다른 요소를 찾아볼 수 있다. 개선의 여지가 있는 부분을 찾기 위해 열심히 살펴봐야 한다는 것이다. 당신이 아직 시도하지 않은 것은 무엇인지 생각해 보길 바란다.

에스프레소의 품질을 결정하는 핵심 요소 중 하나는 분쇄의 정도이다. 입자가 거칠면 에스프레소가 약하게 나온다. 그렇다고 너무 곱게 갈리면 에스프레소에서 떫고 쓴 맛이 강해진다. 당시 우리에게는 하나의 전통이 있었다. 우리는 생산라인에서 분쇄의 정도를 손으로 직접 확인하는 것이 주된 업무인 작업자를 고용하고 있었다. 그는 그라인더 라인을 돌며, 어떤 그라인더의 분쇄 정도를 확인해야 할지 눈으로 결정했다. 그리고 소량의 커피를 떠서 에스프레소 한 잔을 만들었다. 에스프레소가 정확한 시간(일반적으로 20~30초)에 내려지면, 분쇄 정도가 정확하게 된 것이다. 하지만 그보다 짧게 걸리면 커피가 거칠게 분쇄된 것이고, 그보다 길어지면 가늘게 분쇄된 것이라고 파악했다.

나의 아버지는 현대적인 기술을 사용하여 이 공정 과정이 더 완벽하게 개선되기를 원하셨다. 정말 균일하고 정확한 그라인딩 기술을 찾는 것이 목표였다. 어느 날 아버지는 과학 잡지를 읽다가 우연히 레이저에 관한 기사를 발견하셨다. 레이저를 어떻게 사용하면 분말의 정밀도를 정확하게 감지할 수 있는지 설명하는 내용이었다. 컴퓨터는 레이저 광선을 가로지르는 접지 입자에 의해 레이저 광선의 회절을 감지하고 수치를 계산한다. 아버지는 이 글을 읽자마자 회사가 가지고 있는 잠재력을 깨달으셨다. 과학 잡지에 실린 일반 분말 대신 커피 가루에 레이저를 적용한 결과는 말 그대로 성공적이었다. 고객들에게 풍부하고 부드러운 에스프레소를 제공하기 위한 완벽한 분쇄의 정도가 보장된 것이었다.

하지만 슬프게도 아버지의 비전만으로는 거대한 대기업형 경쟁사보다 우리의 포드 시스템을 높이는 것에 어려움이 많았다. 우리의 포드는 아주 기본적인 초기 모델조차 의심할 여지 없이 훌륭한 커피를 만들었다. 이는 원두 자체가 우수했기에 가능했고, 물이 포드를 느린 속도로 흐르는 방식 덕분이기도 했다. 거기에 커피의 미세한 분쇄까지 더해져 더 나은 커피가 만들어졌다. 게다가, 우리의 포드는 종이 구조상 보편적으로 어떤 기계에서도 사용할 수 있게 만들어졌다. 고객들은

ESE_{easy serving espresso}[I] 기계 종류와 상관없이 이것을 사용할 수 있었다. 우리는 VHS 대 베타맥스 비디오테이프의 사례[II]에서 영감을 받아 ESE 컨소시엄의 통합을 추진했다. 첫 번째는 개방형 시스템이었고 두 번째는 (소니가 추진한) 폐쇄형 시스템이었다. 후에 시장에 진출한 커피 대기업들은 자사의 캡슐만을 사용하도록 강제할 힘이 있었다. 그런데도 우리의 ESE 시스템은 여전히 시장에 나와 있으며, 품질과 환경 존중으로 인정받고 있다.

정련은 세대에서 세대로 이어진다

피터 드러커_{Peter Drucker}는 종종 이윤의 최소한은 부분적으로나마 비즈니스의 미래에 대한 투자로 간주해야 한다고 말했다. 주주들을 만족시키기 전, 시간이 지나도 회사의 경쟁력이 유지될 수 있도록 이윤 일부를 선용할 필요가 있음을 피력한 것이다. 기술발전이 가속화된 덕분에 기존의 제품보다 더 나은 새로운 제품이 연일 출시되고 있다. 개선하지 않는 회사는 조만간 경쟁사들에 의해 패배할 것이 자명하다.

우리의 경쟁사가 캡슐 시스템으로 커피의 패러다임을 바

I   이지 서빙 에스프레소—에스프레소 1잔 분량의 분쇄 원두를 미리 압축해 천연펄프로 포장한 국제 표준. 일리가 개발한 홈 카페를 즐길 수 있는 방식.

II 베타맥스가 스펙은 월등했지만 가격과 녹화 시간에서 VHS에 밀려 시장에서 사라진 사례.

꾸어 놓는 바람에, 우리는 자체적인 폐쇄 시스템을 만들기로 결정했다. 그리고 그 연구 개발에만 수년을 할애했다. 마침내 우리는 5개의 독특한 특허를 가진 일리 캡슐을 발명하게 되었다. 복제되거나 유사품이 없는 유일한 커피 캡슐이 완성된 것이다. 이전 버전의 포드에 비해 두 가지 주요 기능이 개선되었기에 가능한 작업이었다.

첫 번째는 기름과 물 사이의 에멀전을 촉진하는 막을 개발했다. 오일이 유화되면 될수록 풍미가 가득 퍼진다. 컵 안에 유화 기름이 많아지면 에스프레소 위에 떠 있는 크레마는 더 두껍게 만들어지고 더 오래 지속된다. 좋은 레스토랑에서 즐거운 식사를 끝냈을 무렵 에스프레소를 주문한 당신, 에스프레소의 크레마는 '산산조각이 나거나 무너져' 내렸고, 커피의 진한 갈색이 서서히 사라지고 있는 상황이 익숙하게 떠오르지 않는가? 이것은 이미 커피의 완벽한 타이밍이 지났다는 것을 의미한다. 고객이 미처 이러한 사실을 깨닫지 못했을 수도 있지만, 직감적으로 커피 맛이 예전만큼 좋지 않다는 것은 알 것이다. 그들은 커피를 마시긴 하겠지만, 크레마가 녹지 않았더라면 더 맛있게 즐기지 않았을까 생각할 것이다.

두 번째 개선 사항은 에스프레소를 컵에 전달하는 필터 홀더에 캡슐이 들어가지 않도록 만들어 커피가 기계에 묻지 않고 바로 컵으로 내려지도록 만들었다. 이 덕분에 커피가 기계에 닿을 염려가 없어져 침전물이나 찌꺼기를 남기지 않게 되었고 추가적인 청소가 필요 없어졌음을 의미한다.

미묘한 차이라고 할지라도 개발에만 수년이 걸렸다. 오직 품질에 진정으로 전념하는 사람만이 크레마를 보호하기 위한 연구와 개발에 이렇게 많은 시간을 투자할 수 있는 것이다. 오래된 커피의 묵은 맛이 새로운 커피 맛을 오염시키지 않도록 만들 수 있게 되었다.

마스트로얀니에서 우리는 우리의 와인 품질에 대해 상당히 만족하고 있었다. 이후 지하 저장실의 확장이 필요해졌을 무렵, 건축가인 나의 조카 에르네스토Ernesto가 생물 건축의 원리에 기초하여 건축할 것을 제안했다. 그의 프로젝트에는 콘크리트나 강철 사용은 배제되었고, 오직 벽돌, 나무, 돌만 사용하는 방법으로 계획되었다. 강철은 자기장을 형성하거나 그에 영향을 미칠 수 있다고 판단했고, 이는 결국 사람의 건강을 해칠 수 있다고 생각한 것이다. 또한 에르네스토는 적어도 3년 동안 지하 저장고에 머물러야 하는 우리의 브루넬로Brunello 와인 품질에도 안 좋은 영향을 끼칠 것이라고 말했다. 강철과 자기장이 없다는 것은 와인의 품질에 나쁜 영향을 주는 요소가 사라졌음을 의미한다. 우리 지하 저장고의 습도, 온도, 자기장의 영향은 현재까지도 완벽하게 관리되고 있으며, 그 덕분에 우리의 브루넬로 디 몬탈치노Brunello di Montalcino의 품질이 향상되었다고 믿는다.

정련은 한 가지 일을 시도한 후 또 다른 일을 시도하는 끊임없는 과정이다. 나는 자기장이 우리 와인에 어떤 부정적인 영향을 미치고 있는가에 대해서는 확실히 아는 바가 없다. 하지만 이것은 우리가 하는 일을 완벽하게 하고, 향상되도록 노력하는 과정의 일부와도 같다. 이러한 유형의 개선은 품질 면에서 경쟁사보다 앞서 나갈 수 있도록 지속적으로 노력해 나가는 과정 중 하나이다. 다른 기업들이 우리의 혁신을 비웃을 수도 있고, 어쩌면 우리가 아닌 그들의 방법이 옳을 수도 있다. 하지만 만약 우리가 옳다면, 우리는 적어도 그들이 함부로 모방할 수 없는 극적인 향상을 성취하게 될 것이다. 적어도 몇 년 동안은 말이다.

오르넬라이아ORNELLAIA

이탈리아에는 말 그대로 장인 정신을 지닌 수천 개의 식품 사업이 존재한다. 그들은 훌륭한 와인과 치즈, 식초와 고기를 생산하고 있다. 이탈리아 전역에서 이름이 알려진 업체도 있지만, 대부분은 지역적으로 움직이며 자신들이 활동하고 있는 마을 안에서만 제품을 판매하고 있다. 하지만 그들의 유명세가 전국적이지 않을 뿐이지 이러한 음식들은 각 지역에서 특별함을 바탕으로 큰 사랑을 받고 있다. 그곳에서만 구할 수 있는 치즈만큼 고향의 맛을 내는 것은 없기 때문이다. 이때 제품을 보다 정제하기 위해 취할 수 있는 다양한 방법이 있다.

오르넬라이아Ornellaia 와이너리는 이번 장에 언급된 다른 사례들과는 조금 다른 모습을 보인다. 우선 와이너리가 속해 있는 토지는 오랜 세월의 뿌리 깊은 와인 제조 전통의 프레스코발디Frescobaldis 가문의 소유지만, 실제 와이너리 토지가 설립된 것은 1981년으로 비교적 짧은 역사를 가지고 있다. 와인의 전통이 강하고 뿌리 깊은 지역에 기반을 둔 것이 아니라, 비교적 최근까지 와인이 만들어지는 지역으로 여겨지지 않았던 곳에서 와인을 재배하기 시작하면서 프레스코발디 가문은 새로운 시도를 하고 있다. 이는 부분적으로는 매우 이탈리아적인 우월의식에서 비롯되었다. 수 세기 동안, 대부분의 토스카나 사람들은 산지오베제Sangiovese[I]는 곧 와인이고 와인은 산지오베제라고 믿었다. 좋은 산지오베제를 만들지 못하면 좋은 와인을 만들 수 없다고 생각하는 것이다. 오르넬라이아는 토스카나 해안에 있는 볼게리Bolgheri 지역의 독특한 테루아르terroir[II]를 표현할 수 있는 미묘한 맛과 기교로 가득한 매력적인 와인을 생산하는 데 전념하고 있다.

오르넬라이아가 새로운 포도원에 산지오베제 이외의 것을 심는다는 것이 얼마나 대담한 시도인지를 이해하려면, 먼저 산지오베제가 토스카나 포도주 제조에 어떤 의미를 가지고 있는지 이해해야 한다. 산지오베제는 조상인 에트루리아인에

[I]   이탈리아 중서부 지방에서 재배되는 포도 품종.
[II]   포도주가 만들어지는 자연환경, 자연환경으로 인한 포도주의 독특한 향미.

의해 처음 재배되었으며, 깊은 뿌리를 가지고 있다. 어떤 사람들은 그 이름이 라틴어 sanguis Jovis, 즉 '주피터의 피'에서 유래되었다고 믿는다. 산지오베재는 블렌디드 키안티Chianti 와인을 생산하는 데 대부분이 사용되고 있으며, 전통적으로 밀짚으로 포장된 피에스코 병을 활용한 덕분에 상대적으로 저렴한 이탈리아 와인이 전 세계적으로 대중화되는 데에 크게 일조하였다. 이 전형적인 이탈리아 포도를 재배하는 것이 불가능하다고 생각되는 곳에서 포도 재배를 하기 위해, 오르넬라이아는 기회를 잡았고, 새로운 것을 시도해야만 했다.

오늘날 볼게리의 낮은 언덕에는 가지런히 쐐기를 박은 그들의 와이너리가 자리하고 있다. 그곳에는 여러 개의 다른 포도밭이 있으며, 각각이 독특한 흙을 특징으로 하고 있다. 깊고 자갈이 깔린 점토 밭이 있는가 하면, 모래와 점토가 혼합된 밭도 찾아볼 수 있다. 토스카나의 여름에 무더위가 찾아오면 근처의 티레니아해Tyrrhenian Sea가 이곳의 온도가 극단으로 올라가는 것을 막아주고, 밤에는 서늘한 공기를 보내온다. 덕분에 포도가 천천히 충분한 풍미를 가지고 자랄 수 있게 돕는다. 포도 넝쿨은 영양분과 수분을 얻기 위해 서로 경쟁하듯 빽빽하게 심겨 있다. 이는 크기는 작지만, 더 촘촘하게 농축된 포도가 자랄 수 있게 한다. 쁘띠 베르도Petit Verdot, 카베르네 소비뇽Cabernet Sauvignon, 메를로Merlot를 포함한 포도들은 이 작은 땅에서 다양한 테루아르를 얻기 위해 특별히 엄선된 품종들이

다. 오르넬라이아의 단일 포도밭인 마세토 메를로Massto Merlot
는 이 땅에서 태어났지만, 지금은 마세토 포도원으로 분리된
곳에서 생산되고 있으며, 세계에서 가장 훌륭한 메를로 중 하
나로 평가받고 있다. 경매에서 한 병에 1,000달러 이상에 팔리
기도 했다.

옛것과 새것을 다루다

　오르넬라이아는 현대 예술가들과의 협업(현재는 특히 더)
을 통해 정련을 추구하고 있다. 동시에 더 오래되고 덜 현대적
인 기술을 바탕에 둔 포도 생산 방법으로 회귀하는 중이다. 토
스카나에서 1헥타르당 포도밭에서의 평균 노동 시간은 245
시간이다. 그러나 오르넬라이아가 포도밭에서 일하는 평균 시
간은 623시간으로 평균 노동 시간보다 몇 배는 많다. 이는 품
질을 위해 더 많이 헌신한다는 의미이다. 이것은 그들이 포도
밭에서 기계화된 활동을 하지 않는다는 것을 뜻하며, 모든 것
은 손으로 이루어진다는 의미이기도 하다. 모든 것을 수작업
으로 진행하면 더 많은 관심을 기울일 수밖에 없으며, 신경 쓸
것이 더 많아지므로 최종 제품의 품질은 높아질 수밖에 없다
는 말이다. 직접 손으로 일하며 와이너리의 모든 품종의 뉘앙
스를 이해하고자 하는 오르넬라이아의 이러한 고집은 다음 단
계인 블렌딩에서 더욱 빛을 발하게 된다. 운 좋게도 나는 직접

이 와이너리를 방문하여 눈으로 그들의 작업 모습을 확인할 수 있었고, 이것을 충분히 이해할 수 있게 되었다.

따뜻하고 화창한 6월의 어느 날, 나는 오르넬라이아의 와이너리를 방문했다. 그곳의 유럽 담당 매니저인 마테오 자나르델로Matteo Zanardello가 나의 투어에 통행해 주었다. 나는 그곳의 차분하고 화목한 분위기에 깊이 감동 받았다. 와이너리의 한쪽은 나무로 둘러싸여 있었고, 다른 한쪽은 포도밭으로 가득했다. 투어 후, 우리는 한 시간 동안 앉아서 다양한 와인을 시음할 수 있었다. 지중해 연안 사이에 있는 언덕 위로 해가 지면서 완성된 초저녁의 황금빛 노을도 함께 즐길 수 있었다. 마테오 자나르델로는 115헥타르의 밭에서 5개 종류의 와인을 생산하고 있다고 말했다. 모두 블렌드 와인이었다. 첫 번째는 이 땅의 대표 와인인 오르넬라이아를 위한 것이다. 그리고 레 세레 누오베 델 오르넬라이아Le Serre Nuove dell'Ornellaia가 바로 이 땅의 두 번째 와인이다.

이들의 블렌딩은 예술적이었으며 정교함 그 자체였다. 이들은 최대 90개의 각기 다른 와인을 맛본다고 한다. 이 과정에서 블렌딩은 하지 않는다. 1년 후 와인을 만들 때가 되면, 어떤 맛을 어떻게 끌어내야 할지 온전한 구도가 잡히는데 이는 사실 생각처럼 쉬운 일은 아니다. 이것이 바로 와인 생산의 예술적인 측면이라고 할 수 있다. 블렌딩을 결정하는 과학적인 측정 기준은 없다. 오히려 감정, 감각, 그리고 앞으로 와인에서 어떤 맛이 나야 하는지를 아는 것이 중요하다. 그와 이야기를 나누면서 나는 그의 가족들이 와인 제조업자로서 갖고 있는 기술에 대해 감사한 마음과 함께 경외감을 느꼈다. 강한 타닌과 블렌딩 되지 않은 생 와인을 맛보는 것이 보통 사람에게는 어쩌면 위압적인 경험으로 다가올지도 모르겠다. 그러나 원재료를 어떻게 활용할지 철저하게 파악하고자 하는 그들의 태도와 예술가적인 비전이 있기에, 그런 것쯤은 아무렇지도 않은 일로 여기게 한다.

최종 결과는 일종의 안심할 수 있는 품질이다. 오르넬라이아는 와인의 우수함을 무기로 '명품'으로 자리매김하려 하지 않는다. 그보다는 토스카나 해안의 볼게리에서 만든 세계적인 와인으로 인정받기를 더 원하고 있다. 고급스러운 것과 우수한 품질에는 차이가 있다는 그들의 생각이 흥미롭게 다가오는 부분이었다. 나는 인칸토를 추구할 때는 제품을 시장에서 팔거나 홍보하는 방식에 신경 쓰기 보다는 자신이 만들고 있는 실제 제품에 집중해야 한다고 생각한다. 좋은 품질을 알아보는 수준 높은 소비자들은 소위 말하는 명품처럼 인지도 높은 상품은 오히려 피하는 경향이 있다. 그들은 덜 알려졌지만 품질이 우수한 브랜드를 더 선호한다. 사실 오르넬라이아는 세련된 맛과 스타일의 전형이라 할 수 있다. 이들은 취리히에서 최상의 세련됨과 미니멀리즘을 갖춘 레스토랑을 열기 위해 협력하기도 했다.

창의적으로 접근하기

수백 년의 역사와 전통을 가지고 있다면 정제된 제품을 추구하고 개발하는 것에 큰 힘이 필요하지 않다. 다만 오르넬라이아처럼 역사와 전통이 없거나 적은 경우라면, 창의력을 발휘하여 더욱 정제된 품질이 나올 수 있도록 노력해야 한다.

모든 와이너리가 가지고 있는 한가지 문제가 있다면 빈티지 와인과 그 이전에 생산된 와인의 차이점을 어떻게 전달하느냐이다. 경영자라면 매년 청중들을 사로잡고 싶을 것이다. 와인 수집가와 와인 애호가들만이 이들 와인의 차이점을 알고 이해할 것이기 때문이다. 마테오가 말했듯, "만약 우리가 그것에 대해 이야기한다면, 매우 소수의 청중만이 제대로 알아들을 수 있을 것입니다. 그래서 우리는 우리의 와인에 대해 이야기하고 우리의 소유지에 차별화를 도모함으로써 청중을 사로잡을 방법을 찾아야 했습니다."

오르넬라이아는 독특한 방식으로 이 난제를 해결했다. 각각의 빈티지 와인에는 저마다의 독특한 특징이 있었으며, 그 특징을 기념하기 위해 각 빈티지의 특징을 설명하는 단어를 표제어로 지정해 사용하고 있었다. 이러한 관행은 빈티지가 풍부했던 2006년부터 시작되었고, 그중 하나가 바로 레쥬베란자L'Esuberanza(풍요)이다. 이 표제어는 750mL 대용량 와인병과 테루아르의 특징을 담은 예술 작품을 완성한 예술가에게 주어졌다.

언제나 새해는 와인으로 시작된다. 각 표제어는 각각의 빈티지가 완성된 해로 거슬러 올라간다. 예를 들어, 2013년 엘레간자L'Eleganza는 오르넬라이아의 블렌드에 메를로를 더 많이 첨가하여 와인에 고급스러움이 더해졌다는 의미를 담고 있다. 엘레간자를 기념하기 위해, 오르넬라이아는 일본인 예술가 유타카 소네Yutaka Sone에게 이 블렌딩 제품을 위한 예술 프로젝트를 의뢰하기도 했다. 2014년 빈티지는 더 어렵고 도전적인 느낌이었다. 시원하고 비가 오는 날씨였다. 많은 사람이 풍년을 위해 더 열심히 일하고 있었다. 최종 결과는 그 와이너리의 핵심 특징을 담고 있듯 한정판으로 출시된 와인을 기념하기 위해 레센자L'Essenza(본질)라는 표제어를 부여했다.

이제 당신의 제품을 정련할 수 있는 마지막 방법을 소개하고자 한다. 제품을 더 독특하고 중요한 것으로 만드는 방법이 되기도 할 것이다. 당신만의 스토리나 커뮤니케이션을 만들 수 있기를 바란다. 와인에 대한 진실과 와인을 만드는 사람들에 대한 정보를 공유하고자 하는 오르넬라이아의 전략은 와인을 좋아하는 사람들이 와인을 사랑하는 법을 배울 수 있도록 설득력 있는 이유를 제시한 셈이다.

9장.

관계를 말하다

너무 덥지도 않고 너무 많은 비가 내리지도 않는 봄이 되면, 나는 BMW R 1200 GS를 타고 트리에스테를 둘러싼 알프스산맥을 달리는 것을 즐긴다. 자연경관에 몰두하는 일은 나에게는 일종의 명상과도 같다. 폴로 델 구스토를 달리는 것에 대한 스트레스에서 잠시 벗어나는 시간이기도 하다. 전화도, 이메일도, 문자도 나를 방해하지 않는다. 오크나무와 해안가의 높은 소나무 숲을 질주하는 단 몇 분 동안만이라도 온전한 자유로움을 느낄 수 있다. 최근에도 이런 질주를 즐기고 집에 돌아왔다. 헬멧을 벗자마자 휴대전화가 울리기 시작했다. 세찬 바람에 귀가 먹먹한 상태에서 전화를 받았다. 전화를 건 사람은 자신이 누군지 밝히지도 않고 도리어 나에게 "누구냐?"고 물었다. 몇 주 전에 방문했던 토스카나 지역의 한 고객이란 것을 금방 알아차릴 수 있었다. 나는 그의 이름을 말하는 것으로 대답을 대신했다. 다행히 맞게 기억하고 있었다. 그로서는 몇 주 전 수백 명의 고객과 함께 만난 자리였음에도 내가 자신의 목소리를 정확하게 기억하고 있다는 것이 그렇게 대수로운 일은 아니었을 것이다. 하지만 나에겐 흥미로운 도전이었다. 이 역시 중요한 일이다. 우리의 모든 전문적인 관계는 사실상 개인적인 관계이기도 하기 때문이다.

우리의 제품이 고객들에게 깊은 인상을 주었다면, 한 번의 판매가 장기적인 사업으로 연결되는 것은 바로 고객과의 관계성에 있다. 비즈니스가 대부분 개인적인 전화상으로만 이루어지던 과거에는 이러한 관계를 구축하고 발전시키는 것이 지금보다는 간단했다. 하지만 이메일과 문자로는 즉각적인 개인 간의 대화를 기대할 수 없는 것이 현실이다. 오늘날 다양한 커뮤니케이션 기술의 발전에도 불구하고 오히려 직접 현장을 찾아가 사람을 만나는 일이 더 많아졌다. 얼굴을 직접 대면하는 것은 제품을 실제로 구매하는 사람과의 관계를 풍성하게 하는 가장 좋은 방법이다. 아마 내가 페이스트리, 와인 유통업체, 젤라토 제조사를 방문하지 않고 있었다면, 박람회, 전시회, 컨벤션 등에 직접 참석하며 이들과의 관계를 만들고 유지했을 것이다.

모두에게 사랑받을 필요는 없다

전 세계적으로 퍼진 코로나19 감염증으로 인해 도시가 봉쇄되고 수많은 감염자가 격리되고 있는 상황에서, 고객과의 관계를 구축하고 유지하는 것이 이전보다는 확실히 더 어려워졌다. 폴로 델 구스토에서 우리는 파티셰와 같은 장인들을 위한 전문 과정을 조직하였고, 모든 고객에게 이메일을 통해 최신 정보를 지속해서 전달하고 있다. 그리고 매일 소셜 미디어를 통한 소통을 게을리 하지 않는다.

브랜드 경험의 본질

전통에 대한 의식이 강하고 진정성을 쫓는 사업의 한 가지 장점은 열려 있다는 것이다. 광고판 대신 디지털 방식으로, 라디오 대신 팟캐스트로 미디어 채널이 변하더라도 비즈니스의 스토리를 계속 전달할 수 있다. 그것도 계속해서 같은 스토리를 말이다. 유동적으로 시시각각 변하는 세계 시장 환경에서 경쟁업체들이 우왕좌왕하며 충동적으로 반응할 때도, 인칸토 비즈니스는 일관되게 자신들의 역사에만 관심을 기울이며 고객에게 신뢰를 얻고 입지를 굳혀 나간다.

일리의 이야기는 고객들에게 시각적으로 전달되는 부분도 있다. 우리에겐 모든 이탈리아인이 매일 아침 출근길에 에스프레소를 주문하면서 마주하는 깨끗하고 단순한 느낌의 로고가 있다. 이러한 스토리는 당신과 당신의 고객 사이에서 일종의 접착제와 같은 역할을 할 것이다. 우리가 사용하는 컵은 말 그대로 다른 에스프레소 컵과는 잡는 손의 느낌이 다르다. 손잡이가 조금 더 높게 위치해 있어 컵의 균형점부터가 다르게 느껴진다. 매일 이 컵으로 하루를 시작한 이탈리아인이라면 그들의 뇌에서는 신경학적 자동 연상 작용이 발생한다. '일리=커피'이며, 더 중요한 것은 '일리=나의 커피'로 자동 연상이 완성될 것이다. 우리의 모든 광고는 같은 방향을 가리키며, 고객들이 우리의 커피로 하루를 시작하고 있다는 것을 상기시킨다. 그뿐만이 아니다. 그들은 그들의 어머니와 할머니가 우리 브랜드의 캔을 보관하는 것을 보면서 자랐다. 다른 주방용품이나 바느질 용품, 또는 여러 물건을 넣어 보관할 때에도 우리 일리의 캔이 사용됐을 것이 자명하다. 이제는 그것을 보고 자란 자녀들이 똑같이 빈 캔 속에 여러 물건을 보관할 것이다. 그들에게, 일리의 맛, 시각, 소리, 그리고 냄새는 고향이나 다름없다.

두뇌의 이러한 연상 작용과 고객과 제품 사이의 감정적인 연결은 여러분의 제품을 좋아하고, 정기적으로 구매하고 있는 사람들과 맺는 관계의 일부가 된다. 고객이 컵을 들고 있거나, 일리의 캔을 보관할 때마다 그러한 관계 구조에 또 다른 벽돌이 쌓이고 확장되는 것이다. 그러한 정신적인 연결고리는 더욱 튼튼하고 단단해진다. 만약 당신만의 브랜드가 가지고 있는 특별한 컵이나 캔이 무엇인지 모르겠다면, 먼저 그것이 무엇인지 찾아볼 필요가 있다. 제품과 고객 사이의 연결고리는 무엇일까? 제품에 대한 명확한 스토리가 없다면, 현재 또는 잠재고객은 당신의 브랜드에 대해 어떤 이야기를 하고 있을까? 고객은 자신을 잃지 않는다. 형편없는 제품과 별 볼 일 없는 브랜드는 가감없이 버릴 뿐이다.

앞으로 나아가면서 기본적인 틀은 유지하고 스토리에 새로운 장을 추가할 수 있다. 나는 이러한 자세가 광고를 만들 때도 똑같이 적용되어야 한다고 생각한다. 브랜드 이미지나 슬로건의 세부 사항은 부분부분 바뀔지라도, 제품이나 브랜드가 추구하는 핵심에는 항상 충실해야 한다. 일단 효과적이고

브랜드 경험의 본질

회사의 메시지를 독특하게 전달할 수 있는 광고 캠페인을 찾았다면, 그대로 유지하는 것도 좋은 방법이다. 광고 대행사들은 종종 새로운 것을 시도하고 싶어 하며, 당신의 조직원들이 대규모의 재출시나 리브랜드rebrand를 모색하고 있을지 모른다. 기존 전략이 너무 형편없어 회사가 망할 위기에 처하지 않았다면, 처음부터 다시 시작하는 것보다는 이미 가지고 있는 브랜드 재료를 개선하는 편이 훨씬 효과적일 것이다.

프리울리 베네치아 줄리아 지역(트리에스테가 있는 지역)의 주지사로 일하던 시절, 나는 '변화를 위한 변화'의 위험성을 몸소 경험한 적이 있었다. 우리의 광고 슬로건은 의역하자면 '독특한 사람들의 손님이 되어라' 정도가 될 수 있겠다. 우리 지역에는 국가와 지역 법으로 보호받는 세 개의 각기 다른 언어를 사용하는 소수민족이 살고 있었다. 이렇게 다른 문화는 우리가 다른 음식, 다른 전통, 그리고 다른 삶의 방식을 가지고 있음을 의미하며, 이 모든 것이 우리를 더욱더 매력적으로 보이게 하고, 가보고 싶은 관광지로 다가가게 한다. 이탈리아 안에서도 이런 곳은 흔하지 않다.

나는 5년의 임기를 채우고 퇴임했으며, 새로운 주지사가 선출되었다. 이제 우리 지역의 슬로건은 'Friuli Venezia Giulia(팔을 벌려라)'가 되었다. 이는 세계 어느 지역에서나 사용할 수 있는 슬로건이다. 이것은 바꿀 필요가 없는 것을 바꾼 경우일 뿐만 아니라 기존의 제품 스토리를 무시하고, 잠재 고객들의 뇌에 자동으로 연상되는 것이 없을 정도로 흔하고 일반적인 것으로 대체된 안타까운 경우이다. 조직 내에는 당신이 가지고 있는 고유한 비즈니스 요소를 좋아하지 않는 사람들이 있기 마련이다(일리의 로고에 업데이트가 필요하거나 좀더 세련되게 바꾸어야 한다고 생각하는 직원들이 반드시 있으리라 생각한다). 하지만 이것은 큰 문제가 아니다. 모든 사람에게 사랑받을 필요는 없으니 말이다.

직원들을 진심으로 대하다

나는 사업 안에서 관계 맺기에 대한 모든 것을 아버지(에르네스토)에게 배웠다. 나는 아버지가 직장에서 맞이할 수 있는 모든 도전과제를 협상해 나가는 과정을 지켜보며 자랐다. 아버지의 관계 맺기는 한마디로 표현하자면 존중이었다. 아버지는 고객, 공급업체, 그리고 무엇보다도 직원들을 존중했다. 회사 안에서의 직원의 역할, 회사 밖에서 직원 개개인이 가지고 있는 사회적 지위를 막론하고, 모두를 존중하는 마음으로 대하셨다. 아버지는 그 세대의 남자답게 행동하셨으며, 예절에 대해서는 구식이라고 할 정도로 격식을 갖추며 행동하셨다. 회사를 위해 일하고 있는 사람들과 친근하게 지내는 법을 알고 계셨고, 관계의 성격을 잘 파악하며 시간의 흐름에 따라 약간의 격식을 더하여 사람들을 대하셨다. 아버지에게는 사람들을 편안하게 해주는 마법 같은 무언가가 있었다. 직원들은 그들이 아버지와 언제든 이야기를 나눌 수 있으며, 일에 대해서도 허심탄회하게 논할 수 있다는 것을 느꼈다. 다른 나라나 다른 회사였다면 근로자가 경영자에게 솔직한 심정을 털어놓는 것 자체가 쉽지 않은 구조였을 것이다. 예를 들어, 여러 가지 이유로 붕괴한 영국의 중공업은 노동자와 경영자 사이의 불신으로 가득하다. 한 근거 없는 이야기에 따르면, 어느 공장에서는 노동자들이 자주 파업을 벌였다. 그리고 매 파업 때마다 회사의 경영자는 새로운 롤스로이스를 샀다고 한다. 그는 파업의 현장인 피켓 라인을 지날 때마다 무례한 표시를 하며 지나가곤 했다고 전해진다.[1]

나는 아버지에게 내가 대접받고 싶은 대로 다른 사람들을 대하는 법과, 업무와 꼭 관련이 없는 주제에 대해서는 쉽고 넓게 대화하는 법을 배웠다. 아버지는 좋은 관계를 맺기 위해서는 개인적인 친숙이 얼마나 중요한지 알고 계셨다. 아버지는 직원들에게 일과 가정생활이 구별될 수 없는 상황이 있다는 것도 이해하셨다. 누군가 갑자기 아픈 가족을 돌봐야 한다면, 기꺼이 집에 가도록 허락하기도 하셨다. 이러한 융통성 있는 태도의 일부는 앞에서 언급했던 것에서 비롯된다. 직원들이 우리 회사를 위해 일하는 것은 좋은 직업을 갖는 것 그 자체였다. 직원들도 그들이 좋은 대우를 받고 있다는 것을 알고 있었기에 우리를 존중해 주었다. 그들은 오랫동안 일리에 머무르며 일하기를 원했다. 우리는 우리가 속한 마을에 유익한 회사가 되기 위해 노력했다. 이것의 일부가 바로 환경 지속 가능성이다. 그중 하나가 직원들이 이 지역에 뿌리를 내릴 수 있게 돕는 것이었다. 직원들이 집을 사고, 자녀들을 교육할 수 있도록 우리가 지원하는 이유이다.

7장에서는 중남미, 서아프리카, 카리브해, 인도의 근로자들과 소규모 농부들이 심한 홀대와 낮은 임금을 받는 현실에 대해 언급했다. 농부들은 종종 이윤보다는 손해를 보고 판매한다. 우리가 이 나라들에서 구매하는 우수한 원자재는 귀한 것들이며, 뉴욕 증권 거래소NYSE에서 거래되는 상품보다 훨씬 더 비싸다. 예를 들어, 포라스테로 카카오는 NYSE에서 톤당 약 2,500달러에 거래되지만, 우리는 이 가격의 4배를 주고 크리올로 카카오 콩을 구매한다. 우리는 생산의 지속적인 개선을 가능하게 하는 관계를 육성하기 위해서뿐만 아니라 전체적인 이윤을 생산자에게 돌려주기 위해 노력한다. 그렇기에 재배자들을 통해 직접 구매하기를 이어나가는 것이다. 일리의 공급 체인은 국제적인 검증 기관인 DNVDet Norske Veritas에 의해 지속 가능성을 인증받았으며, 이는 일리의 구매 가격이 재배자에게 지급된 가격과 일치하는지 확인할 수 있는 제도이다. 좋은 관계를 맺고자 하는 우리의 신념에 따라, 공급업체들을 잘 대우하고 있으며, 고객에게 더욱 윤리적인 제품을 전달하기 위해 더 큰 비용을 지출할 생각도 가지고 있다. 우리의 생산물을 더 높은 품질로 정련함으로써 우리는 이런 비용 지불이 전혀 아깝지 않다.

강력한 유대를 쌓다

목적의식과 수익을 목표로 설립된 B 코퍼레이션B Corporations[1]이 점점 더 인기를 끌고 있다(일리는 최근 인증 절차를 마무리했다). 나는 이탈리아 대부분의 가족 경영 사업체들이 B 코퍼레이션을 지지하고 있다고 생각한다. 목적의식과 수익을 동등하게 우선으로 하는 기업의 개념이 비옥한 서식지를 찾게 하는 것 같다. 가족이 운영하는 기업들, 심지어 중견기업이나 글로벌 기업으로 성장한 기업들이라도 익숙한 접근법을 유지하고자 한다. 전문 이사회나 전문 경영자가 경영할 때에도 직원들을 확장된 가족의 일원으로 생각하고 있다. 이러한 관계는 회사에 긍정적인 영향을 줄 뿐만 아니라 우호적으로 작용한다. 직원들이 도움을 필요로 하면 회사가 그들을 도울 것이고, 코로나19로 어려웠던 시기에는 회사가 도움을 필요로 하면 직원들이 회사를 도울 것이다.

우리가 직원들을 강력한 유대감으로 대하는 방식을 생각해 보길 바란다. 강한 유대감과 약한 유대감 사이 일종의 변형이라고 생각하면 될 것이다. 강한 유대는 직계 가족이자 여러

[1] 사회적으로 좋은 일을 하는 기업에 주는 인증서.

분과 가깝게 지내는 깊이 알고 있는 사람들을 포함한다. 약한 유대감은 더 표면적이지만 순조롭게 사회를 운영하기 위해서는 필수적인 요소를 말한다. 부모가 늦게까지 일을 해야 한다면 아이를 돌봐줄 친절한 이웃, 일에 지친 부모님이 자주 하는 주문을 기억해 주는 친절한 카페 웨이트리스 사이의 관계 등이 좋은 예가 될 수 있겠다. 직장에서 갖는 약한 유대감은 일반적으로는 일상적인 관계를 뜻한다. 다른 부서에서 일하고 있는 누군가가 여러분의 얼굴이나 이름 정도를 알고 있다면, 그 부서에 있는 다른 누군가에게 당신을 소개해 줄 수는 있을 것이다. 강력한 유대감은 이 둘 사이의 어딘가에 존재한다. 나는 모든 직원과 깊이 알고 지내는 사이는 아니지만 직원과 나의 관계는 엄격히 전문적이고 그 이상이라고 자부한다. 우리는 마치 한 가족의 먼 친척처럼, 역사, 문화, 그리고 사업의 성공에 대한 공동의 관심사로 묶여 있다. 서로의 삶에 직접적으로 관여하지는 않겠지만, 우리 회사가 위협을 받는다면 기꺼이 힘을 합쳐 함께 싸울 것이다. 마찬가지로, 경기가 좋거나 또는 안 좋을 때에도 우리는 이익을 공유하게 될 것이다.

우리 회사에는 한 직장에서 평생을 일하고 있는 직원들이 많다. 은퇴가 가까워지면 그들은 자신의 직업을 아이들에게 물려주고 싶다는 생각을 밝히기도 한다. 그들의 작업 포지션은 세대 간의 직업이 되기도 한다. 그들에게는 아이들이 좋은 회사에서 자리를 잡을 수 있도록 도움을 줄 수 있다는 것이 장점으로 느껴질 것이다. 우리에게는 그룹이나 조직을 함께 유지하는 데 도움이 되는 강력한 유대감²으로 가득 찬 우호적인 환경을 조성할 수 있어 좋다. 한 가족 내에서의 채용은 품성이 나쁘거나 윤리의식이 떨어지는 사람을 채용할 위험성을 낮춰준다. 우리는 그들의 부모를 알고 있으며, 자녀들의 학창 시절은 물론 자라온 과정에서 여러 차례 만남을 가졌다. 루이기 바이세토가 제안하는 것처럼, 우리 역시 직원들의 조부모님을 만나봤거나 알고 지내는 경우도 있다. 이는 우리가 이 젊은이들이 자라온 환경을 이해할 수 있게 하며, 그들이 우리를 위해 일할 때 어떻게 행동할지에 대해 확신할 수 있도록 도와준다. 일리의 또 다른 장점은 직원을 해고하는 것 보다는 오히려 적절한 사람을 고용하는 데 더 많은 신경을 쓰고 있다는 것이다. 대부분의 B 코퍼레이션에서 '해고'는 고통스러운 행위로 간주된다. 일부 직원을 해고하기보다는 자신의 연봉을 삭감하는 편을 선택하는 기업가들이 많다.

위기는 기회가 된다

이 모든 것은 부분적으로 이탈리아가 가족 중심의 국가이기 때문에 가능한 것이다. 우리는 가까운 궤도는 물론 확장된 궤도에 있는 모든 사람의 행복을 우선으로 생각한다. 이것은 실용적인 선택이기도 하다. 지금은 이탈리아에 속해 있지만 우리는 역사적으로 변덕스러운 과거를 가지고 있다. 트리에스테는 수많은 다른 나라에 의해 지배되었고, 많은 싸움에 휘말렸으며, 우리의 영토를 여러 번 침략당했다. 과거의 우리는 정치적인 혼란을 겪으며 살아왔다. 1990년대까지만 해도 힘 있는 공산당이 존재하고 있었다. 우리는 항상 정치적인 불확실성, 분쟁, 그리고 심지어는 극단주의의 가능성을 안고 살아야 했다. 그래서인지 우리는 가능한 한 안정된 환경을 만들고자 노력한다. 우리 회사는 우리가 더 행복할 수만 있다면, 우리의 수익이 조금 적어지더라도 그것을 가치 있는 일이라고 생각한다. 단순히 기분 좋은 이유 때문이 아니다. 이는 우리의 회복력을 높여주고, 더 강하게 만들어주며, 어려운 시기를 살아남을 수 있도록 하기 때문이다.

2020년은 우리에게 도전적인 해였다. 많은 식품 회사와 커피 회사들이 마찬가지였을 것이다. 우리 제품이 판매되고 있는 카페는 사람들의 방문이 뜸해져 한산했다. 직원들이 코로나19에 걸리게 되면서 우리의 공급망 여기저기서 고군분투해야 하는 상황이 발생했다. 하지만 이 모든 과정 안에서 나는 폴로 델 구스토에 있는 모든 지사 직원들이 우리와 하나가 되어 우리를 지지하고 있다는 확신을 가질 수 있었다. (흥미롭게도, 도모리는 코로나19 기간 동안 가장 뛰어난 회복력을 보여준 회사였다. 경영진은 새로운 시장, 새로운 제품, 새로운 고객 등 새로운 판매 기회를 찾기 위해 노력했다. 연말 매출은 전년도만

브랜드 경험의 본질

큼이나 높았다. 코로나19가 유행했을 초기만 하더라도 직원들을 대량 해고해야 할지도 모른다고 예상했으나, 오히려 성장에 발맞추기 위해 신규 인력을 추가 채용했다.)

관계에 도움이 필요하다면

최상의 시나리오는 직원들과 건전하고 견고한 관계를 유지하는 것이다. 물론 유럽에서도 블루칼라 일자리 감소(테크니션과 화이트칼라 일자리로 대체), 디지털화(더 많은 자율적인 일자리 창출), 세계화(노동비용에 대한 국제 경쟁 강화)와 같은 몇 가지 요인 때문에 노조가 존재한다. 이탈리아의 경우 노조는 대부분 은퇴한 근로자들을 대표한다. 독일의 노조는 고용주들과 함께 일하고 있으며, 노동자들이 이사회에 임명될 수 있는 권리를 갖는다. 프랑스의 노조는 여전히 꽤 강력하게 존재하며 특히 공공 부문 근로자들을 대표하고 있다.

노조가 어떻게 기업을 돕고 있으며 어떻게 방해가 되고 있는지는 충분한 토론의 주제가 될 수 있다. 미국에서는 전통적으로 노조의 도움을 받은 사람들이 많기에, 그 사람들이 노조에게 다시 등을 돌리는 상황은 일반적인 현상으로 받아들이지 않는다. 미국의 사업주, 직원, 소비자, 일반 대중 간의 관계가 어떻게 발전해 왔는지를 생각해 보면 다가오는 도전에 맞서 사업을 강화하고 든든히 할 수 있는 기회가 헛된 것으로 느꺼지기도 한다.

지난 몇 세기 동안, 직원들은 더 적은 시간을 일해도 자신과 가족을 부양하기에 충분한 돈을 받는 것이 일반적이었다. 19세기 중반 영국과 미국에서 일하는 가정부와 하인들은 일요일의 절반만 쉴 수 있었고, 하루에 14시간에서 17시간을 일해야 했다. 1908년 뉴잉글랜드의 한 방앗간은 토요일의 절반과 일요일 예배 참석을 위한 당시의 일반적인 휴일 제도에서 탈피하여, 노동자들에게 일주일에 이틀의 휴식을 허락하는 최초의 회사가 되었다. 주 5일 근무제라는 새로운 아이디어는 대공황 동안 짧은 근무 시간이 실업률을 억제하는 데 도움이 될 것이라는 희망으로 받아들여졌다.[3] 모든 징후는 근로자들이 일을 적게 하는 미래를 향하고 있었다. 1928년 경제학자 존 메이나드 케인즈John Maynard Keynes는 기술의 발전으로 2028년까지 주당 15시간으로 줄어들 것으로 예측하기도 했다.

하지만 이는 현실로 이루어지지 않았다. 오히려 근무 시간의 단축은 점진적으로 경영진급 직원들에게만 적용되기 시작했다. 이들은 기본적인 일만 했던 사람들이다. 반면, 영 시간 계약zero-hours contracts[I]이 증가하고 있는 영국의 시간제 근로자들은 생활비를 충당하고 각종 청구서 비용을 충당하기 위해 일정 기간 충분한 시간을 일하려고 애쓰는 정반대의 상황이 벌어졌다. 이 두 가지 옵션 모두 고용주와 직원 사이의 행

I 정해진 노동 시간 없이 고용주가 요청할 때만 업무를 진행하는 비정규직 노동 계약.

브랜드 경험의 본질

복한 관계에는 도움이 되지 않았다. 더욱 중요한 것은 비즈니스의 중추인 사람들 사이에 스트레스와 분노를 불러일으키는 역효과만 초래한다는 사실이다. 오늘날 우리는 모두 변덕스러운 세상에 살고 있다. 미래에 대한 확신도 부족하다. 영국인들은 EU 밖에서의 삶을 시작하고 있다. 미국은 트럼프 시대 이후의 삶에 진입하고 있다.

우리는 기후 변화, 세계 경쟁, 부의 불평등, 그리고 정치적인 불안정과 같은 다양한 것들을 향후 수십 년의 계획으로 고려할 필요가 있다. 당신이 하고 있는 사업에도 다른 여러 걱정거리가 있을 것이다. 현재 전 세계에 퍼지고 있는 불안정이 시장을 위협하고 있는 상황에서, 비용을 절감해야 한다는 압박을 느끼고 있을지도 모른다. 이때 본능적으로 직원들의 복리후생, 임금, 근무 시간 등을 조금씩 깎고 싶은 생각이 들 수도 있을 것이다. 하지만 이러한 삭감조치가 보편적인 해결책이 아니라면, 오히려 역효과만 날 수 있음 명심하자.

노동자들의 삶을 힘들게 하기보다는 더 좋게 만들어주면 어떨까? 미국의 그래비티페이먼츠Gravity Payments라고 불리는 카드 결제 시스템 회사의 최고 경영자는 모든 직원에게 최소 7만 달러의 월급을 주기 위해 자신의 연봉을 90% 감봉하는 조치를 감행했다. 이 파격적인 행동이 칭찬을 받기도 했지만, 논란이 된 일이기도 하다. 직원 20명의 연봉이 갑자기 3분의 1 이상 인상된 것이다. 물론 그들은 기뻐했다! 하지만 일부 고액 연봉자들은 신입사원이 갑자기 자신들과 같은 임금을 받고 있다는 것을 알고 분개하기도 했다.

이 최고 경영자의 친형은 그를 고소했고, 일부는 그의 행동이 이타적이기보다는 이기적이었다고 비난하기도 했다. 그러나 현재 이 비즈니스는 확장되던 과거와 비교해 직원 수의 두 배나 되는 성장을 기록하고 있다. 아마도 가장 흥미로운 것은 직원들이 임금 인상 전보다 훨씬 더 많은 수의 가족을 부양하게 되었지만, 장기적으로는 재정적인 책임과 헌신을 기꺼이 떠맡을 자신감을 얻었다는 점이다.

어떤 회사들은 화이트칼라 근로자들이 근무 시간을 스스로 결정하고 재택근무를 할 수 있도록 허용함으로써 출퇴근 스트레스에서 벗어날 수 있게 하고 있다. 이러한 추세는 코로나19 대유행 동안 기하급수적으로 증가했다. 우리 역시 직원들이 사무실에서 일할 때와 마찬가지로 집에서도 업무를 잘 처리하고 있다는 것을 알게 되었다. 물론 이런 종류의 혜택은 무슨 일이 있어도 출근을 해야 일할 수 있는 육체노동자들에게는 해당되지 않는다. 이는 너무 극단적일 조치일 수도 있지만, 중요한 것은 더욱 공평한 비즈니스 모델을 만들겠다는 생각이 실제로 회사를 세우는 데 도움이 될 수 있다는 점이다. 가족 경영으로 움직이는 비즈니스가 아닐지라도, 직원들과의 유대감을 조금 더 강화함으로써 향후 일어날 수 있는 문제에 저항할 수 있을 만큼의 오래 지속되는 관계를 구축할 수 있다.

　　　　　　　　　　　　브랜드 경험의 본질

이 이탈리아식 관계의 개념이 당신의 사업에 어떻게 작용될 수 있을지 생각해 보길 바란다. 직원들이 말 그대로 자신의 자녀에게도 자기가 하는 일을 물려주고 싶을 정도로 당신의 회사에서 일하는 것을 보람 있게 생각하도록, 당신이 지금할 수 있는 일은 무엇인가? 이것은 단순히 재정적인 측면을 이야기하는 것이 아니다. 우리는 좋은 임금을 제공하고 있지만, 경쟁사들과 비교했을 때 압도적으로 많은 금액을 주지는 않는다. 이것은 추가적인 특권이나 혜택에 관한 것도 아니다. 그보다는 우리가 매일 실천하는 것이기도 하며 더 큰 중요한 요소이기도 한 우리의 경영 철학이다. 이 경영 철학 안에서 우리는 모두 함께 존재하고 있다.

당신의 비즈니스에서 진정한 통합이란 무엇을 의미하는가? 우리에게 일리는 유기적인 기관이다. 일리는 대대로 전해지는 공유된 역사와 함께 살아 숨 쉬고 있다. 우리는 우리가 하는 일에 대한 자부심을 모두와 공유하고 있다. 당신의 회사는 어디에 자부심을 두고 있는가? 당신은 직원들이 그들의 친구나 새로운 지인에게 자기 일에 대해 어떻게 말하고 있는지 알고 있는가? 잘 모르겠다면 그들에게 현재의 비즈니스가 무엇이며, 무엇을 의미하고 있는지 설명해 달라고 요청해 보라. 직원들에게 비즈니스와 관계된 정체성을 갖게 되어 스스로가 자랑스러웠던 순간이 언제였는지 알려달라고 말하라.

고용이나 의무의 문제를 떠나 일괄적으로 임금을 올려주

거나 고용 혜택을 개선해 주지는 못하더라도, 당신의 조직 안에서 직원들이 하고 있는 일에 대한 경험을 개선할 방법은 얼마든지 찾을 수 있을 것이다. 당신이 운송 회사를 경영하고 있다고 생각해 보자. 일부 사람들은 A에서 B의 위치로 데려다주는 사업을 하고 있다고 생각할 수도 있지만, 당신이 고용한 운전사와 승무원들은 다르게 생각하고 있을지도 모른다. 그들은 구직자를 중요한 면접 장소로 데려다 줄 때 기쁨을 느낄 수도 있다. 원하는 장소로 손님을 데려가고 데려 올 때마다 보람을 찾을 수도 있다. 여기서 회사와 연결된 끈끈한 관계성을 느낄 수 있다. 물론 이 외에도 감정적으로 기쁨을 느끼고 지극히 개인적으로 유대감을 느끼는 순간도 있을 것이다. 만약 당신이 이러한 것들을 인지할 수 있다면, 직원과의 유대를 강화하고, 그들이 자신이 하는 일에 자부심을 가질 수 있도록 한 가지 이유라도 더 보탤 수 있는 방법을 찾을 수 있을 것이다. 물론 당신과 직원들이 이러한 마음을 가지고 일하게 된다면 고객의 서비스 사용 경험 역시 향상될 것이다.

10장.

인내를 말하다

1993년 트리에스테 시장으로 선출되기 전까지만 해도 나는 인내심이 강한 사람이 아니었다. 나는 언제나 빠른 답변과 변화 그리고 결과를 원했다. 이런 성미는 나의 할아버지 리카르도Riccardo가 40세의 나이로 제2차 세계대전 중 민간인의 신분으로 목숨을 잃은 것과도 연관이 있다고 생각한다. 인생에서 무언가를 시작하여 성취도 하기 전에 젊은 나이에 죽는다는 것이, 갑자기 나에게도 일어날 일 같아서 불안감이 컸다. 어린 나이에 뛰어든 사업이었고, 내가 할 수 있는 한 많은 것을 성취하고 싶었기에 서둘러야 했다.

다행스럽게도 나는 이른 나이에 죽지 않고 아직 살아 있으며, 상상했던 것보다 더 많은 시간이 내게 주어졌음을 깨달았다. 나는 사업에만 집중하지 않고 내가 사는 이곳 트리에스테의 복지를 개선하기 위해 공직 출마를 결심했다.

인내를 배워가다

지방정부는 계층화된 조직과 복잡한 법적 테두리 안에서 여러 가지 다양한 서비스를 제공하고 있으며, 기업으로 치면 대기업과 같다. (이런 이유 때문에 내가 폴로 델 구스토와 같은 복잡한 조직을 운영하는 것이 편하게 느껴지는 것 아닐까!) 이탈리아인들은 특히 우리만의 규제와 관료주의를 좋아한다. 시장으로서 나는 광장을 배회하고 있는 사람들과 어떤 결정에 대한 의견을 나눌 필요가 있다고 느꼈다.

좌절할 때도 있었지만, 복잡한 업무 환경에서 협업을 배울 수 있는 좋은 기회였다. 결국 이런 복잡함을 어떻게 관리하는지 그 방법을 배우지 않는다면 결과를 얻을 수 없다. 트리에스테 외곽의 고속도로 연장 사업은 내 두 번의 시장 임기 기간인 8년과 후임 시장 임기 기간 중 7년이라는 시간이 소요되었다. 임기 기간 동안 나는 많은 사람을 만나 정작 그들에게 필요한 것은 무엇인지 이해하기 위해 노력했다. 때때로 내가 해야만 했던 선택과 결정들이 자신들의 삶을 뒤바꿔 놓았다고 말하는 사람을 만나기도 했다. 개정된 지역 법이 그들의 사업에 악영향을 미치게 된 경우를 예로 들 수 있겠다. 나는 그들이 겪는 고통을 느낄 수 있었다. 다양한 환경에서 고군분투하는 우리 마을 사람들과 공감하는 법을 배워야 했다.

시장실에서 집무를 보는 동안, 항상 나를 피해 다녔던 그 무엇인가와 정면으로 조우하게 되었다. 바로 인내심이었다. 어떤 지자체나 조직에서 좋은 일이 일어나기 위해서는 오랜 시간이 필요한 법이다. 바람직한 목적지로 가는 길에 방향을 바꾸고 싶은 유혹도 있을 것이다. 때로는 즉각적인 성과가 없다고 느껴질 때면 과감한 변화를 강요당하기도 할 것이다. 하지만 내가 이룬 모든 성공은 일종의 수직적이고 수평적인 일관

브랜드 경험의 본질

성 덕분이었다. 나는 같은 방향으로 계속 나아갔다. 고속도로를 만들거나, 새로운 시정을 결정할 때, 또는 새로운 인프라 투자의 경우도 마찬가지였다. 시장으로서 공감도 필요하고, 확신도 필요했지만, 무엇보다도 인내심이 가장 필요했다.

"인내심을 가져라"는 말은 당신의 사업이 잘될 수 있도록 돕고 있는 것들을 꼭 붙들고 있으라는 나의 격려이자 당부이다. 지금 당장 어려움을 겪고 있는 회사나 마을에 활력을 불어넣는 종류의 변화를 논하고 있다면 그만큼 시간이 걸린다는 것을 말해주고 싶다. 가장 경험이 많은 (그리고 연봉이 높은) 직원들을 해고하거나 원자재를 낮은 품질의 상품으로 다운그레이드하는 등의 잘못된 변화와 선택을 강요당할 때도 있을 것이다. 하지만 당신이 고객에게 놀라움과 기쁨을 주는 진정성 있는 제품을 만들고 있다면 물건을 판매할 시장은 언제든 다시 확보할 수 있다는 것을 잊지 말자. 언제고 경제가 회복되거나 사회가 안정되면, 고객들은 이전만큼이나 더 많아질 것이다. 반면 제품의 품질을 떨어뜨리거나, 불량한 재료로 대체하여 생산 기준을 낮춘다면 고객들은 오래 머물지 않을 것이며, 오히려 신뢰를 잃고 영원히 떠나게 될지도 모른다. 따라서 믿음을 가지고 비즈니스의 진정한 핵심을 지키되, 작동하지 않는 요소가 있다면 계속 개선해 나아가야 한다.

사업에는 두 가지 유형의 인내심이 존재한다. 새로운 것을 진행할 때는 건설적인 인내심을, 기존의 것을 유지해야 할 때는 지속적인 인내심을 가져야 한다. 또 인내심이 가지고 있는 문제적인 측면이 있는데, 바로 우유부단함과 의구심, 장기간의 무반응을 초래하는 정체이다. 이런 세 가지 상태의 차이와 각 상태에 대응하는 방법을 정확히 알고 대응하는 것이 무엇보다 중요하다.

도모리: 건설적인 인내를 가지다

나는 지금껏 적자부터 흑자까지 새로운 회사를 키우는 과정에서 겪을 수 있는 줄다리기와 같은 균형잡기를 여러 번 경험했다. 인칸토 기업으로서 일리가 하는 모든 행위는 단기 수익보다는 장기적인 지속 가능성을 우선으로 하며 당장 눈앞에 보이는 단기의 매출 증가보다는 장기적인 품질을 우선으로 생각했다. 이것은 경기가 좋을 때는 쉽게 받아들여졌지만 불황으로 상황이 어려워졌을 땐 쉽게 받아들이기 힘든 자세이다. 트리에스테의 시장으로 사는 삶과 마찬가지로 나는 일관성의 태도를 유지하면서, 내 선택과 결정이 특정 길을 잘 걷고 있는 것인가를 끊임없이 돌아보며 자문했다. 가장 최근에는 힘들었던 도모리 인수 과정을 거친 뒤 도모리를 키워가면서 이런 건설적인 인내심을 경험할 수 있었다.

일리 그룹Grouppo Ily은 2007년에 도모리를 인수했다. 일리처럼 그들도 쇼트 레시피를 추구하는 회사이다. 또 일리와 마찬가지로 뛰어난 원자재, 독특한 공급망, 지속 가능성을 중요하게 생각하는 회사였다. 이는 원자재를 재배하는 사람들에게는 축복이나 다름없는 것이다. 이 모든 이유로 인해 나는 도모리가 단순히 가늠할 수 있는 잠재력보다 더 가치 있는 기업이라는 것을 알 수 있었다. 일리처럼, 도모리는 독특한 전략을 보유하고 있다. 대부분의 초콜릿 제조사들이 지나치게 구운 콩, 인공적인 맛, 핫 페퍼를 넣은 초콜릿처럼 새로운 맛과 낮은 등급의 쉽게 구할 수 있는 원재료에 의지하고 있을 때도, 도모리만은 세련되고 놀라운 품질을 추구하고 있었다.

나는 도모리의 잠재력을 확신했다. 더군다나 도모리가 가지고 있는 비전이 일리 그룹의 비전과 일치했기 때문에 유일무이하게 가치 있는 회사라는 확신이 들었다. 다른 대기업이라면 그 가치를 인식하지 못했을 것이다. 그들에겐 품질에 대한 고집이 오히려 부담으로 느껴질지도 모르겠다.

매출은 겨우 몇백만 유로에 불과했지만 도모리는 현명한 구매자임을 알 수 있었다. 성장을 통해 원하는 수익성에 도달하려면 어느 정도의 시간이 필요하기 때문이다. 우선 생산, 판매, 관리를 담당할 상무급 임원과 최소 3명의 기능 관리자를 고용하기 위한 투자금이 필요했다. 또 우리는 새로운 전문 초콜릿 생산 라인을 만들기 위해 2백만 유로의 투자도 아끼지 않았다. 초반의 몇 년 동안에는 손실도 있었고, 자본 투입만 계속되고 눈에 보이는 수익이 없어 우리 이사 중 일부는 빨리 문제를 해결하라며 조바심을 내기도 했다. 그러나 나는 도모리를 어린나무나 덩굴처럼 돌보며, 언젠가는 열매를 맺을거라 생각했고 미래를 보며 버텼다. 도모리가 2천만 유로의 판매로 마침내 손익분기점을 맞추는 데만 12년이라는 시간이 걸렸지만, 도모리는 결국 폴로 델 구스토 나무의 회복력 강하고 튼튼한 가지로 성장했다. 그것은 인내의 결실이기도 하다. 우리는 감봉, 비용 절감, 더딘 이윤 속에서도 꿋꿋하게 버티며, 매각을 선택하는 대신 스스로 성장할 기회를 충분히 준 셈이다.

우리의 투자는 2020년과 코로나 19로 어지러웠던 시국에 상당한 성과를 거두었다. 도모리는 전년도 매출액을 반복한 것은 물론 이탈리아 안팎에서 지속적으로 확대되어 양호한 재무성과로 개선되었다. 나는 특히 이 회사의 장기적인 전망에 확신을 가지지 않는 사람들 속에서 한 명의 아이를 성장시키는 마음가짐으로 큰 인내심을 가지고 성장을 지켜봐야 했다. 하지만 나는 확신이 있었다. 이때의 감정은 1977년 내가 일리에서 첫발을 떼던 당시와 같았다. 나는 큰 잠재력을 가지고 있었지만, 아직 개발되지 않은 회사를 보았다. 하지만 그 당시 일리는 이미 44세였다. 2007년 도모리에게 같은 감정을 느꼈을 때, 도모리는 겨우 10살에 불과했다. 성장하고, 성숙한 '어른'이 되기 위해 더 많은 시간이 필요했다.

우리는 비용을 조금 줄이는 것만으로 도모리의 재무제표를 빠른 속도로 개선해 나아갈 수 있었다. 매니저 중 몇 명을

브랜드 경험의 본질

해고하거나, 여분의 재료를 사용하여 초콜릿의 품질을 희석할 수도 있었다. 이런 변화들을 시도했다면 단기간에 흑자로 전환하는 것도 가능했을 것이다. 하지만 동시에 도모리의 고객들이 브랜드에게 가지고 있던 신뢰를 회복할 수 없을 정도로 무너뜨렸을 것이다. 또 도모리가 고품질의 초콜릿 산업에서 중요한 기업으로 성장하는 길을 막았을 지도 모른다. 그 자리에 오르기 위해서 도모리는 성장해야 했고, 성장하기 위해서는 끈기 있게 더 많은 돈이 투입되어야만 했다.

일리 커피: 지속적인 인내심을 가지다

다른 것들과 마찬가지로, 사람도 심는 대로 거둔다. 우리가 무엇을 심든 그것을 심은 양에 따라 다른 결과를 얻을 수 있다. 심을 수 있는 대상은 생각보다 다양하다. 전문적인 기술, 인간성, 친절함, 우정, 공감이 될 수도 있고, 회사의 정신에 온전히 관여하는 태도가 포함될 수 있다. 사람은 팔과 두뇌를 가지고 있을 뿐만 아니라 심장도 가지고 있다. 사측이 회사 문화에 적극적으로 개입하여 공감하고, 직장 분위기를 쾌적하게 만들며, 관리자들이 노동자들과 마음을 나누고 생각을 나눌 수 있는 환경이 조성된다면, 노동자들 역시 많은 아이디어를 제공하고, 혁신과 개선을 제안하며, 기꺼이 필요 이상으로 열심히 일할 것이다.

이것은 사람의 손에서 좋은 품질이 만들어진다고 믿으며, 오직 최상품만을 생산하는 기업, 즉 인칸토 기업에 있어 특히 중요한 마음가짐이다. 일리의 생산 현장에 방문하면 이것이 어떤 모습으로 작동하는지 볼 수 있다. 매일 아침이면 CEO 부터 신입 블루칼라 직원까지 모든 직원이 제일 먼저 하는 일은 회사 커피숍 주변에 모이는 것이다. 공장을 방문하는 우리의 공급자와 고객들도 하나둘 비집고 들어온다. 긴장을 풀고, 숨을 쉬고, 사람들과 어울리기 위한 순간이다. 보통의 '커피 타임'은 오전 9시에 시작되지만 우리 직원들은 언제든지 커피 바에 올 수 있다. 일종의 의식이인 셈이다. 물론 직원들에게 모든 커피는 공짜로 제공되며, 일리는 자유로운 대화를 장려한다. 독일에서 온 잠재 고객이 이 커피숍에 방문해 대화에 동참했더라면, 평생 공장에서 일해온 한 나이 든 여성이 엉성하게 통역해 주는 농담을 듣고 웃고 있을지도 모르겠다. 정확히 알아듣지는 못하더라도 그는 적어도 일리가 기능적이고 행복한 회사라는 생각을 하며 돌아갈 것이다.

점심시간이 되면 우리 직원들은 다시 카페테리아에서 만날 것이다. 우리는 매일 현지에서 조달한 신선한 음식을 식사로 제공하고 있다. 모든 직원이 이용 가능하며, 저렴하고 영양가 있고 맛 좋은 식사를 보장하기 위해 비용을 충당하고 있다. 구내식당의 분위기는 친숙하고 친근하다. 블루칼라, 화이트칼라, 매니저, 주주 등 직원의 구별 없이 모두 같은 구역에서 식사를 하고, 종종 한 테이블에서 다른 테이블로 자기를 옮겨가며 대화를 나눈다. 이후 저녁이 되면, 매니저들과 화이트칼라 직원들은 퇴근하고, 저녁 교대 근무 시간을 맞이한 근로자들이 식사를 위해 스파게티나 펜네를 먹으면서 더 큰 목소리로 즐거운 대화를 나눈다.

일 년 내내 우리는 크고 작은 다양한 축하 행사를 연다. 성 니콜라스의 날, 크리스마스, 그리고 부활절 축제는 직원들의 자녀를 위해 만들어진 행사이다. 아이들은 선물을 받고, 음식이 가득 담긴 접시를 앞에 두고 즐거워한다. 본격적인 휴가철이 시작되기 전인 7월이면, 음식, 음료, 그리고 음악이 있는 큰 축제를 위해 전담팀이 조직되기도 한다. 긴 휴가에 돌입하기 전, 모든 직원이 가족을 데리고 와서 마지막 행사를 함께 즐긴다. 이는 직원들을 즐겁게 하는 역할도 하지만 내부 결속력을 다지기 위한 목적이 되기도 하다. 우리가 모두 하나의 대가족이라면, 축제 역시 함께 즐기는 것이 마땅하다.

나는 이러한 연대 문화가 보상이기보다는 모두에게 주는 기회라고 생각한다. 이 세상은 돈을 많이 버는 만큼 일하는 사람의 삶을 고갈시키는 사업들로 가득하다. 만약 당신이 하고 있는 사업이 더 나은 것을 제공할 수 있다면, 근로자들이 누리는 삶의 기쁨과 열정을 잃지 않을 일자리를 제공할 수 있다면, 당신은 그들에게 의미 있는 일을 하고 있는 것이다. 마지막 챕터에서 이 중대한 요소를 언급하고자 한다. 그들은 사람들이

한 해에 7만 5천 달러를 벌면 행복을 느낀다는 연구에 기초하여, 직원들의 연봉 수준을 7만 달러로 책정했다. 이 정도의 소득수준이라면 삶의 기본적인 욕구가 충족되리라고 생각한 것이다. 이 연봉이라면 배고픔을 느끼지 않을 것이고, 아이들을 따뜻하게 보살필 수 있다(뉴욕이나 런던과 같은 도시의 경우는 해당 사항이 없을 수 있겠지만, 일반적으로는 그러하다).

숙련된 인력이 회사를 쉽게 떠나지 않게 하려면 모든 이해관계자에 대한 헌신을 포함해 좋은 회사 문화가 자리 잡아야 한다. 이는 직원들에게 동종 업계보다 높은 월급을 주고, 훈련하고 발전할 수 있는 기회를 주며, 쾌적한 직장 환경을 제공하는 것을 의미한다. 무엇보다도 경영진은 직원 하나하나가 회사의 훌륭한 프로젝트에 참여하고 있다는 느낌을 받을 수 있도록 해야 하며, 스스로 하고 있는 일에 대한 자부심을 느끼도록 해야 한다. 같은 회사에 노동자의 가족 단위 고용이 더 많아지고, 긍정적인 회사 풍토가 자리 잡을수록, 숙련된 직원들을 잃을 위험은 감소할 것이다.

이런 인내심은 농부가 자기 밭에 갖는 믿음, 포도 재배자가 포도밭을 향해 갖는 믿음과 같다. 나는 일하는 것을 지속할 수 있고 즐거운 노력이 될 수 있도록, 나를 의지하고 있는 사람들을 돌볼 책임이 있다. 이를 위해서는 인내심이 필요하고, 업무 흐름과 사내 문화에 대한 지속적이고도 세밀한 조정이 필요하다. 결코 쉬운 일은 아닐 것이다. 나는 채찍이 아닌 당근을 제안한다. 채찍이 때로는 표면적으로 더 빠른 결과를 얻을 지라도 말이다.

나는 플로리다에 있는 어느 독립 광고 대행사에서 일했던 친구의 이야기를 기억한다. 그의 새로운 대표는 모든 직원과 특별 게스트 한 명을 초대해 여름 파티를 연례 행사로 키울 것을 약속했다. 하지만 다음 해 그 대표는 당근을 채찍으로 바꾸었고 '최고의' 직원들만 초대하는 하룻밤 파티를 열었다. 그는 이것이 직원들에게 더 열심히 일하고 인정받기 위해 노력하는 동기로 작용하리라 생각했다. 그러나 그의 직원들 대부분은 이에 상처를 받았고, 분노와 당혹감을 느꼈다. 그 회사는 결국 세계적인 광고 대행사에 흡수되어 영원히 사라지기 직전까지 직원들을 해고하면서 허우적대야 했다.

자동화된 미래를 준비하다

우리는 직원들을 보살피는 것과 갈수록 높아지는 자동화의 현실 사이에서 균형을 맞춰야 했다. 이것은 21세기 비즈니스에 큰 딜레마가 될 것이고, 나 역시 자주 고민하고 있는 부분이다. 많은 동년배와 달리 나는 자동화와 직원들의 만족도가 상호 배타적이지 않은 미래를 희망적으로 그려본다.

일부 산업은 기술의 변화로 인해 파괴되거나 사라졌다. 소비자들이 온라인 쇼핑으로 눈을 돌리면서 지역 소매업의 소멸

이 걱정되기도 한다. 이탈리아는 전통적으로 온라인 쇼핑이라는 혁신에 탄력적으로 대응했다. 우리는 직접 쇼핑을 선호하며, 이상적으로 현금을 사용하고 있다. 이탈리아의 가족 경영 중소기업 직원의 78%가 이탈리아인이다. 우리는 체인[1]을 통해 독립 기업(예: 약국)을 보호하는 규정을 가지고 있는데, 이것이 혁신을 방해한다고 주장하는 사람들도 있다. 포장되지 않은 시골 도로와 전국에 불균형적으로 퍼져 있는 광대역은 인터넷에 광범위하게 의존하기엔 장애가 되었다. 하지만 코로나19와 함께 상황이 많이 바뀌었다. 2019년, 40%의 이탈리아인들이 온라인을 통해 쇼핑했다.[2] 코로나19가 유행하는 동안 이 숫자는 기존의 두 배 가까이 치솟았다. 이러한 상황을 바탕으로 온라인 포털 중 가장 큰 규모인 아마존은 이탈리아 전역에 새로운 주문이행센터fulfillment centers를 개설하고 있으며, 현재는 열악한 위생과 건강 관리 조치에 불만을 품은 성난 노조가 파업을 벌이고 있다.[3] 하지만 동시에, 많은 사람이 더 많은 주문이행센터와 고용의 기회가 주어지기를 원한다(비록 그들이 이미 기존 회사에서 일하고 있는 사람들의 일자리를 위협하고 있지만 말이다).

나는 초기의 혼란이 진정된 후 이탈리아가 온라인 쇼핑의 편리함과 우리 지역 사회의 중심에 있는 소규모 사업체와 상점 사이에서 균형점을 찾길 바란다. 전에도 이런 일이 있었다. 증기 엔진이 발명되고, 기차가 (훨씬 더 높은 효율로) 마차를

브랜드 경험의 본질

대체했을 때, 마차 운전자들은 실업률이 증가할 것이라고 전망했다. 하지만 이런 일은 그때도 일어나지 않았고, 오늘날에도 일어나지 않을 것이다.

진보는 새로운 일자리(자동화 전에 누군가는 자동 기계를 만들어야 하고, 다른 누군가는 자동화 기계를 만들어야 한다)를 만들었고, 생산성과 임금을 증가시켰으며(노동자들이 추가 또는 더 나은 상품을 구매할 수 있도록 한다), 생산되는 상품/서비스(일반적으로 더 많은 노동력이 있어야 하는 것)의 전반적인 개선을 촉진한다. 1977년 일리의 자동화 출범 이후 커피 생산량은 20배, 직원 수는 10배 가까이 늘어났다. 우리는 자동화를 이유로 직원들을 해고하지 않았고, 오히려 새로운 직원들을 더 충원했다(교육 수준이 높아짐에 따라 더 나은 연봉이 책정됨). 실업률을 증가시키지 않고 효율성을 높이는 가장 좋은 방법은 바로 품질을 향상시키는 것이다.

요즘은 일리 공장의 각 층에 자동화가 많이 도입되었다. 일리의 공장 분위기는 여유롭고 분주하다. 생산은 완전 자동화가 되었으며 모든 기계가 리드미컬하게 작동하여 다양한 크기의 컨테이너를 채우고, 컨디셔닝하고, 밀봉하고, 포장한다. 생산 라인의 끝부분에서는 로봇들이 케이스를 팔레트로 운반하며, 최종적으로 필름 포장 작업이 이뤄진다. '일리'의 로고가 찍힌 작업복과 모자를 착용한 직원들은 모든 것이 제대로 잘 움직이고 있는지 확인하고, 기계를 잠금 해제하거나 오일 저장 통을 채우는 데 필요한 경우에만 개입하며, 기계 사이를 차분하게 걸어 다닌다.

비즈니스와 문화의 발전에 따라 우수한 제조와 좋은 원자재에 초점을 맞추는 것이 자동화와 고용 종료에 대한 최선의 방어책이 될 것이다. 일리의 직원들은 주로 품질 확보에 주력하고 있다. 그들은 커피콩이 적정 온도에서 로스팅되고, 적정 치수로 분쇄되고 있는지 확인하기 위해 기계를 모니터링한다. 그리고 포장엔 흠이 없는지 체크한다. 아무도 찌그러진 커피 캔을 구입하고 싶지는 않을 것이기에, 커피 캔에는 흠집이 없는지 꼼꼼히 검수한다. 우리가 품질에 더 엄격해 질수록, 품질을 우선으로 생각하는 직원에게 더 많이 의존할 수 밖에 없다.

인내는 보답으로 돌아온다

만약 내가 사업 침체를 겪고 있거나 좌절하는 사람을 위해 바꿀 수 있는 한 가지가 있다면, 바로 이것일 것이다. 유능한 직원과 그들이 열심히 배우고 익힌 기술, 가치 있는 제도적 지식을 가능한 오랫동안 붙잡고 있을 수 있도록 하겠다. 그리고 그것을 당신이 이해하고 수용할 수 있게 도울 것이다. 커뮤니티의 더 큰 생태계의 관점으로 당신의 역할을 이해하고 받아들여야 한다. 나는 세계에서 알아주는 기업들이 사업이 어려워졌다는 이유로 직원부터 버릴 생각을 하는 것을 이해할 수가 없다. 이보다 더 문제인 것은 이전에는 신뢰할 수 있었던 정규직 일자리를 계절별 또는 시간제로 전환하도록 바꾸며 새로운 비즈니스 모델을 설계하고 구축하고 있다는 것이다. 특히 앱 기반으로 제공하는 공유 비즈니스의 경우처럼, 고용 불안과 사라지는 복지혜택이 마치 직원들의 자유와 선택인 것처럼 위장되면서 경영진과 직원 사이들에 분노와 미움만 조성되었다. 이것은 결코 좋은 일이 아니다.

그렇다고 이탈리아 사람들이 완벽하게 잘하고 있다는 것은 아니다. 많은 대기업과 공기업이 인내의 쌍둥이인 '정체'로 허우적거리고 있다. 우리의 주력 항공사인 알이탈리아는 민간 그룹에 의해 11년 동안 부실하게 관리되었고 세 번의 구조조정 시도(모두 실패)를 겪은 후 2020년에 정부에 인수되었다. 알이탈리아는 "항상 늦게 이륙하고 항상 늦게 도착한다(Always Late in Takeoff, Always Late in Arrival=ALITALIA)"를 의미하는 약자로 조롱거리가 되기도 했다. 기능 장애, 직원 분쟁, 부채에 시달리고 있는 이곳이 결코 일하기 좋은 회사는 아니었을 것이다. 이 문제는 우리 국경 내의 큰 고통을 초래했다. 결국, 알리탈리아는 이탈리아였기 때문이다. 스웨덴 출신 여배우 아니타 에크버그Anita Ekberg는 영화 《달콤한 인생La Dolce Vita》에서 DC-6B를 타고 로마로 날아간다. 꼬리 부분에 'A' 표시를 한 녹색과 붉은색의 알이탈리아 항공기는 한때 밀라노나 로마에서처럼 카이로, 뉴욕, 상파울루, 그리고 도쿄에서도 흔하게 볼 수 있었다. 이탈리아의 좌익과 우익 정권 모두 이 항공사가 높은 하늘을 계속 날 수 있도록 수억 유로라는 돈을 투자했다. 하지만 한 금융가가 지적했듯이, 알이탈리아에 많은 돈을 투자하는 것은 스파게티 체에 물을 붓는 것과 같았다.[4] 인내심을 갖는 것은 중요한 일이지만, 어디에 어떤 방법으로 인내심을 발휘할지는 신중하게 생각해야 할 것이다.

알이탈리아의 경우, 변화가 불가피할 때 그것을 거부함으로써 결국 자신을 다치게 했다. 현재 대부분의 이탈리아인은 이지젯EasyJet 같은 저가 항공사를 더 많이 이용한다. 이지젯은 원래 영국에서 운영되던 항공사였지만, 지금은 다양한 이지젯 자회사가 유럽 전역을 비행하고 있다(브렉시트가 이에 어떤 영향을 미칠지는 두고 봐야 한다). 알이탈리아의 새로운 경영진은 직원들에 대한 인내심을 보여주고, 1만 명이 넘는 직원과 다른 수많은 제삼자 근로자들을 직접 고용하는 전환 방식에 대해 긍정적으로 검토하는 것이 좋을 것이다. 현재로선 지금의 시류와 이치에 맞는 방식으로 이 항공사의 구조조정을 전적으로 약속하려는 사람은 없다.

국가를 대표하는 항공사를 보호한다는 것은 말이 되지 않는다. 우리에게 필요한 것은 미국, 중동, 중국 항공사와 경쟁할 수 있는 유럽의 항공사이다. 현재 알이탈리아는 에어프랑스, 루프트한자 같은 주력 항공사와 함께 '좀비 항공사'로 남아 막대한 세금을 빨아들이고 있으며, 이는 잠재적으로 국가 원조

에 관한 EU 규정을 위반할 가능성을 의미한다.[5]

대부분 이탈리아의 가족 경영 기업들은 우리의 우수한 직원들과 그들이 가지고 있는 깊이 있는 제도적 지식 없이는 '우리는 아무것도 아니라는 것'을 잘 이해하고 있다. 사실 한 가족이 세대를 이어 같은 직업을 유지한다는 것이 우리의 전통과도 맥을 같이하며, 이로부터 얻은 일에 대한 지식은 회사를 위해 일하는 사람들이 일리에 더 깊이 뿌리내리는 데 있어 큰 도움이 된다.

물론 직원들의 복지를 우선하려면 이 책에서도 언급했듯이 비용이 들기 마련이다. 일하기 좋은 환경을 만들기 위해서는 더 많은 돈을 써야 할 것이다. 넉넉한 휴가 기간은 며칠 또는 몇 주 동안은 일을 하지 않는 직원이 있음을 의미한다. 하지만 인내심을 가져야 한다. 직원들의 복지를 위해 투자하는 모든 것은 마치 배당금을 돌려받는 일과 다름없다고 생각해야 한다. 나는 직원들과의 관계가 첫 수확 전 몇 년 동안의 가지치기와 자라는 기간이 필요한 올리브 나무나 포도 덩굴의 관계와 같다고 생각한다. 내가 시간을 내어 그들의 복지를 돌본다면 그들은 반드시 회사에 수십 년 동안 좋은 근무 태도로 보답할 것이다.

파지올리FAZIOLI

일리는 음악에 조예가 깊은 가문이다. 여러 사촌이 그랬듯 이 할머니는 매일 연주를 즐겨하셨고, 아버지는 내가 클래식 음악을 사랑하도록 가르쳐 주셨다(지금 이 글을 쓰는 동안에도 말러의 교향곡 4번을 듣고 있다). 트리에스테의 시장 시절, 나는 테아트로 리리코 주세페 베르디Teatro Lirico Giuseppe Verdi[I]의 회장을 역임하기도 했다.

어느 날 저녁, 나는 트리에스테와 베니스 사이에 있는 한 지역에서 만들어진 파지올리Fazioli 피아노로 연주되는 협주곡을 듣게 되었다. 피아노의 벨칸토bel canto[6] 공명은 기민하고 부드러웠으며, 음을 가볍게 뛰어넘지만, 놀라운 힘과 깊은 음색이 느껴졌다. 파지올리 피아노 애호가들은 낮은 음색을 비롯하여, 모든 음색의 질감이 풍성하게 표현되는 이 피아노를 높이 평가하고 있다는 것을 알게 되었다. 몇 가지 알아본 결과, 나는 파지올리 피아노 회사가 30년밖에 되지 않았다는 사실을 알고 깜짝 놀랐다. 짧은 역사에도 불구하고 이 회사는 냉정하고 저명한 피아노 제작자들 사이에서도 대담한 신생 기업으로서 인정받고 있었다.

페라리를 만드는 데는 3개월이라는 시간이 걸린다. 그럼에도 마라넬로Maranello의 페라리 공장은 일 년에 8,400대의 자동차를 만든다. 캐시미어 염소 한 마리는 일 년에 겨우 4온

[I]   1801년에 설립된 이탈리아의 오페라 하우스 중 하나.

스의 언더코트(코트의 털 부분은 실로 방적 된다)를 생산한다. 하지만 세상에는 당신이 스웨터를 사기 위해 기다릴 필요가 없을 정도로 캐시미어를 생산하는 염소는 충분히 많다. 그 유명한 에르메스 버킨 백은 매년 12,000개가 만들어진다고 한다. 올바른 구매 연락처와 충분한 돈만 있다면 구매까지는 오래 걸리지는 않는다.

파지올리는 페라리나 에르메스와 달리 일 년에 140대 이상의 제품은 생산하지 않는다고 한다. 만약 파지올리 그랜드 피아노를 사고 싶다면, 우선 기다릴 준비부터 해야 한다. 물론 피아노는 본질적으로 인내심이 필요한 물건하다. 악기를 마스터하는 데만 수십 년이 걸리고, 싫증이 나서 폐기처분할 생각이 들 정도가 되기까지도 꽤 시간이 걸릴 것이기 때문이다(집에서 피아노를 치우는 것도 사실 매우 힘든 일이다). 피아노는 정기적으로 조율을 해주어야 하며, 꾸준히 상태를 살펴야 한다. 하지만 파지올리처럼 정말로 훌륭한 피아노는 피아노 시모나 포르티시모로 연주되는 모든 음에 윤기와 공명을 더 해, 풍부하고 낭랑한 소리로 당신의 헌신(보살핌)에 보답할 것이다.

나는 프리울리 베네치아 줄리아의 시장 자격으로 파지올리의 공장 방문을 주선했다. 설립자인 파올로 파지올리가 나를 맞이해 주었고, 공장을 구경시켜 주었다. 그 공장은 예상했던 것만큼 크지는 않았다. 하지만 잘 정돈되어 있었고, 모든 것이 제자리에 있었으며 완벽하게 청소되어 있었다. 어울리는 녹

색 작업복을 입은 근로자들은 침착하고 정확하게 일했다. 때
때로 사람들은 현의 설정이나 망치의 타격을 테스트하기 위해
음을 연주하곤 했는데 머리를 한쪽으로 기울여 소리를 듣고
있는 그들의 표정에서 얼마나 집중하고 있는지 느껴졌다. 그
들은 소리가 완벽해질 때까지 피아노의 메커니즘을 조금씩 부
드럽게 조절했다. 나는 그들이 일하는 모습을 보며 각각의 움
직임이 얼마나 중요한지를 이해할 수 있었다. 돌이킬 수 없는
결함을 방지하기 위해, 파지올리[7]는 완성 기간 동안의 단계마
다 모든 피아노의 각 구성 요소를 정확하게 검사한다. 제작되
는 피아노의 수가 적고 각각의 가격이 비싼 것을 고려한다면,
이 피아노를 구매하기엔 적합하지 않다고 생각하는 자체가 오
히려 더 문제일 것이다. 파올로 파지올리Paolo Fazioli는 이것을
확신했고, 내게 이렇게 말했다.

작업의 정확성은 중요한 문제입니다. 저는 많은 피아노 공장
을 방문할 기회가 있었어요. 모두 높은 생산율을 보여주었습
니다. 하지만 우리의 목표는 타협하지 않는 품질입니다.

파지올리는 10피트 길이(약 3미터)의 커다란 그랜드 피아
노를 만드는 것으로 유명하다. 하지만 그 외에도 대담하고 획
기적인 피아노 디자인을 하는 것으로 잘 알려져 있다. 악기라
기보다는 요트 양식처럼 보이는 아르데코 스타일의 스위시
swoosh 디자인, 피아니스트를 껴안기라도 하듯 바닥부터 자라

나는 나무뿌리가 연상되는 유기적인 디자인까지 꽤 인상적인 외관을 자랑한다. 파지올리는 고객의 비전을 실현하기 위해 고객과 협력할 것이다. 동시에 때때로 고객이 더 나은 미적 선택을 할 수 있도록 이끌 것이다. 그들이 사용하는 나무는 (산간 지역의) 타르비시오Tarvisio 숲에서 왔다. 고도가 높고 온도가 낮다는 것은 나무가 매우 느린 속도로 자랐다는 것을 의미하며, 이는 조화로운 목재를 생산하기 때문에 재료 선택의 실패가 적음을 의미한다.

나는 파올로에게 무엇이 피아노에 놀라운 시각적 디자인을 고무시켰는지 물었다. "세계에서 가장 아름다운 나라인 이탈리아의 국민이라는 것이 우리를 매우 자랑스럽게 합니다." 그는 또 이렇게 말했다.

로마에서 태어나 그곳에서 모든 공부를 마쳤습니다. 로마의 교회, 광장, 분수, 궁전, 기념물, 로마 시대의 흔적과 가까이 살고 있다는 것이 마음을 풍요롭게 했고 아름다움으로 이끌었습니다. 피아노를 만들기 시작했을 때는 전통을 존중하면서 피아노 디자인과 비율을 조정했고, 피아노의 이미지를 이탈리아풍으로 만들었습니다.

더 놀라운 것은 한 대의 피아노를 만드는 데 2년이라는 시간이 걸린다는 것이다. 파올로 파지올리는 음악을 사랑하는 사람이지만, 직업은 엔지니어이다. 열정적인 그는 최적의 소리를 얻기 위해 새로운 피아노 제작 시스템을 개발했다. 생산 공정의 각 단계는 오랜 시간이 필요하다. 각 공정 사이에 피아노는 쉬어야 하고, 숙성의 단계가 필요하기도 하다. 그렇게 2년이라는 시간이 지나면 가득하고, 우아하며, 깨끗하고, 둥글고, 매끄러운 파지올리의 피아노 소리를 들을 수 있게 된다. 수십 개의 피아노 소리 중에서도 단번에 알아볼 수 있는 소리이다.

파지올리는 내게 신념과 비전이 확고하다면 인내심도 흔들리지 않는다는 교훈을 주었다. 당신이 하고 싶은 것이 무엇인지, 어떻게 하고 싶은지에 대한 100% 확신만 가지고 있다면, 가장 모험적이고 시험적인 시나리오도 기꺼이 계속해낼 수 있을 것이다. 이는 다른 비즈니스의 경우에도 마찬가지이다. 내 주변에는 지난 몇 년간 자신의 꿈을 바탕으로 사업을 펼치고 있는 사람들이 있다. 종종 그들은 필사적으로 청구서를 내거나 이번 달에서 다음 달까지 사업을 연명하기 위해 분투한다.

성공하는 사람들은 자신이 하는 일에 확신과 믿음을 가지고 있으며, 세상이 비웃을지라도 수십 년 후의 비전을 바라보며 전진한다. 그들은 모든 일에 정확성과 품질을 추구하며 있어 부지런하게 움직인다. 또한 남들이 보지 못하는 성공 비전을 고수한다. 내 친구 중 한 명은 창의적인 사업을 시작하기 위해 노력했다. 몇 년 후, 그는 성공한 기업가라면 중요한 회의 장소에 당연히 차를 끌고 갔겠지만, 자신은 돈이 없어 시내버스를 타고 갔다는 사실을 고백하기도 했다. 하지만 그가 어디로 가고 있는지, 그리고 왜 그곳으로 가고 있는지에 대한 자신감과 확고함이 있었기에 그에게 성공이라는 결과가 따를 수 있었다. 오늘날 그는 자기 분야에서 강력한 플레이어이다.

그렇다. 작은 실패와 성공을 경험하겠지만 현재 하는 일을 조정하고 발전시키는 것이 무엇보다 중요하다. 독자적으로 발전하기보다는 대기업에서 일하며 비전을 향해 나아가는 방식을 바꿀 필요가 있을지도 모르겠다. 하지만 당신의 야망이 아직 결실을 보지 못했다고 해서 절대 좌절하지 말길 바란다. 당신이 만들고 있는 것이 지금 당장 눈에 보이지 않거나 인정받지 못한다고 해서 낙담할 필요도 없다. 인내심, 확신, 그리고 비전이 있다면, 당신과 당신의 회사는 반드시 성공할 것이다. 당신은 비전을 고수하면 된다. 당신의 비전을 따를지 말지는 다른 사람이 결정할 몫이다. 하지만 당신이 무엇을, 왜 하고 있는지는 확실히 알고 나아가야 한다.

우리가 만든 피아노는 확실히 다릅니다. 저는 우리의 피아노가 다른 회사의 것보다 더 좋다 나쁘다 말하는 게 아닙니다. 하지만 다양성은 아름다움에 기여하고 우리가 사는 세상에서 아름다움은 우리 모두에게 필요한 것입니다.

그리고 마찬가지로 중요한 것은 절대로 자신을 '너무 늙었다'라고 치부하지 말기를 바란다. 큰 생각이나 비전을 품고 시도하기에는 너무 늦은 것이 아닐까 혼자 겁먹고 짐작하지 말도록 하자. 나는 음악을 좋아하긴 하지만 그에 비해 악기를 잘 다뤄본 적은 없다. 이제, 인생의 후반부를 향하고 있기에 피아노를 배워 언젠가 친척들과 함께 연주하며, 음악을 사랑하는 마음을 같이 나누고 싶다. 새 문을 열고 당당히 새로운 세상으로 들어가라. 결코 늦은 때라는 것은 없다.

11장.

놀라움을 말하다

몇 년 전, 나는 마스트로얀니의 독일 유통업체 소유자인 아돌포 마시Adolfo Massi와 만나기 위해 쾰른으로 여행을 떠났다. 신사 중의 신사였던 그는 어느 날, 기억에 남을 만한 저녁 자리에 나를 초대해 주었다. 훌륭한 요리는 물론이었고 매력적인 게스트와 함께 해 기분 좋은 대화를 즐길 수 있었다. 그러나 그 중에서도 가장 놀라웠던 것은 바로 음식이 제공되었던 거대한 나무 테이블이었다.

첫 번째로 놀란 것은 그 테이블의 순 크기 때문이었다. 길이가 25피트(약 7.6m)는 넘어 보였다. 두 번째로 놀란 것은 독특한 모양이었다. 상단은 평면이었는데 모서리는 들쭉날쭉했으며, 측면은 물결 모양으로 움푹 파여 있었다. 세 번째로는 질감이 독특했다. 래미네이트의 부드러움 또는 셸락 바니시[1]의 광택과 끈적임을 기대하면서 테이블의 평평한 표면에 손을 올렸다. 그런데 맙소사! 손가락 끝에서 예상치 못한 실크처럼 부드러운 감촉이 느껴졌다. 나중에 알게 된 사실이지만, 이 테이블은 밀랍 같은 천연 재료로만 만들어졌다고 한다. 그런 부드러운 촉감은 처음 느껴보는 것이었다.

드디어 식사를 하기 위해 자리에 앉자, 그는 내게 그날 밤

---

[1] 목재의 구멍을 메우거나 초벌 칠, 광을 내는 마무리 작업에 쓰이는 투명한 수지성 염료.

느낀 네 번째 놀라움이자, 가장 큰 놀라움을 안겨주었다. 그는 이 거대한 가구가 반짝반짝 빛나는 황금빛 광택으로 유명한 카우리Kauri 통나무를 공수하여 완전한 수작업을 통해 만들어졌다고 설명했다. 전설적인 카우리 나무는 뉴질랜드에서 보호되고 있는 종으로, 이 식탁을 만들기 위해 사용된 나무는 선사시대부터 존재하고 있었던 늪 속에서 건져 올린 것이라고 말했다. 수만 년 전 쓰나미가 이 거대한 나무들을 휩쓸고 갔다. 그리고 수천 년 동안 늪 안에 빠져 보존되어 온 고대 카우리 나무는 세계에서 가장 오래된 가공 가능한 나무라고 말해 주었다. 굴착기와 불도저로 300톤짜리 나무의 몸통을 진흙에서 뽑아내는 것은 쉬운 일이 아니었지만, 그 품질은 비길 데 없이 뛰어났다. 더군다나 이 살아 있는 전설 같은 카우리 나무는 보존의 대상이었다. 내가 앉아 있던 테이블은 바로 궁극적인 형태의 재활용이었던 것이다.

마시의 테이블은 정말 놀라웠다. 나는 이런 테이블은 처음 보았다. 순수한 기쁨이 나를 가득 채우는 느낌이었다. 테이블의 양 옆면은 천연 투명 레진으로 마감처리가 되어 있었고, 나머지 부분은 마치 방금 늪에서 나온 것처럼 질감이 그대로 살아 있었다. 테이블 표면의 모든 구멍을 같은 레진으로 메워 완벽한 부드러움과 균일성이 느껴졌다. 천연 재료만을 사용했기 때문인지, 식탁은 비바람과 같은 날씨의 변덕 속에서도 극적인 탄력을 유지하고 있었다. 마시가 이 테이블을 햇빛과 비에

브랜드 경험의 본질

오랫동안 내버려 두었으나, 아무런 손상이 없었다고 설명했다. 이후 마시는 길이가 40피트이고 무게가 4톤이나 되는 테이블을 하나 더 가지고 있다고 말했다. 지금은 그의 창고에 보관 중이며, 적당한 공간을 기다리는 중이라고 했다.

어떤 회사가 이렇게까지 긴 길이의 테이블을 제작한 것일까? 당시 우리는 독일에 있었지만 나는 그 테이블을 만든 사람은 이탈리아인임이 틀림없음다는 것을 직감적으로 느꼈고, 역시 내 생각이 맞았다. 리바Riva 1920은 북부 롬바르디아 지역의 도시 칸트Cantù에 기반을 두고 있다. 이후 리바의 더 많은 것을 보고 싶었던 나는 이탈리아의 최고 회사 중 하나라고 할 수 있는 그들의 공장에 직접 방문하게 되었다. 그들이 고객을 기쁘게 하기 위해 놀라움이란 요소를 어떻게 사용하는지 더 자세히 알고 싶었다.

놀라움을 주는 재료

어떤 회사들은 고객에게 선사하는 놀라움은 늘 있는 자연스러운 일이다. 놀라움은 그들 문화의 중요한 부분을 차지한다. 스티브 잡스의 '하나 더(one more thing)'는 그의 연례 프레젠테이션에서 가장 기대되는 부분이었다. 잡스가 이끌었던 애플은 핵심 기능부터 포장에 이르기까지 제품의 모든 측면에 독특하고 예기치 않은 특징이 담겨 있어 사용자들에게 기대감과 놀라움을 선사했다. 애플과 같은 기업들은 늘 지금보다 더 나은 단계로 나아가는 고객 경험을 제공하기 위해 지속해서 노력하고 있다. 기대에 부응하는 것만으로는 절대 충분하지 않을 테니 말이다.

이탈리아 기업들은 그들이 만드는 제품에 대해 유난히 열정적이다. 무엇보다 평범함을 거부한다. 우리의 관점에서는 적당히 만족하는 것보다는 예상하지 못한 것을 시도하거나 어리석은 것처럼 보이는 위험도 감수하는 편이 낫다. 이것은 심지어 이러한 것과는 전혀 관련 없어 보이는 다른 산업에서도 마찬가지의 모습으로 나타난다. 우리의 역사를 생각해 보면 이해하기 쉬울 것이다. 예술은 이탈리아의 생명선이나 다름없다. 우리의 비즈니스는 우리가 생산하는 모든 것들에 즐거운 분위기와 창조적인 영감을 부여한다.

그렇다면 '놀라움'은 제품의 개념과 디자인 수준에서 실제로 어떻게 작용할까? 최고의 기업들은 어떻게 지속적으로 성공할 수 있었을까? 나는 그것이 지식으로 귀결된다는 사실을 깨달았다. 소비자의 기대를 저버리지 않기 위해서는 소비자의 기대를 이해해야 한다. 이제 기능 면에서 완전히 새로운 제품은 만드는 것은 어려운 일이 되었다. 말 그대로 혁명적인 최초의 자동차는 여전히 '말 없는 마차'로 언급된다. 하지만 오늘날에도 마력으로 엔진을 측정하고 있는 것이 현실이다.

마찬가지로 획기적인 제품이었던 아이팟iPod도 처음에는 그 당시 사용 가능했던 휴대용 음악 플레이어와 비교하며 평가되었다. MP3 플레이어가 처음 나왔을 당시 시장 반응은 매우 놀라웠다. 어디를 가든 500개의 노래를 가지고 다닐 수 있게 되었기 때문이다. 물론 오늘날의 스트리밍이나 무제한 음악에 비하면 턱없이 적은 용량이지만 말이다. 아이팟은 투박하고 난해한 MP3 플레이어와는 대조적으로 우아하고 직관적인 인터페이스를 제공하여 소비자들을 놀라게 했다. 그리고 지금은 흑백 화면과 원형 인터페이스의 오리지널 아이팟은 그 전에 나왔던 MP3 플레이어처럼 사람들 관심에서 사라져 서랍 한 구석을 차지하는 신세가 되고 말았다. 이제는 스마트폰이 모든 것을 대체하고 있다. 이는 놀라움을 선사하는 품질이 갖추어야 할 중요한 사항이다. 즉, 고객이 이해하는 것부터 시작해서 예상치 못한 방향으로 전환하는 것이 가장 효과적임을 뜻한다.

하나의 카테고리에 속하는 기존의 제품들은 일련의 고객 기대치를 설정한다. 이러한 기대가 존재하지 않고 작동하면 실패와 가까워진다. 이것이 고객에게 전하는 놀라움과 당혹감 사이의 경계이라고 할 수 있다. 진정한 놀라움은 그러한 기대가 무엇인지에 대한 이해를 통해 설계될 수 있다. 리바 1920은 가구란 무엇인지, 어떻게 만들어졌는지, 어떻게 생겼는지, 어떻게 느껴지는지에 대한 우리의 모든 통념을 받아들인 후 가구의 콘셉트를 완전히 뒤집어 놓았다.

많은 사람이 놀라움을 좋아한다. 놀라움이라는 것이 추상적이거나 모호하게 느껴질 수도 있지만 그렇다고 해서 그것이 경쟁 시장에서의 기업 생존에 중요하지 않다는 뜻은 아니다. 하버드 경영대학원의 교수를 역임한 경제학자 테오도레 레빗 Theodore Levitt은 어떤 제품이나 서비스에는 항상 중요하고 무형적인 요소가 존재한다고 밝혔다. 그의 말처럼, '그 무엇'은 누구에게 살 것인지, 얼마를 지급할 것인지, 그리고 판매자의 관점에서 볼 때는 '충성스러운' 물건이 될지, '일회용' 정도가 될 것인지를 결정하는 데 도움이 된다.[1]

바로 이것이 인칸토 제품을 제공하는 핵심이라고 할 수 있다. 향상된 품질을 제공하는 것은 단순히 고객이 기대했던 것보다 더 많은 것을 제공한다는 것을 뜻한다. 즉 고객을 놀라게 하고, 즐겁게 하며, 열광시키는 것이다. 기대와 향상된 품질 사이의 이러한 차이는 놀라움을 유발하는 동시에 '와우' 효과를 일으킨다. 무형의 제품 일지라도 반드시 필요한 부분이다.

물론 고객을 놀라게 하는 일을 시도한다는 것은 때로 위험한 일이기도 하다. 고객이 좋아하지 않을 수도 있으며, 제품의 개성이 그다지 매력적으로 느껴지지 않을 수도 있고 일부 잠재 고객들은 이를 적극적으로 거부할 수도 있다. 그러나 예상치 못한 것과 몰랐던 것의 중간 그 어느 지점에서 고객과 관계를 맺을 수 있는 가장 큰 기회가 찾아올 것이다. 놀라운 감정을 느낄 때 사람의 뇌에서는 도파민이 활성화되며 기쁨을

브랜드 경험의 본질

느끼게 된다고 한다. 그 놀라움이라는 요소에 고객이 만족하게 된다면, 기꺼이 놀라움을 기대하고 바란다면, 왜 모든 회사가 놀라움을 주는 제품을 앞다투어 만들려고 하지 않는 것일까? 바로 두려움이 가장 큰 이유로 작용할 것이다. 1920년 리바의 회장인 마우리치오 리바에게 공포는 문제가 아니었다. 그는 이탈리아는 '굴복하지 않는 나라'라고 말했다.

용감하게 나아가기

리바는 위원회를 구성하여 완성된 자사 디자인에 대한 단일 비전의 가치를 믿고 있다. 대리석, 강철, 나무 또는 여러 재료의 조합으로 초기 작품을 만들기 위해 그들은 알바니아 조각가 헬리돈 샤샤Helidon Xhixha와 이탈리아 건축가 마르코 피바Marco Piva와 같은 예술가들과 계약을 체결했다. 마우리치오 리바 회장이 말하듯, 그들은 "우리 제품이 어떻게 인식되는지, 얼마나 많이 판매되는지 지켜볼 지켜볼 것"이다.

예술가나 디자이너가 아무리 믿음을 가지고 만든 제품이라도 한 고객이 어떤 제품의 디자인을 신뢰하기까지는 상당한 확신이 필요하다. 위험과 놀라움은 함께 간다.

놀라움이 중요한 이유

오늘날 대중적인 시장의 제품들은 오로지 경쟁력 있는 가격으로 시장 기대치를 충족시키는 것을 목표로 움직인다. 그러나 이 때문에 고객을 놀라게 하거나 기쁘게 할 수 있는 기회를 놓친다면 얼마나 비극적인가? 나는 너무 많은 회사가 오직 광고에만 모든 창의성을 쏟아붓는 것을 보며 놀랐다. 유명인을 앞세우거나 웃기는 카피, 예상하지 못한 다양한 '충격요법'을 동원하여 고객들을 놀라게 한다. 그들은 왜 이런 방법을 사용하는 것일까? 광고 또는 빌보드를 활용한 놀라움은 고객과 브랜드 사이의 정신적인 연결고리를 형성할 수 있기 때문이다. 하지만 이러한 방법만으로는 고객과의 유대 강화라는 실질적인 목표는 획득하기 어렵다.

머나먼 땅으로의 여행을 통해 즐겁고, 다양한 경험을 하게 될 것이라고 홍보하는 항공사나 여행사의 광고를 쉽게 보았을 것이다. 그러나 비행기에 탑승하거나 호텔의 체크인 시간이 되면 그곳 역시 똑같이 별 볼 일 없다는 사실을 깨닫게 된다. 비행기와 붐비는 해변 외에는 특별한 것이 아무것도 없다는 것을 알게 되는 것이다. 하지만 우리가 말하는 놀라움의 목적은 고객을 기쁘게 하여 고객이 항상 우리 제품에 호기심과 관심을 두게 하는 것이다. 그리고 나아가 우리 제품을 다시 찾게 하며 같은 경험이나 새로운 경험을 기대하게 만드는 것이다. 고객에게 놀라움을 주지 못했다면 그것은 그저 우연한

브랜드 경험의 본질

결과로 만들어진 것이 아니다. 안전은 숫자에 갇혀 있기도 하다. 업계 베테랑 그룹이 일반적으로 통용되는 업계 표준 충족을 기준으로 모든 제품을 평범하게 만든다면, 그로인해 제품의 판매가 저조하더라도 누가 그 제품에 대해 흠을 잡을 수 있겠는가? 더 흥미롭고 더 즐거운 방식으로의 제품 제조가 가능하더라도, 항상 그래왔던 것처럼 기준을 바꾸거나 올리지 않고 기준에 충실했다고 해서 누가 비난하겠는가?

일반적인 성인 고객들은 그저 피곤하고, 과로하고, 여기저기 신경 쓸 곳이 많아서일까. 지루한 회사들이 고집스러울 정도로 상상력을 발휘하기 귀찮아해도 크게 신경을 쓰지 않는다. 하지만 아이들은 정확하다. 소중한 용돈으로 구입하는 물건이니 만큼 당당하게 놀라움을 요구한다. 심지어 좋은 품질을 요구하기도 한다. 성공을 거둔 어린이 제품 대부분은 특별한 부분이 함께 포함되어 있다. 유럽의 경우 아이들은 어김없이 킨더조이 초콜릿을 사달라고 조른다. 달걀 모양을 한 각각의 초콜릿 껍질 속에는 작은 장난감이 들어있다는 것을 알고 있기 때문다. 하지만 은박지로 쌓여 있어 겉모습 만으로는 그 안에 무엇이 들었는지 추측하는 것이 불가능하다. 예상하기 힘든 장난감이라는 것이 아이들을 더 궁금하게 만들고, 더 열심히 열어보고 싶게 만드는 것이다.

미국에서 최초의 정크 푸드로 여겨지는 설탕 입혀진 팝콘과 땅콩 스낵인 크래커 잭은 각각의 상자에 '토이 서프라이즈'

를 약속했다. 서프라이즈 아이템은 반지, 플라스틱 피규어, 또는 그 정도 크기의 작고 사소한 물건들이다. 하지만 크래커 잭이 1세기 이상 야구 경기장의 필수 구매품이 될 수 있었던 것은 그 작은 서프라이즈 장난감 때문이 아니었다. 그것은 고객이 제품을 통해 얻을 수 있는 놀라움과 기대감 때문이었다. 그 브랜드의 현재 주인공인 프리토-레이Frito-Lay는 2016년부터는 장난감 서프라이즈를 사용하지 않고 있지만, 제품 박스에 찍힌 QR 코드를 사용하면 모바일 게임을 즐길 수 있다. 오늘날까지도 크래커 잭을 구매하면 과자만 먹는다는 생각은 할 수 없게 된 것이다. 간식으로는 그저 그럴지 몰라도 즐거운 경험을 위해서라면 여전히 환영받는 존재가 되었다.

어른들은 놀라움을 느끼는 것이 어려운 일이 되었다. 그러므로 놀라움의 기쁨을 느끼기보다는 가격을 우선으로 생각하게 되는 것도 사실이다. 놀라움을 느낄 즐거운 시간이 없어도 잘 지내는 법을 배운다고나 해야 할까. 놀라움은 상쇄되어야 할 추가 비용인 것처럼 생각되어 절충하는 것을 전제로 생각하기도 한다. 또 현실적으로 놀라움을 즐기기 위해서는 창의성과 함께 용기가 필요하기도 하다.

하지만 이를 통해 획기적인 제품으로 인정받을 수 있도록 포문을 여는 역할을 할 수도 있다. 가격과 기능적인 면에서 경쟁력을 잃지 않고 고객을 놀라게 해야 하므로 몇 배의 노력을 더 기울여야 한다. 바로 이것이 타의 추종을 불허하는 공식이며 모든 위대한 이탈리아 기업들이 따르는 공식이다.

나의 아내 로사나Rossana는 소믈리에이자 소믈리에 강사로 활동하고 있다. 그녀는 정기적으로 세계 최고의 포도주를 시음하고 있으며, 상상할 수 있듯, 매우 세련된 미각을 가지고 있는 사람이다. 평생 초콜릿을 피해온 아내는 초콜릿이 주는 맛의 흥미로움은 즐기지 못한 채 살았다. 하지만 몇 년 전, 도모리가 만든 크리올로 다크 초콜릿을 맛보게 된 순간, 그녀는 모든 것이 바뀌었다고 말했다. 아내의 초콜릿에 대한 기대가 완전히 달라진 것이다.

로사나는 보통의 초콜릿이 어떤 맛을 가지고 있는지 알고 있었다. 그래서 도모리가 만든 초콜릿 역시 어떤 맛일지 예상하고 있었다고 한다. 하지만 도모리 만이 줄 수 있는 그 다양한 맛과 고급스러운 품질은 아내의 기대를 훨씬 뛰어넘는 수준이었다고 한다. 로사나가 건강을 위해 먹는 것을 조절하는 기간에도 가장 그리워하는 음식이 와인이 아닌 초콜릿이 된 것은 바로 도모리가 보여준 품질 덕분이었다. 고객에게 놀라움을 주지 못하는 제품이 경영 조직 차원에서는 별일 아닌 것으로 생각될 수도 있지만, 장기적인 관점에서는 실제로 엄청난 위험이 될 수 있다는 것을 기억하자. 놀라움을 느낄 수 없는 제품이라도 가격대에 맞는 유일한 선택지라면 시장에서는 적절한 제품 정도로 용인될 수 있을 것이다. 그러나 이러한 상태의 제품은 취약하기 마련이다. 경쟁사가 가격과 품질이 비숫하면서도 고객에게 놀라움을 전하는 요소를 가미한 제품을 출시한다면, 어떻게 되겠는가. 놀라움에 눈을 뜬 고객들은 그동안 잊고 있던 동심이 살아나기라도 한 듯 너나 할 것 없이 새 제품을 향해 달려갈 것이다.

우수한 품질을 자랑하던 많은 유명 제조업체들이 실패한 원인은 간단하다. 더 과감한 경쟁업체가 놀라움이라는 무기를 꺼내 들기 전까지 고객을 놀라게 할 생각을 하지 않았기 때문이다. 단순히 시장의 기대치를 충족시키는 것만으로는 자신의 위치를 방어할 수 없다. 타의 추종을 불허하는 우수성을 유지하려면 놀라움을 감수하거나, 모든 것을 잃을 수 있는 위험을 감수하거나 둘 중 하나이다.

특별함도 '맞춤'이 가능하다

리바 1920은 매년 한정된 수의 시그니처 테이블을 생산한다. 각 테이블은 저마다의 독특함을 자랑하며, 희귀하고 구하기 어려운 원자재로만 만들어지기 때문에 절대 똑같은 제품이 만들어지지 않는다. 물론 모든 핸드메이드 제품이 자연스럽고 독특하기 마련이다. 수작업으로 균일한 제품을 만든다는 것 자체가 말이 안 되니 말이다.

구매자 각각의 독특한 취향에 맞는 제품을 찾으려면 맞춤화된 상품을 구매하는 길밖에 없다.[2] 리바 1920의 카우리 테이블은 많은 비용과 노력을 통해 만들어졌는데, 3D 프린팅, 인공 지능, 로봇화와 같은 기술발전이 계속 진행된다면 모든 기업이 각자의 분야에서 다양한 고객의 니즈를 완벽하게 맞춰 줄 가능성이 점점 더 높아질 것이다.

반면, 대량 생산된 제품도 독특한 요소를 제공할 수 있다. 알파 로메오Alfa Romeo[1]의 특별 주문 방식인 페인트 제작 차량이 그 예가 될 수 있겠다. 물리적 다양성만이 고객의 기대를 뒤집는 유일한 방법은 아니다. 제품 자체는 대량 생산되더라도 제품에 대한 고객의 취향이나 경험이 추가된다면 충분히 독특함을 유지할 수 있을 것이다. 리바 1920은 여러 수준에서 이를 수행하고 있다. 리바의 테이블은 우선 크기부터가 일반적이지 않다. 예상치 못한 특유의 독특함을 적용하는 데는 잠시 시간이 걸리기도 한다. 많은 하이테크 제품이 소형화되고 있다. 더 많은 기능이 추가되었고, 더 작고 가벼운 장치로 전환되어 사람들에게 놀라움을 전한다. 하지만 리바는 다른 방향으로 나갔다. 식사 공간에 맞춰 크기를 정하는 일반 테이블과 달리, 리바의 작품은 테이블을 넣기 위해 벽을 뜯어야 할 정도로 커다란 공간 확보를 요구한다.

리바의 테이블은 모양이 특이하고, 측면은 원자재 그대로의 상태를 하고 있어 구매자에게 놀라움을 선사한다. 테이블

---

[1] 1910년에 설립되어 지금까지도 건재한 이탈리아 자동차 제조업체. 현재는 피아트 그룹 소유이다.

을 보자마자 가장자리에 앉으면 나무 파편을 챙길 수 있겠다는 생각이 가장 먼저 들 정도였다. 하지만 막상 테이블 위를 손으로 만져보니 광택 나는 레진 처리가 되어 있어 예상과 다른 부드러운 촉감을 느낄 수 있었다. 눈으로 봤을 때는 부드러운 질감을 전혀 상상할 수 없었기에 더욱 인상적이었다. 이러한 미학적인 놀라움이 차례로 전달되어 테이블이 가지고 있는 기존의 매력을 높여주었다. 리바 1920 테이블은 모짜피아토mozzafiato, 숨이 멎을 듯한 느낌을 주었다.

놀라움과 기쁨을 선사하는 리바의 능력은 늪지대에서 건져 올린 고대 목재라는 독특한 소재부터, 리바만의 비밀스러운 공법과 자연적인 재료를 활용한 마감처리에 이르기까지 모든 면에서 엿볼 수 있었다. 용제나 인공 화학 물질이 제조 과정 그 어디에서도 사용되지 않았다. 리바를 소유하고 있는 사람들은 이 회사의 제품 중 하나를 구매했다는 것을 자랑스럽게 생각한다. 저마다 독특한 제품을 가지고 있으니, 친구나 지인에게 이 테이블에 대한 이야기를 안 할 수가 없는 것이다. 여기서 입소문이 얼마나 중요한 역할을 하는지는 말할 필요도 없겠다. 리바는 자신들의 가구를 판매하는 중간 상인인 딜러의 교육문제로 고민해야 했다. 중간 딜러라고 해서 모두가 청산유수로 제품을 정확하게 소개하는 것은 아니었기 때문이다. 이를 잘 알고 있던 리바는 딜러들은 직접 칸트Cantù에 있는 공장으로 초대했다.

브랜드 경험의 본질

딜러들은 인근 농장에 머물며 리바의 문화와 철학에 대해 공부하며 며칠을 보내게 된다. 이탈리아에 올 수 없다면 마우리치오가 그들을 직접 방문하기도 했다. 이러한 교육이야말로 고객에게 놀라움을 선사하는 것을 목표로 하는 모든 비즈니스의 핵심이라고 할 수 있다.

향상된 품질을 제공할 때는 필연적으로 설명해야 할 것들이 있다. 일리는 고객이 제품의 뉘앙스를 정확하게 이해할 수 있도록 고객에게 필요한 지식을 전달한다. 당신의 고객에게도 그러한 교육이 필요할지 모른다. 이러한 접근 방식은 컬러 브로셔를 인쇄하는 것보다 더 많은 돈이 들겠지만, 의도한 대로의 놀라움을 고객에게 제공하기 위해서는 빠트릴 수 없는 부분일 것이다. 고객이 각 제품의 특정 부분에서 진정한 놀라움을 느낄 수 있도록 기본적인 지식을 제대로 전달 할 수 있기 때문이다.

기업의 정신은 놀라움의 기초가 되다

리바 1920은 전통 의식이 강한 가족 비즈니스를 하고 있다. 마우리치오 리바Maurizio Riva의 할아버지는 28세의 나이에 이 회사를 창립했다. 이후 손자인 마우리치오가 인수하여 회사를 이끄는 3세대가 되었다. 그는 대부분의 고객은 눈치채지 못할 부분까지도 섬세하게 다듬으며 회사를 이끌어 나갔다.

몇 가지 과감하고 비용 절감적인 조치를 통해 마우리치오가 옛것과 결별하고 그와 그의 형제, 그리고 그들의 가족들을 위해 이익을 증진하겠다는 의지가 보여지기도 했다.

일반적인 CEO라면 리바 테이블이 미완성처럼 보이는 면이 없도록 테이블 전체에 목수의 손길이 닿았다는 것을 표현하고 싶었을 것이다. 하지만 마우리치오는 평범한 CEO가 아니었다. 적어도 그는 이탈리아 밖에서 볼 수 있는 전형적인 CEO는 아니다. 그의 지도 아래 이 회사는 오랫동안 전통을 고수해 왔다. 리바 1920은 모든 제품에 단단한 나무를 사용하고 있다. 앞서 설명한 고대 카우리 나무부터 브리콜bricole[I]을 사용하는 것에 이르기까지 리바는 나무를 잘라 사용한 만큼, 나무를 다시 새로 심기도 하며 창조적인 방식으로 자연을 지키고 있다. 수만 개의 참나무 기둥들이 베니스의 운하와 석호에 항행 가능한 수로를 알리는 표지판으로 활용되며 중요한 역할을 하고 있다. 바닷물에서 퇴화하고 있는 브리콜라bricola[II] 목재일지라도, 기능적인 예술 작품으로 탄생시켜 목재에 새로운 생명을 불어넣기도 한다.

이 회사의 제조 과정은 대부분의 경쟁사와는 확연히 구별된다. 오늘날 대부분의 고급 목재 가구들 조차 나무 조각, 톱가루와 레진을 혼합하여 모양을 만들어내기 때문이다. 전체적

[I] 물속의 나무라는 뜻으로 베네치아의 물속에 박힌 나무 말뚝으로 주로 사용된다.
[II] 바닷물에 오랫동안 잠겨 강도와 방부성이 높은 것이 특징인 목재. 벌레 구멍으로 생긴 독특한 패턴이 있다.

브랜드 경험의 본질

으로 단단한 나무처럼 보이게 하기 위해 파티클 보드에 실제 나무로 된 얇은 층을 덮기도 한다. 전문가가 아닌 일반 고객이라면 누가 그 차이를 알아볼 수 있겠는가?

환상, 즉 창조적인 정신은 재조림reforestation 숲을 형성하는 것에도 주요한 역할을 한다. 물론 재조림의 규칙을 전혀 따르지 않는 나라도 있다. 소위 재림목이라고 불리는 목재가 인증의 모든 요건을 충족하고 있는지 확인하기 위해서는 숙련된 탐정 작업이 필요하다. 리바 1920은 기꺼이 이 작업을 실행하고 있다. 전통을 사랑하는 만큼 가구를 만드는 방법과 관련된 모든 것은 일시적일 수 있다는 것을 잘 알고 있다. 10년 안에 오늘날 실제 사용되고 있는 많은 재료가 지속 가능한 원천이 될 수 없을지도 모른다. 이때 지속되어야 하는 것은 제품을 만드는 재료가 아닌 회사가 추구하는 정신일 것이다. 방법은 변화하는 환경에 적응할 뿐이다.

진정성에 대한 이탈리아인의 고집은 지속 가능성, 역사, 그리고 유산에 대한 생각과 불가분의 관계에 놓여 있다. 마우리치오 리바는 CEO로서 가장 중요한 역할은 3세대인 자신이 물려받았던 강력한 경영권을 4세대에게도 온전히 물려주는 것이라고 내게 강조했다. 그가 부임했을 당시 리바는 상업적으로도 성공했을 뿐만 아니라 흥미롭고 유의미한 영향력을 발휘하는 회사로 느껴졌다고 한다. 이러한 태도는 CEO로서의 그의 모든 행동에 영향을 준다. 매일 아침 출근길 마우리치오는 공장으로 들어가면서 바닥에 떨어져 있는 폐지들을 줍는다. 물론 재활용을 위함이다. 회사의 미래를 생각하는 그의 집착은 회사의 과거를 존경하는 그의 태도에서 출발한다.

이것들이 왜 중요할까? 놀라움을 만들기 위해서는 위험을 감수하려는 의지가 필요하기 때문이다. 이는 회사뿐만 아니라 회사 내의 개인에게도 위험을 초래할 수 있다. 고객을 놀라게 하려면 단순히 시장의 기대에 부응하는 것을 넘어 감수해야 하는 위험들이 있기 마련이다. 이를 위해서는 조직의 맨 위에서부터 시작하는 탁월함에 대한 헌신이 필요하다. 직원들에게 그 이상의 것을 요구하려면 확실한 리더십을 느낄 수 있게 해주어야 한다. 직원들 스스로가 위험을 감수하려면 자부심, 열정, 그리고 주인의식이 있어야 한다. 가족 경영체제는 이런 점에서 뚜렷한 장점을 갖는다. 그래서 수십 년 동안 한결같이 좋은 품질을 달성하고 유지할 수 있는 것이다.

놀라움은 미래를 만든다

리바 1920은 인적 자원을 자연 자원만큼이나 중요하게 생각한다. 직접 방문하여 알게 된 사실인데, 이 회사는 더운 날에는 모든 직원에게 젤라토를 제공하고 있다. 이는 열아홉 살 때 주류 회사에서 일했던 나의 첫 번째 직업 중 하나를 생각나게 했다. 매일 아침 직원 두 명이 각 부서를 돌며 모든 직원

브랜드 경험의 본질

에게 무료 브랜디를 한 잔씩 돌렸다. (일리의 경우 이런 서비스를 더는 제공하지 않지만, 직원들은 언제든 원하는 시간에 커피나 차를 마실 수 있다.) 직원 복지에 대해 이렇게 신경 쓰는 태도가 회사 운영을 위한 구석구석까지 긍정적인 영향을 미치고 있다. 중장비를 활용하는 작업은 본질적으로 위험하기 때문에 직원들의 안전을 보장하기 위한 비용도 아끼지 않는다. 이러한 생각은 모든 리바 직원들에게까지 확장된다. 각 기계에는 한때 제조업계에서 흔히 발생했던 부상을 방지하기 위해 최첨단 안전장치가 장착되어 있다. 이 장치들은 매우 비싸지만, 현행 규정에 따라 명시된 의무사항도 아니다. 실제로 많은 제조업체들이 손가락이 톱에 닿으면 자동으로 꺼지는 안전 기계를 갖추지 않고 있는 것이 현실이다. 물론 이러한 기술을 사용할 수 있음에도 말이다. (만약 자신들의 가족이 맨손으로 나무판자를 자르는 일을 하고 있다면, CEO들은 가족의 안전을 위해 지불하는 비용을 아끼지 않을 것이다.)

리바 1920은 자사 직원뿐만 아니라 지역 사회 전반에 많은 투자를 아끼지 않는다. 그들은 매년 젊은 디자이너들을 위한 콘테스트를 개최한다. 또 회복 중인 마약 중독자들에게 재활 교육 차원에서 목재 작업을 교육하기도 한다. 중독으로 어려움을 겪고 있는 사람들에게 영감을 주기 위해 전 세계 도시에서 재활용된 와인 통을 사용하여 재활자들이 만든 결과물들을 전시하기도 했다. 근처 공원이나 정원에 심을 수 있는 작은 참나무를 나누어 주는 연례 축제를 펼치기도 한다. 이 모든 것에서 우리는 미래에 대한 리바 1920의 헌신을 엿볼 수 있었다. 그리고 이것은 놀라움에 대한 논의를 하기에 앞서 매우 중요한 요소로 작용된다. 고객들에게 놀라움을 선사하려면 어느 정도의 위험성도 고려해야 하므로 장기적 관점을 지녀야 한다. 이번 분기의 실적에만 몰두한다면, 안전하게 현 상태를 유지하는 것이 가장 합리적인 방법일 것이다. 하지만 서프라이즈 surprise는 장기적인 생각을 나타내는 필수적인 지표이며 이를 실현하기 위해서는 회사 내 모든 사람의 진심 어린 헌신과 열정이 있어야 한다.

브랜드 경험의 본질

인칸토를 말하다

이 책을 통해 좋은 품질의 제품을 만드는 것이 얼마나 중요한 일인지 자주 언급하였다. 하지만 이러한 방정식에는 또 다른 요소가 있는데 그것은 바로 개인의 선택이다.

양이 많다고 해서 반드시 좋은 것은 아니다. 수집하고 모으고자 하는 것은 일종의 유혹이다. 사람들 각자가 열정을 가지고 있는 부분은 다르다. 나에게 있어 그것은 개구리 형상의 작은 피규어이다. 수년 전 나는 《중국 개구리La Rana Chinese》라는 책을 쓰기도 했다. 그 이후로 친구들과 지인들에게 작은 도자기나 유리, 금속으로 만들어진 개구리를 선물로 주는 취미가 생겼다.

삶은 더 많은 것을 얻는 것이 아니다. 삶이란 적지도 많지도 않게 충분한 양의 더 나은 것을 얻는 것이다. 자코모 레오파르디Giacomo Leopardi는 내가 좋아하는 시인 중 한 사람이다. 그는 시골 생활을 경험한 이탈리아인이라면 누구나 사랑하는 시 《마을의 토요일Il Sabato Del Villaggio》을 썼다. 그 시는 어느 휴일 하루 전의 저녁 시간, 한 마을에서 느껴지는 기대감을 묘사하고 있다. 어린 소녀들이 머리에 장식할 리본과 꽃을 모으고 있다. 어린 소년들은 잔치를 기대하고 나이 든 여성들은 그들을 보며 자신들의 지난 젊음과 아름다웠던 날들을 회상한다. 시의 내용에서 그들의 행복한 시간은 일주일 동안의 노동으로부터 잠시 해방된 시간일 뿐이라는 것을 알 수 있지만 시속의 주인공들은 그다음 날에 있을 마을 잔치에 대한 기대감에 사로잡혀 있다.

> 행복한 어린 소년이 되어라. 즐거운 시간은 바로 이때다.
> 이제는 말하지는 않겠다. 하지만 휴일이 조금 늦었다고 해서
> 너무 슬퍼 말아라.

이 시는 중요한 진리를 말해주고 있는데, 인간의 기대와 향수가 하나로 포장되어 오래도록 사랑받았다. 우리가 무엇인가를 고대하고 있다면 우리는 이미 그 경험이 덧없다는 사실을 애도하고 있는 것이다. 인생에서 일어나는 모든 기쁨은 일시적인 것이다. 첫 키스에 대한 기억은 우리 마음속의 마지막 키스와 뒤엉켜 있다. 우리는 언젠가 비가 오리라는 것을 알기 때문에 화창한 날은 씁쓸한 달콤함으로 채운다.

나는 이러한 사실을 깨달아가며 인생을 살고 있다. 나는 좋은 물건들을 소유하고 있지만, 너무 많이 갖고 있지는 않다. 나는 좋은 음식을 먹고 즐기지만 너무 많이 먹지 않도록 노력한다. 무엇인가를 너무 많이 먹거나 지나치게 즐겨서 나의 욕망을 끝까지 충족시키는 일은 하지 않는다. 나는 항상 완전히 배가 부르기 전에 먹는 것을 중단한다. 와인도 너무 많이 마시지 않는다(또 그로 인한 숙취를 견디고 싶지도 않고!). 즐거운 마음으로 한 잔 더 마시고 싶은 순간도 있지만, 언제나 내가

브랜드 경험의 본질

지키는 선이 있다.

가장 심오한 삶의 기쁨은 단순함이다. 모든 사람이 매일 매일 부담할 수 있는 질 좋은 작은 것들이 우리 삶을 만족스럽게 채워주는 것들이다. 그리고 지금이 바로 그 기회이다. 새로운 사업을 시작할 때는 두 가지 방법을 고민할 수 있다. 새로운 것을 발명하거나 이미 존재하는 제품을 극적으로 개선하는 것이다. 인칸토는 제품에 놀람과 즐거움이라는 추가적인 요소를 투입하는 방법이다. 당신의 경쟁자들이 모방할 수 없을 정도로 향상된 완벽함을 추구하거나, 당신이 하는 일을 개선하는 것을 의미하기도 한다. 더 많은 시간이 필요할지도 모르지만 그렇다고 무작정 많은 양을 만드는 일은 아니다. 또 직원과 고객 모두와 함께 당신의 비즈니스 철학을 공유할 수 있도록 해야 한다. 이는 당신이 하는 모든 일에 이탈리아적인 아름다움의 감각을 불어넣는 것이나 다름없다.

간단한 제품을 아주 뛰어난 품질로 만들기 위해 내 인생을 바쳤다고 해도 과언이 아니다. 나는 바로 이런 태도에서 인칸토가 주는 커다란 즐거움을 발견할 수 있다고 믿는다.

감사의 말

마르코 마리Marco Mari와 카를로타 보루토Carlotta Borruto,
캐롤라인 그리븐Caroline Greeven, 미라 피오리Myra Fiori,
그리고 방문 인터뷰에 응해주신 모든 회사의 관리자들에게
감사의 마음을 전합니다.

참고문헌

1장

1 Natalie Kitroeff and David Gelles, "Claims of Shoddy Production Draw Scrutiny to a Second Boeing Jet," *New York Times*, April 20, 2019, https://www.nytimes.com/2019/04/20/business/boeing-dreamliner-production-problems.html.

2 After a Boeing whistleblower made these claims, Boeing pushed back against *New York Times*' reporting, and Qatar issued a press release denying problems.

3 However, as there is no evidence the playwright actually visited Italy, I advise caution if a local claims to be able to guide you to the locations featured in the play (this is doubly true if you visit Verona, the setting for Romeo and Juliet, and a guide offers to take you to Juliet's balcony).

4 Franz Lidz, "At the Sourdough Library, with Some Very Old Mothers," *New York Times*, April 11, 2020, https://www.nytimes.com/2020/04/11/science/sourdough-bread-starter-library.html.

5 Panettone is a bread rich with eggs, butter, and fruit, traditionally eaten around Christmas, though it is becoming more of a year-round delicacy.

2장

1 Guglielmo Mattioli, "What Caused the Genoa Bridge Collapse—and the End of an Italian National Myth?" *Guardian*, February 26, 2019, https://www.theguardian.com/cities/2019/feb/26/what-caused-the-genoa-morandi-bridge-collapse-and-the-end-of-an-italian-national-myth.

2 David Segal and Gaia Pianigiani, "Genoa Bridge Collapse Throws Harsh Light on Benettons' Highway Billions," *New York Times*, March 5, 2019, https://www.nytimes.com/2019/03/05/world/europe/genoa-bridge-italy-autostrade-benetton.html.

3 Mindi Chahal, "How Benetton Is Changing Its Colours," *Marketing*

Week, December 2, 2015, https://www.marketingweek.com/benetton-changes-its-colours/.

4 "Benetton's Italian Founder Returns to Save Company, Age 82," *Local*, November 30, 2017, https://www.thelocal.it/20171130/luciano-benetton-founder-return.

5 Read Jack Trout's classic Positioning: *The Battle for Your Mind* (McGraw-Hill Education, January 3, 2000) for more on this.

3장

1 Don Norman's *Emotional Design* (Basic Books, 2005) is a good place to start if you want to learn more about this theory.

4장

1 Pilita Clark, "Family Businesses Are Welcome Winners in the Pandemic," *Financial Times*, January 23, 2021, https://www.ft.com/content/acb9d0c3-bbfc-471d-9d66-9c37d482ab1f.

2 Eli Rosenberg, "Walmart and McDonald's Have the Most Workers on Food Stamps and Medicaid, New Study Shows," *Washington Post*, November 18, 2020, https://www.washingtonpost.com/business/2020/11/18/food-stamps-medicaid-mcdonalds-walmart-bernie-sanders/.

3 Su-San Sit, "Wal-Mart Squeezes Suppliers in Price War," *Supply Management* (Chartered Institute of Procurement & Supply), March 31, 2017, https://www.cips.org/supply-management/news/2017/march/wal-mart-to-squeeze-suppliers-to-win-discount-chain-price-war-/.

5장

1 Eugenia Scabini, "Parent-Child Relationships in Italian Families: Connectedness and Autonomy in the Transition to Adulthood," *Psicologia: Teoria e Pesquisa* 16, no. 1 (April 2000), 23–30, https://doi.

org/10.1590/S0102-37722000000100004.

2   Jeannie Marshall, "Italy's Stay-at-Home Kids," *Maclean's*, April 24,
    2014, https://www.macleans.ca/society/life/stay-at-home-kids/.

7장

1   Liberate Project, "What Is Vanilla and Where Does It Come From?"
    November 9, 2020, https://www.liberate-project.eu/what-is-vanillin-
    and-where-does-it-come-from/.

2   Nils-Gerrit Wunsch, "On Average, How Often Do You Eat
    Pasta?" *Statista*, November 24, 2020, https://www.statista.com/
    statistics/730668/frequency-of-eating-pasta-in-italy/.

3   B. Liu, S. Asseng, C. Muller, et al, "Similar Estimates of Temperature
    Impacts on Global Wheat Yield by Three Independent Methods,"
    Nature Climate Change 6 (2016), 1130–1136, https://doi.org/10.1038/
    nclimate3115, https://www.nature.com/articles/nclimate3115.

8장

1   Simon J. Woolf, "Vodopivec, A Perfect Expression of Vitovska,"
    The Morning Claret, July 15, 2018, https://www.themorningclaret.
    com/2018/vodopivec-a-perfect-expression-of-vitovska/.

2   Margherita, "Bitto Cheese & the Disappearing Traditions of Valgerola,"
    The Crowded Planet, April 4, 2016, https://www.thecrowdedplanet.
    com/bitto-cheese-valgerola/.

3   A DOP certification requires a recipe, and the group insisted the Bitto
    producers supply one, leading to a rare backlash against the certificate
    and the certification process. Now there are multigenerational Bitto
    producers who are unable to call their cheese by its name.

4   Andrew Wheeler, "Everything You Need to Know About Balsamic
    Vinegar," Serious Eats, August 10, 2018, https://www.seriouseats.
    com/everything-you-need-to-know-guide-to-balsamic-vinegar.

5   "Balsamic Vinegar, the Nectar of Modena, Italy," Walks of Italy,
    June 17, 2011, https://www.walksofitaly.com/blog/food-and-wine/
    balsamic-vinegar-modena-italy.

6   "5 Things You May Not Know About San Marzano Tomatoes,"
     Food Republic, July 8, 2014, https://www.foodrepublic.
     com/2014/07/08/5-things-you-might-not-know-about-san-marzano-
     tomatoes/.

9장

1   Aditya Chakrabortty, "Why Doesn't Britain Make Things
     Anymore?" *Guardian*, November 16, 2011, https://www.theguardian.
     com/business/2011/nov/16/why-britain-doesnt-make-things-
     manufacturing.
2   Jacob Morgan, "Why Every Employee Should Be Building
     WeakTies at Work," *Forbes*, March 11, 2014, https://www.forbes.
     com/sites/jacobmorgan/2014/03/11/every-employee-weak-ties-
     work/?sh=4c842d993168.
3   Philip Sopher, "Where the Five-Day Workweek Came From,"
     Atlantic, August 21, 2014, https://www.theatlantic.com/business/
     archive/2014/08/where-the-five-day-workweek-came-from/378870/.

10장

1   Matthew Yglesias, "Southern Europe's Small-Business Problem," Slate,
     July 6, 2012, https://slate.com/business/2012/07/the-small-business-
     problem-why-greece-italy-and-spain-have-too-many-small-firms.html.
2   Adam Satariano and Emma Buboia, "Pasta, Wine and Inflatable
     Pools: How Amazon Conquered Italy in the Pandemic," *New York
     Times*, September 26, 2020, https://www.nytimes.com/2020/09/26/
     technology/amazon-coronavirus-pandemic.html.
3   Isobel Asher Hamilton and Qayyah Moynihan, "Amazon
     Warehouse Workers Striking in Outrage at the Firm's Response
     to 2 Staff Contracting Coronavirus," *Business Insider*, March 17,
     2020, https://www.businessinsider.com/amazon-workers-strike-
     coronavirus-2020-3.
4   Hannah Roberts and Giorgio Leali, "Alitalia: Too Italian to Fail,"
     Politico, May 28, 2020, https://www.politico.eu/article/alitalia-airline-

too-italian-to-fail/.

5 Francesca Landini, "UPDATE 1—ew, State-Owned Alitalia May Replace Old Carrier in April—CEO," *Reuters*, December 9, 2020, https://www.reuters.com/article/alitalia-strategy/update-1-new-state-owned-alitalia-may-replace-old-carrier-in-april-ceo-idUSL8N2IP59K.

6 A specifically Italian style of operatic singing, with precise and agile control over the vocals. It fell out of fashion as "heavier" and more dramatic operatic singing came into vogue in the early 1900s. Now, however, there is a revival of the operas of Bellini and Donizetti, specifically well suited to the style.

7 Glen Barkman, "A Few Words with Paolo Fazioli," Piano Price Point, https://pianopricepoint.com/fazioli-piano-information/.

11장

1 Theodore Levitt, "Marketing Success Through Differentiation—of Anything," *Harvard Business Review*, January 1, 1980, https://hbr.org/1980/01/marketing-success-through-differentiation-of-anything.

2 In *Competitive Advantage*, Michael Porter, a professor at Harvard Business School, argued that, to perfectly satisfy the needs of the most demanding customers, companies must tailor their goods to a "segment of one."

브랜드 경험의 본질

이탈리아의 프리미엄 브랜드는 어떻게 탄생하는가

초판 발행 2022년 10월 31일

펴낸곳 유엑스리뷰

발행인 현호영

지은이 리카르도 일리

옮긴이 명선혜

편 집 송희영

디자인 임림

주 소 서울시 서대문구 신촌역로 17, 207호 (콘텐츠랩)

팩 스 070.8224.4322

이메일 uxreviewkorea@gmail.com

ISBN 979-11-92143-62-0